KB212672

Secrets to Spiritual Power

Watchman Nee

SECRETS TO SPIRITUAL POWER
BY WATCHMAN NEE

Secrets to Spiritual Power / Watchman Nee

영적 능력의 비밀

개정판

워치만 니 지음 | 센티넬 쿨프 편집 | 한길환 옮김

하나님의 사람을
만들어 가는 엘맨
ELMAN

목차

주님을 경외하는 것은
지혜의 시작일 뿐이며
모든 거룩한 길에 대한
완전한 지식의 완전한 이해이다.

- 잠언 9:10 (편집자 의역)

옮긴이의 글

이 책의 편집자는 빌리 그래함 복음 전도 집회에서 하나님의 구원의 은혜를 체험하고 그 은혜에 감사하여 주님을 위해 무엇인가를 해야겠다는 생각으로 자신의 의지와 열심으로 주님을 섬겼다. 그러나 그는 영적 침체에 깊이 빠져 오랫동안 뼈가 마르는 고통 속에서, 주님의 은혜를 회복하려고 몸부림치다가 워치만 니의 메시지를 통해서 하나님의 은혜를 회복하였다. 그 후 그는 자신과 같이 긴 어둠의 터널 속에서 방황하며 한 줄기 주님의 빛과 긍휼을 갈망하는 그리스도인들을 위해서 자신이 받은 은혜를 나누기를 간절히 바라는 마음으로 니(Nee)의 방대한 저작 가운데 66권을 선별, 핵심을 요약하여 한 권의 책으로 편집하였다.

많은 그리스도인들이 이 책의 편집자가 고백했듯이 워치만 니의 책을 이해하는 데 있어서 어려움을 느낀다고 한다.

그러므로 이 책을 이해하려면 먼저 사전 지식이 필요하다.

인간의 본질적 구성 요소를 이해하는데 있어서 인간을 영, 혼으로 구별하는 이분설과 인간의 본질을 영, 혼, 육으로 구분하는 삼분설이 있다. 워치만 니는 삼분설을 따르는 입장이기 때문에 이에 대해서 간략하게 소개하려고 한다.

여기서 "몸(Body)"은 헬라어 소마(σώμα)로, 물질적 요소이며 인간의 본능적인 욕구(식욕, 성욕, 수면욕 등)와 관련되고, "혼(Soul)"은 헬라어 프

슈케(ψυχή)로, 정신적 요소이며 지성과 감정과 의지 및 지식, 명예, 사랑, 우정, 친교 등 "자아"를 이루는 요소에 관여한다. "영(Sprit)"은 헬라어 프뉴마(πνευμα)로, 하나님과 교통하는 기관이며, 영적인 일, 직관, 양심, 영원한 것을 추구하는 것 등과 관련이 되어 있다.

이 책이 워치만 니의 모든 메시지를 망라하는 완전한 저작은 아니지만, 독자들은 이 책을 통해서 워치만 니가 주님께 받았던 영적인 통찰력의 핵심 내용을 얻기에 충분하리라고 생각한다.

이 책이 영적 침체에 빠져 뼈가 마르는 고통 속에서 주님의 긍휼을 갈망하는 그리스도인들에게는 주님과 뜨거웠던 관계가 다시 회복되는 기회가 되고, 주님을 더 깊이 알고자 하는 모든 그리스도인들에게는 주님과 더 깊은 교제를 통해 니(Nee)가 그토록 사랑했던 주님을 더 뜨겁게 사랑하고 더 기쁘게 해드리는 도구가 되기를 간절히 소망한다.

주후 2023년 2월 10일
충남 홍성 생명의 강가 작은 서재실에서
한길환 목사

워치만 니는 어떤 사람이었는가?

워치만 니는 1903년 11월 4일 중국에서 태어났다. 그는 니 슈츠 (Ni[Nee] -Shu Tsu)라는 이름을 받았다. 그는 그의 어머니의 기도 응답이었다. 그의 어머니는 앞서 두 딸을 낳은 후, 여섯 명의 딸을 낳았던 시누이와 같이 딸만 낳지 않을까 두려워서 주님께서 관대하게 그녀에게 아들을 주신다면 주님을 섬기도록 주님께 바치겠다고 서원했다. 그 결과 1년 후, 그녀의 첫째 아들이 태어났다. 그러나 몇 년이 지난 후, 그 소년이 어른이 되었을 때, 하나님께서는 제물로 바친 아들을 기꺼이 받아들이셨다. 아마도 이것이 주님의 부르심이 그의 삶에 임했을 때, 워치만 니가 그것을 엄숙하고 진지하게 대했던 이유였을 것이다. 그는 구원의 문제가 주님에 대한 그의 헌신에서 전부 아니면 전무여야 한다는 것을 알고 심사숙고했다. 그래서 결정을 신중히 고려한 끝에 그는 1920년 열일곱 살 때 예수 그리스도를 마음에 영접했다. 그리고 그의 삶을 돌이켜보면, 그가 주님께 바친 섬김의 기록은 그가 모든 것을 바쳤다는 증거였다.

워치만 니가 주님을 위해 가지고 있었던 강렬한 헌신과 열심을 보여주는 두 가지 사건이 떠오른다. 1922년, 그가 꽤 오랫동안 성령의 능력을 구하다가 그 능력을 받는 데 장애가 되는 것을 하나님께서 그에게 보여주셨다. 그 장애는 구원받지 못한 그의 오랜 연인 췌리티 (Charity)였다. 그는 마음이 찔렸지만 하나님께 그녀와 함께하게 해달라고 간청했지만 결국 그는 하나님의 뜻에 굴복했다. 그가 그녀를 떠나보냈을 때, 능력이 임했다. 그러나 하나님께서는 역사하심을 끝내지 않으셨다. 여러 해 후에 췌리티(Charity)는 구원을 받았다. 그녀와 워치만 니는 재회했고, 1934년 그들은 결혼했다.

다른 사건은 1926년에 일어났다. 워치만 니는 결핵으로 쓰러져 죽게 되었다. 그는 하나님께서 그분의 말씀에서 그에게 가르쳐 주신 놀라운 진리를 종이에 기록하지 못한 채 이 세상을 떠나고 싶지 않았다. 병약과 고열에도 불구하고 그는 『영적인 사람』이라는 제목의 세 권의 책을 쓰기 위해 열정적으로 작업해서 1928년에 완성했다. 몇 달 후, 놀랍게도 의사들이 그의 생존에 대한 어떤 소망도 포기했을 때 그는 기적적으로 하나님께 치유를 받았다. 생생한 기억의 축복을 받은 후, 워치만 니는 그것이 중국에 있는 믿음의 형제자매들을 위한 파수꾼이 되라는 주님의 부르심이라고 느꼈다. 그의 놀라운 기억을 적절히 활용하기 위해, 그는 가치 없는 것을 꼼꼼히 살펴 추려내려는 바람으로, 그가 할 수 있는 한, 기독교 신앙에 대해 쓴 모든 것을 읽었다. 워치만 니는 영적 성장과 성숙에 이르는 길에 있어서 다른 그리스도인들과 차이가 없었지만, 대부분의 그리스도인들이 영적 경험에서 달성하는 것보다 훨씬 더 멀리 그를 뛰어오르게 한 것은 하나님께서 구속하신 사람들에게 그분께서 주신 것의 충만함을 채우고 경험하도록 하는 것이 그의 열망이었다.

그 결과 영적인 문제에서 그의 확고한 위상이 그를 아는 사람들에게 쉽게 드러날 때까지 그리 오랜 시간이 걸리지 않았다. 또한 그의 업적이 널리 알려지면서 전 세계 기독교 지도자들의 존경을 받게 되었다. 세월이 흐르면서 그는 많은 사람들에게 하나님을 아는 구원의 지식을 전할 뿐만 아니라 중국과 동남아 전역에 수많은 지역 모임을 개척하는 데 주님께 크게 쓰임을 받았다.

워치만 니는 구원의 중요성과 죄의 용서를 등한히 하지 않았지만, 그가 불러일으켰던 능력과 권위는 그가 거기에서 멈추지 않았다는 사실에서 기인한다. 그의 사역 내내 그는 구원은 단지 그리스도인의 걸음마 단계의 시작일 뿐이라고 강조했다. 그는 우리의 자아 생명이 죽고 그리스도의 부활 생명으로 대체됨에 따라 주관적인 경험에서 일어나는 완전한 성화를 향하여 나아가도록 사람들에게 지속적으로 권고했다.

따라서 그의 메시지는 혼의 구원을 포함할 뿐만 아니라 사람들이 부활하신 구세주이신 그리스도께서 우리를 통해 그분의 생명을 사셔야만 달성할 수 있는 영적인 삶에서 완전한 성숙으로 나아가고 행하라고 격려했다.

주님께서는 어려운 시기에 은혜를 베푸셔서 그분의 백성을 섬기도록 이 사람을 일으키셨다. 그때는 중국뿐만 아니라 전 세계적으로 과도기와 혼란의 시기였다. 워치만 니는 1952년 공산주의자들이 그를 투옥할 때까지 주님을 충실히 섬겼다. 그는 20년 동안 수감 생활을 한 후, 1972년 감옥에서 세상을 떠났지만, 주님께서 그에게 주신 통찰력으로 전 세계 그리스도인들의 삶을 풍요롭게 하고 있다.

들어가는 글

당시 나는 겨우 열세 살이었고, 삶이 무엇인지에 대한 기본조차 이
해하기에는 너무 어렸다. 그럼에도 불구하고 나는 사람들로 가득 찬
경기장 한가운데에 앉아 있었고, 대부분의 사람들은 사랑하는 하늘 아
버지께서 타락한 세상 사람들에게 주시기를 기뻐하시는 귀중한 선물
을 설명하는 한 설교자의 말을 열심히 듣고 있었다. 오, 나는 그 이야
기를 전에도 여러 번 들었다. 그리고 나는 이전에 그것이 사실이라는
것을 인정했었다. 나는 구원이 나에게 필요한 것임을 마음속으로 알고
있었다. 그러나 이번에는 다른 것이 있었다. 이번에는 마치 그리스도
께서 권하시는 개인적인 초청인 것처럼, 뭔가 나에게 그 메시지를 전
했다. 내가 결정을 내린 것은 현실과 마주한 바로 그 순간이었다. 앞
으로 이 시간부터 나는 책임을 져야 할 것이고, 내가 그분 앞에 누구
이고 무엇이었는지에 대해 하나님께 대답해야 할 것이다. 나는 이 거
룩하신 창조주께서 요구하시는 높은 수준의 의로움에 적합하지 않다
는 것을 받아들였으므로, 내가 심판의 두려움 없이 하나님 앞에 서기
를 바란다면, 내게는 필요한 것이 없다는 것이 분명했다. 나는 그분께
서 주시는 구속이 필요했다. 더욱이 그것은 내가 원하는 것이었고 내
가 얻을 수 있는 것임을 알았다. 내가 해야 할 일은 아버지께서 그분의
아들의 완성된 사역을 통해 기꺼이 베푸신 은혜로운 선물에 응답하는
것뿐이었다. 그래서 나는 빌리 그래함(Billy Graham)을 통해 주어진 하

나님의 초청에 대한 응답을 하고 공개석상에서 그리스도께 대한 믿음을 고백하기 위해 앞으로 나아갔다.

나는 시어 스타디움(Shea Stadium: 미국 뉴욕에 있음-역주)에서 그레이엄 형제가 나에게 제공한 기회에 대해 항상 감사할 것이다. 이는 주님께서는 구원을 통한 영생에 대한 그분의 공개적인 초청을 받아들이도록 나를 설득하셨기 때문이다. 그러나 나는 또한 건강상의 이유로 아프리카 선교지에서 고향으로 부름을 받으신 작은 마을 복음주의 루터교 목사님께도 감사드린다.

내 어린 시절의 수년 동안, 결국 하나님의 말씀의 씨를 받게 될 내 마음의 단단한 땅을 부수고 있었던 것은 그분의 설교였다. 주님께서 당신을 축복하시기를, 형제 플로트마이어(Flothmeier).

이제 나는 구원을 받았다. 그리고 왠지 나는 달랐다—나는 그것을 알고 있다—비록 내가 그것을 설명할 수는 없었지만. 나는 그것을 느낄 수 있었다! 그리고 이 사실을 확인하는 기쁨이 내 마음을 가득 채웠다. 나는 그리스도를 영접했다! 나는 영생을 얻었다. 그와 함께 나는 나에게 그처럼 놀라운 선물을 주신 분을 기쁘게 해 드리고 싶은 강한 열망이 있었다. 나는 어느 정도는 내면이 변했고, 이 변화로 인해 내 삶의 외적 행보는 지금부터 달라질 것이라는 확신이 들었다. 더욱이, 나는 지금 하나님의 자녀가 되었기 때문에, 그분을 섬길 수 있다. 나는 그렇게 놀랍게 나를 축복하셨던 분을 기쁘게 해드릴 수 있다.

이것이 오순절 이후 새 신자들의 마음에 일어난 생각 즉, 그 당시의 내 생각이었다. 그래서 축복을 받은 야곱처럼(창 32:24-30), 내 방식대로, 내가 아는 한 나는 최선을 다해 하나님을 섬기기 시작했다. 그리고 이 때문에, 나의 다음 20년 동안의 나의 그리스도인으로서의 행보는 너무나 자주 믿음의 롤러코스터(Rollercoaster: 격렬하게 달리도록 설계

된, 레일 위를 달리는 놀이기구의 한 종류-역주)를 타는 것과 비교될 수 있었다. 왜? 내 안에 생명의 성령의 씨가 있음에도 불구하고 열매 없는 악순환에서 벗어나 성경이 말씀하는 자유와 승리의 삶으로 들어갈 수는 없었다. 그 이유는 무엇이었는가? 나는 그리스도의 교리 기초 원리(히 6:1-3, KJV)에 대한 강력한 기초가 아직 부족하다는 사실을 듣지도 깨닫지도 못했다.

그 모든 세월 동안의 투쟁과 좌절, 기복의 와중에도 나는 하나님의 은혜가 결코 나를 떠나지 않았다는 것을 알지 못했다. 그러나 내 안에 존재하는 갈등에 대한 나의 무지 때문에 나는 구원의 경험을 의심할 때가 많았다.

하나님께서는 내 삶의 후반부에 이르러서야 비로소 내가 믿음의 다음 교훈, 몇 년 전 내가 구원 받은 그 날 이후로 그토록 배우기를 꺼려했던 교훈을 배울 때까지 인내하시고 기다리시며 일하시는 것이 사실은 여전히 나와 함께하시는 그분의 은혜라는 진리를 나에게 보여주셨다. 그리고 내가 이 진리를 보는 데 그렇게 오랜 세월이 걸린 것은 놀라운 일이 아니다. 우리의 영적인 삶의 전 과정을 통틀어 이 교훈은 아마도 우리가 그리스도인으로서 배워야 할 가장 어려운 교훈일 것이다.

우리는 그리스도인으로서의 삶이 시작될 때, 그리고 우리의 새로운 타고난 감각의 결과로, 우리는 일반적으로 자신의 죄를 사함 받은 사람들에게 따르는 황홀함과 기쁨의 감정에 압도당한다. 한편으로 이러한 감정은 우리가 하나님 앞에 받아들여졌다는 마음의 확증이기도 하지만, 다른 한편으로 우리는 이 새로 발견된 인정에 직면하여 실제로 걸려 넘어진다. 우리는 구원받았기 때문에 우리가 하나님 앞에 완전히 받아들여지고, 우리가 그분께 드리는 것이 무엇이든 그것이 우리의 선한 의도에서 나오는 것처럼 보이는 한, 하나님께서 기뻐하실 것이라고 가정한다. 그러나 영적인 삶의 이 시점에서 우리는 하나님께서 우리가 이해할 만큼 아직 충분히 성숙하지도 않고 분별력도 없다는 것을 구별하신다는 사실에 여전히 무지하다. 알다시피, 그분께서는 여전히 우리가 구원받기 전에 그렇게 하셨던 것처럼 우리의 육에서 나오는 모든 것을 거부하신다. 우리가 그리스도를 영접할 때 일어난 변화는 우리의 영에만 영향을 미쳤다. 아직까지는 육은 말할 것도 없고 혼의 영역에 들어가지 않았다. 그러나 우리의 무지로 우리에게 베풀어진 은혜에 보답하고자 하는 열망으로, 우리는 그분께서 우리를 구원하러 오신 바로 그 몇 가지 중 일부로 그분을 섬기기 시작했다. 그리하여 우리는 그분께 우리의 육의 일을 바친다.

이것은 내가 삶에서 배우는 데 20년이 넘게 걸린 영적인 교훈이었다. 그리고 그것은 믿는 사람으로서, 우리가 배워야 할 가장 중요한 교훈이다. 왜? 이는 하나님께서는 성령을 통해서 우리가 우리 자신에 대해 보거나 또는 인식하고 싶지 않은 것을 우리들에게 가르치시는 일이 있으시기 때문이다. 이것은 이스라엘 백성들이 광야를 여행할 때와 매우 유사하다. 왜 하나님께서 그들을 시험하셨는가? 그분은 그 오랜 세월 동안 그들에게 무엇을 가르치려고 하셨는가? 하나님께서 광야 생활 내내 그들에게 무엇을 가르치려고 하셨는가? 그분께서는 참으로 그들 자신이 누구인지, 무슨 일을 했는지 모르는 사람들에게 무언가를 드러내시기 위해 반복적으로 시도하고 계셨던 것이다. 그들은 거듭 약속을 하고도 그들의 말을 끝까지 따를 준비가 되어 있지 않은 백성들, 즉 하나님께서 제기하시는 모든 시험을 투덜거리고 원망하는 백성이었다. 그러므로 그들의 광야 시련의 교훈은 그들이 마음에 있는 것을 아는 것, 즉 자신을 아는 것이었다(신 8:2 참조). 그분의 옛 백성들처럼, 나도 나 자신을 잘 알지 못했다. 그 결과 하나님을 기쁘시게 하려고 몇 년을 반복했지만 실패할 수밖에 없었다. 결국 나는 절망감에 포기했다. 나는 내 자신의 끝에 다다랐었다. 나는 수건을 집어던지고 완전히 패배했음을 인정했다. 이것이 7년 전의 일이었지만, 당시 내가 몰랐던 것은 나 자신의 끝이 바로 하나님께서 시작하신 지점이라는 사실이었다.

　나는 이제 과거에 내가 그토록 받아들이기를 꺼려 했던 것을 배울 준비가 되어 있었다. 그 결과 하나님께서는 내 삶에 외적인 변화와 내적인 변화를 일으키기 시작하셨다. 나는 때때로 성령의 인도하심을 따르는 법을 배우기보다는 필사적으로 매달리는 것처럼 느껴졌지만 그 결과는 천천히 나타나기 시작했다. 다음 몇 년 동안 나는 내가 갈망했던 것, 즉 영적 성장과 성숙에 들어갔다. 나는 이 성장에 대가가 따른다는 것을 인정해야 한다. 그러나 영적인 능력의 신비에 대한 영원한 가치에 대해 어떤 것으로 값을 매길 수 있겠는가? 주님을 기쁘시게 하는 것에 비해 너무 높은 대가가 무엇이 있겠는가?

　이 시기에 주님께서는 내가 주님 안에서 성장하는 데 필요한 기초를 놓는 일을 돕도록 한 형제를 데려다 주셨다. 그는 말씀에 대한 매일의 헌신의 중요성과 조용한 시간의 필요성에 대해 나에게 가르쳐 주었다. 이것들은 나의 행보와 주님과의 교제에 영향을 미치기 시작하면서 더 많이 읽고 배우고자 하는 강한 내적 열망을 불러일으켰다. 몇 년 후, 영적인 삶의 정체 시기에 내가 앞으로 나아가는 데 필요한 이러한 훈련이 내 안에 완전히 주입되었을 때, 주님께서는 은혜롭게도 주님을 더 많이 알고자 하는 강렬한 욕망이 된 것에 주목한 다수의 성도들을 내 앞에 데려다주셨다. 이 소중한 성도들 중 몇 명은 내가 한 번도 들어본 적이 없는 워치만 니(Watchman Nee)라는 사람의 책을 읽어보라고 조언했다. 그들은 니(Nee)가 주님과 영적인 문제에 대한 이해가 매우 깊다고 알려주었다. 여러 증인에게 그의 이름을 확인한 후 나는 그 조언에 따라 동네 서점에서 그의 책 몇 권을 샀다.

워치만 니의 책을 읽기 시작하면서 나는 이 사람이 아주 친밀한 방법으로 하나님을 알게 되었다는 것을 내 영으로 느낄 수 있었다. 그러나 그의 저작은 내가 빨리 읽을 수 있는 수준이 아니었고 대부분 이해하기 어려웠다. 육이 영의 일을 이해하기 어려운 이유를 알게 된 것은 1, 2년이 지나서였다. 그럼에도 불구하고, 나는 그것이 나를 억누르도록 내버려 두지 않고, 나는 계속해서 워치만 니의 저작을 가능한 한 많이 구입했다. 그때가 1994년이었다. 1996년 말, 나는 동네 서점을 통해 구할 수 있는 책 60여 권의 마지막 책을 끝내고 있었다. 오늘날까지 나는 이 주님의 종과 그에게 주어진 통찰력에 접근할 수 있게 된 것에 대해 주님께 감사하는 일을 그치지 않고 있다.

나는 수많은 기독교 작가들의 저작을 읽었지만 이해의 깊이, 특히 영적 삶에 내재된 주관적이고 실제적인 경험을 설명하는 능력에서 워치만 니에 근접한 사람은 거의 없었다. 그리스도인이 어떤 단계에 있든지 간에, 그의 행적과 성숙함에 이르기까지, 각각의 장단점은 니(Nee)의 글 전체에 걸쳐 상세히 검토된다. 그것은 우리가 당신 앞에 이 책을 두고 있는 이유로 우리를 이끈다.

내가 워치만 니를 통해서 이용할 수 있는 저작물이 거의 끝나갈 무렵, 주님께서는 나의 영적인 행로와 성장에 있어서 나에게 매우 도움이 되었던 많은 놀라운 통찰력들 중 일부를 나누도록 내 마음에 짐을 지우셨다. 그리고 나는 나누고 싶은 마음은 있었지만, 보통의 그리스도인들이 내가 그의 다작의 글을 통해 겪었던 것처럼 결코 말씀의 알맹이를 먹을 시간과 기회를 갖지 못할 것이라는 것이 나를 슬프게 했다. 이러한 이유로 나는 그 강력한 통찰력 중 많은 부분을 발췌하여 그리스도의 몸(교회-역주)에서 쉽게 사용할 수 있을 뿐만 아니라 소화하기 쉬운 형식으로 된 책으로 엮기 시작했다.

그 결과물이 지금 당신 앞에 있다. 내가 겸손하고 믿음이 충만한 주님의 종의 원 저작을 읽고 축복받은 것처럼, 주님께서 이 편찬물을 통해 당신에게도 축복을 주시기를 기원한다.

센티넬 쿨프

감사의 글

이 책에 포함된 대부분의 발췌문은 내 자신의 말로 의역한 것이다. 하지만 이것은 니(Nee)의 자료에 대한 저작권을 가진 이들에게 허락을 받기 위해서 적절하고 불가피한 일이었다. 다음 기관은 이러한 저작물에 대한 권리를 보유하고 있으며 기꺼이 사용 허가를 해주었다.

이 책의 출처로 사용된 니(Nee)의 저작 대부분은 뉴욕의 크리스찬 휄로우쉽 출판사(Christian Fellowship Publishers-11515 Allecingie Parkway, Richmond, VA 23235)를 통해서 구할 수 있다. 책의 전체 목록은(www.c-f-p.com)에서 온라인으로 연락하여 요청할 수 있다.

"정상적인 그리스도인의 삶", "주님의 형상으로 변화됨", "앉으라, 걸으라, 일어서라", "세상을 사랑하지 말라", "이 사람이 무엇을 할까?"의 저작권은 킹스웨이 출판사(Kingsway Publications-Lottbridge Drove, Eastbourne, East Sussex, England BN23 6NT)에 있다. 이 세 권의 책—"정상적인 그리스도인의 삶", "그분의 형상으로 변화됨", "앉으라, 걸으라, 일어서라"—는 미국 틴데일 하우스 출판사(Tyndale House Publishers-Inc., P.O. Box 80, Wheaton, IL 60189-0080)에서 출판되었다.

"성령의 해방(The Release of the Spirit)"은 Inc., 2522 Colony Court, Indianapolis, IN 46280의 슈어 파운데이션(Sure Foundation)에 저작권이 있다.

"노래 중의 노래"의 저작권은 기독교 문학 십자군(Christian Literature Crusade-P.O. Box 1449, 포트 워싱턴, PA 19034)에 있다.

이러한 단체들에게, 특히 그 뒤에 있는 사람들에게, 나는 그들의 배려와 허락에 대해 진심으로 감사를 표한다. 이 책을 쓰는 일은 충성된 종에게 맡겨지고 완성된 일에 불과했지만, 다른 사람들이 그것으로 인해 축복받을 수 있는 기회를 갖는 것을 보는 것은 기쁨의 근원이다.

일러두기

  나는 당신이 당신 앞에 놓인 저작물의 목적을 더 잘 이해할 수 있도록 돕기 위해 몇 가지 요점을 말하고 싶다. 그러면 당신은 그것을 의도했던 관점에서 볼 수 있을 것이다.

  하지만 먼저, 이것은 무엇에 대해 설명하는 것이 아니다. 이것은 워치만 니의 자료 중 최고의 자료를 편집하기 위한 것이 아니다. 우리는 워치만 니를 통해서 활용할 수 있는 최상의 것을 보고 싶다면 내가 한 일을 반복해야 한다. 나는 인쇄물로 제공되는 모든 자료를 구입하고 읽었다. 하나님께서 이 사람에게 주신 통찰력 중 대부분은 영적인 깊이가 너무 깊어서 모든 것을 이해하는 지름길은 거의 없을 것이다.

  이 책은 그의 섬김과 희생의 삶 동안 이 사람에게 주어진 많은 강력한 통찰력이 모여 건강한 영적 식단이 절실히 필요한 몸(교회-역주)을 먹이는 데 유용할 수 있게 간결한 형태로 정리될 수 있는 도구가 될 것이다. 가능한 한 저자로부터 직접 인용을 사용했다. 그러나 대부분의 경우 전체 문맥의 맥락에서 특정 교훈을 취하고 표현을 변경하지 않고 여전히 동일한 강조와 의미를 유지하는 것은 불가능했다. 이러한 이유로 두 가지 주요 목표, 즉 성경의 진리의 무오성을 유지하고, 저자의 생각과 영적 통찰을 가능한 한 분명하게 전달하면서 자료에서 표현된 영향력을 유지하기 위해 많은 주의를 기울였다. 이 사람에게 통찰을 주신 분을 불쾌하시게 하지 않는 방법으로 이 일을 하는 것이

나의 기도 제목이었다.

　이제 처음으로 한 테이블에 주님께서 이 사람에게 계시하신 선택한 선집(選集)들 그리고 그리스도인들이 잘 먹을 수 있는 부분들을 이용할 수 있게 되었으니, 나는 주님께서 이 책을 사용하셔서 이 사람의 일이 이미 먹이신 것보다 더 많은 사람들을 축복하시고 먹여 주시기를 바라고 기도한다. 또한, 그들이 주님께서 워치만 니를 통해 얻을 수 있게 하신 많은 진미들 중 몇 가지를 더 자세히 살펴보도록 그들 안에 갈증과 더 많은 것에 대한 갈망을 일으키시기를 기도한다.

　이를 염두에 두고 참조 색인을 참조하여 사용된 특정 작업에 대한 쉬운 참조를 용이하게 하기 위해 책의 전체 구조를 설계했다.

　나는 그리스도께서 이 하나님의 종이 우리에게 물려준 영적인 자양분의 유산 안에서도 탁월함을 가지시기를 기도한다.

Secrets to Spiritual Power

1

정상적인 그리스도인의 삶

그리스도인에 대한 하나님의 기준은 다음과 같이 요약할 수 있다. 나는 더 이상 살지 않는다! 이제 내 안에서 그분의 생명을 사시는 분은 그리스도이시다(갈 2:20).

그리스도인의 삶에 나타나야 하는 구원에는 두 가지 측면이 있다. 첫째는 죄의 용서이다. 둘째는 죄로부터의 구원이다. 삶에서 이 두 가지 측면을 모두 경험하지 않은 사람은 하나님께서 그리스도 안에서 우리를 위해 성취하신 특권 아래에서 살고 있지 않은 것이다.

우리의 타락한 본성의 상태에 대한 이해가 제한되어 있기 때문에 우리의 타락한 본성이 실제로 얼마나 무력한지 제대로 인식하지 못한다. 따라서 우리는 여전히 자기 자신에게 약간의 기대를 갖고 있다. 그리고 이 잘못된 생각의 결과로 우리는 하나님을 기쁘시게 할 수 있다고 생각한다.

피는 내 죄를 씻을 수 있지만 내 "옛사람"은 씻을 수 없다(롬 6:6). 이를 위해 우리는 옛사람을 십자가에 못 박도록 하는 십자가가 필요하다. 피는 죄를 다루지만 죄인을 다루는 것은 십자가이다.

그리스도인의 삶을 시작할 때 우리는 우리의 존재가 아니라 우리의 행동에 관심을 둔다. 우리는 우리 자신보다 우리가 한 일로 인해 더 괴로워한다. 우리는 특정한 것을 바로잡을 수만 있다면 우리는 훌륭한 그리스도인이 될 것이라고 생각한다. 따라서 우리는 우리의 행동을 바꾸기 시작한다. 우리는 주님을 기쁘시게 하려고 노력하지만, 우리 안에 있는 어떤 것이 주님을 기쁘시게 하기를 원하지 않는다는 것을 알게 된다. 그리고 우리가 외부적으로 문제를 바로 잡으려고 하면 할수록 문제가 실제로 얼마나 깊숙이 자리 잡고 있는지 더 많이 깨닫게 된다.

우리는 태어남으로 세상에 왔으니 죽음으로 세상에서 나가지 않으면 안 된다. 우리의 죄를 없애기 위해서는 우리의 옛 생명을 없애야 한다. 그러나 우리는 어떻게 죽는가? 그것은 우리 자신을 죽이려고 해서가 아니다. 오히려 우리는 하나님께서 그리스도 안에서 이미 우리를 다루셨음을 인정함으로써 죽는다. 이것은 사도의 말에 요약되어 있다. "무릇 그리스도 예수와 합하여 세례를 받은 우리는 그의 죽으심과 합하여 세례를 받았느니라"(롬 6:3).

십자가는 첫 번째 피조물을 끝내고 죽음에서 새로운 피조물 즉 두 번째 사람을 데려왔다.

그리스도인의 삶을 사는 조건은 네 가지이다.

(1) 알기-그리스도께서 우리를 위해 하신 일에 대한 하나님의 계시,

(2) 간주-하나님께서 우리 삶에서 우리에게 계시하신 것을 경험하기,

(3) 우리 자신을 하나님께 드림-하나님께서 우리 안에 두신 새 생명에 속한 것을 하나님께 봉헌하고,

(4) 성령 안에서 행함-우리 영이 그분의 모든 인도하심에 민감하도록 성숙하는 것이다.

모든 그리스도인의 경험은 이 네 가지 조건을 포함해야 한다.

하나님의 구원의 방법은 사람의 방법과 완전히 다르다. 사람의 방법은 죄를 극복하려고 노력함으로써 죄를 억누르려고 노력하는 것이다. 하나님의 방법은 죄인을 제거하는 것이다. 많은 그리스도인들은 자신의 약점에 대해 슬퍼하며, 그들이 강해지면 모든 것이 잘 될 것이라고 생각한다. 그러나 우리를 죄에서 구원하시는 하나님의 방법은 우리를 더 강하게 만드시는 것이 아니라 오히려 우리를 점점 더 약하게 만드시는 것이다. 하나님께서는 우리를 죄의 지배로부터 자유롭게 하시는데, 그것은 우리의 옛사람을 강하게 함으로써가 아니라 십자가에 못 박음으로써, 그가 어떤 일을 하도록 돕는 것이 아니라, 그를 행동의 현장에서 완전히 제거함으로써이다.

우리가 그리스도 안에 있는 것을 보는 것은 조금도 지적인 지식이 아니라 우리의 마음의 눈을 여는 것이다.

기록된 하나님의 말씀이 하나님께로부터 당신에게 살아 있는 말씀

이 되려면, 그분께서 당신에게 그분을 아는 지혜와 계시의 영을 주셔야 한다(엡 1:17, KJV).

우리는 공장이고 우리의 행동은 제품이다. 주 예수님의 보혈은 제품의 문제, 곧 우리의 죄를 다루었고, 십자가는 그 제품을 생산하는 공장을 깨끗이 휩쓸어 버렸다.

"그리스도 안에" 있는 것은 죄를 지을 수 없다. "아담 안에" 있는 것은 죄를 지을 수 있다. 그러나 사탄이 아담 안에 있는 것에 그의 능력을 행사할 기회가 주어질 때마다 죄를 지을 것이다.

믿음은 바라는 것들의 실체이다(히 11:1, KJV). 이것은 경험에서 그것들을 현실로 만드는 것을 의미한다. 실체는 내가 소유한 대상, 즉 내 앞에 있는 것이다. 입증한다는 것은 그 실체를 나에게 현실로 만들 수 있는 능력이나 재능이 있다는 것을 의미한다.

하나님의 약속은 그분의 영에 의해 우리에게 계시되어 우리가 그것을 붙잡을 수 있다.

그리스도인으로서 우리는 결코 하나님으로부터 그리스도 안으로 들어가기 위해 애를 쓰라는 말씀을 듣지 않는다. 우리는 이미 그곳에 있기 때문에 그곳에 가라는 말씀을 듣지 않는다. 그러나 우리는 하나님께서 우리에게 두신 곳에 머물러 있으라는 말씀을 듣는다.

그리스도를 다루실 때, 하나님께서는 그리스도인을 다루셨다. 머리를 다루실 때, 그분은 모든 지체들을 다루셨다. 우리가 영적 삶에 관한 어떤 것도 그분을 제외하고 우리 자신 안에서만 경험할 수 있다고 생각하는 것은 완전히 잘못된 것이다.

모든 참된 영적 체험은 우리가 그리스도 안에서 어떤 사실을 발견하고 그분의 체험 안으로 들어갔다는 것을 의미한다.

세상에서 가장 부정적인 것은 십자가이다. 이는 십자가로 하나님께서는 그분께 속하지 않은 모든 것을 없애 버리셨기 때문이다. 세상에서 가장 긍정적인 것은 부활이다. 십자가를 통해 하나님께서는 새로운 질서에서 그분 자신이 갖게 되실 모든 것을 창조하셨기 때문이다. 십자가는 첫 아담의 어떤 것도 십자가를 넘을 수 없기 때문에 옛 창조로부터 우리 안에 있는 모든 것이 죽어야 한다는 하나님의 선언이시다.

옛 세상과 새 세상이 있고 그 사이에 무덤이 있다. 그리고 하나님께서 이미 나를 그리스도와 함께 십자가에 못 박으셨지만, 나는 여전히 무덤에 나 자신을 건네주는 것에 동의해야 한다.

죽음을 거치지 않은 것은 결코 하나님께 봉헌될 수 없다. 이는 하나님께서는 사물의 새 질서에 속한 것, 즉 그분의 영에 속한 것만 받으실 것이기 때문이다.

나 자신을 하나님께 드린다는 것은 내가 이미 완전히 그분의 것이라고 인식하는 것을 의미한다.

우리가 그분께 우리의 생명을 드리지 않는다면 우리가 어떻게 주님께서 우리 안에서 그분의 생명을 사실 것이라고 기대할 수 있겠는가?

우리가 하나님께 거리낌 없이 자신을 드린다면, 많은 수정이 필요할 수 있다. 하나님께서는 우리의 옛 자아를 그대로 두지 않으신다. 그분의 손은 우리의 옛 본성으로부터 모든 것이 제거될 때까지 그분의 것이 아닌 것들을 하나하나 만지실 것이다.

하나님께서는 항상 그분께 드리는 것을 깨뜨리실 것이다. 먼저 그분께서는 그분 자신이 취하시는 것을 깨뜨리시지만, 깨뜨리신 후에는 축복하시고 다른 사람들의 필요를 충족시키기 위해 그것을 사용하신다(마 6:41).

본질적으로 우리 안에 있는 것이 자아 생명이기 때문에 우리는 모두 십자가로 가야 한다. 아담은 신성한 생명보다 자아 생명을 선택했다. 그러므로 하나님께서는 아담 안에 있는 모든 것을 모아 버려야 하셨다.

우리에게 성령을 부어주시는 경험이 부족하다면, 우리는 그것이 주님의 교회에 대한 고귀하신 주님의 선물이라는 영원한 사실에 대한 계시를 그분께 구해야 한다. 그러면 우리가 이 사실을 보았을 때 우리의 노력은 찬양으로 바뀔 것이다.

고린도의 그리스도인들은 성령의 부어주심에 눈에 보이는 징조에 몰두했다. 동시에 그들의 삶은 모순으로 가득 차 있었고 주님의 이름에 대한 모독이었다. 그들은 내주하시는 영이 부족하지는 않았지만 그분의 임재에 대한 지식이 부족했다. 따라서 내주하시는 성령의 계시는 바울이 고린도 교회의 그리스도인들이 영성이 없는 것에 대해 제안한 치료법이었다(고전 2장).

실제적인 방식으로 그리스도의 삶을 체험하기 위해서는 우리가 자신에 대한 모든 권리를 포기하고 예수 그리스도의 절대적 주권에 복종하는 날이 반드시 와야 한다. 이 요구 사항에 대한 계시는 거룩함에 이르는 첫 번째 단계이다. 헌신(우리의 삶 전체를 바치는 것)은 두 번째 단계이다.

그리스도의 주권이 우리 마음에 자리 잡을 때까지는 성령께서 우리 안에서 효과적으로 역사하실 수 없다. 우리가 그리스도께 우리의 삶에 대한 절대적인 권위를 부여하지 않는다면, 그분께서는 현존하실 수는 있지만 강력하실 수는 없다. 성령의 능력이 억제되어 있기 때문이다.

용서받은 죄인은 일반적인 죄인과 아주 다르다. 봉헌된 그리스도인은 일반적인 그리스도인과 아주 다르다.

은혜는 하나님께서 나를 위해 무엇인가를 하셨다는 것을 의미한다. 율법은 내가 하나님을 위해 무엇인가를 해야 한다는 것을 의미한다.

율법의 문제는 율법의 요구가 부당한 것이 아니라 죄인인 내가 그것을 감당할 수 없다는 것이다. 율법의 문제는 율법의 요구가 부당한 것이 아니라 죄인인 내가 그것을 충족시킬 수 없다는 것이다.

율법은 우리의 연약함을 드러낸다. 율법이 없었다면 우리는 우리가 얼마나 약한지 결코 알지 못했을 것이다. 율법은 우리의 진정한 본성을 폭로한다.

율법은 우리가 지킬 것이라는 기대로 주어진 것이 아니다. 율법은 우리가 그것을 깨뜨릴 것이라는 완전한 지식을 위해 주어졌다. 그리고 우리가 그것을 완전히 깨뜨렸을 때 우리의 완전한 필요를 확신하게 되었을 때, 율법은 완전한 목적을 달성한 것이다. 율법은 그리스도께서 친히 우리 안에서 율법을 성취하실 수 있도록 우리를 그리스도께로 인도하는 우리의 초등교사가 되었다(갈 3:24).

율법으로부터 해방된다는 것은 무엇을 의미하는가? 그것은 내가 더 이상 하나님을 기쁘시게 하기 위해 아무것도 하지 않을 것임을 의미한다. 이는 내가 그렇게 한다면, 나는 즉시 나 자신을 율법 아래 두기 때문이다. 그러므로 나는 대안이 없다. 나는 그리스도께서 내 안에서 율법을 성취하시도록 허락해야 한다. 그리고 마침내 나는 이것만이 하나님을 기쁘시게 하는 것임을 알게 된다(마 5:17). 이것이 율법으로부터의 해방이다!

우리가 우리 안에서 완전한 절망의 경지에 도달한 후에야 비로소, 우리는 시도조차 하지 않게 되고, 우리 안에서 주님의 부활 생명을 나타내기 위해 주님을 신뢰하게 된다. 빨리 포기하는 게 좋다. 우리가 성령께 자리를 내드리는 것은 오직 우리 자신 안에서 멈춤으로써만 가능하다. 그리고 나서 우리는 우리 자신보다 더 강한 능력을 보게 될 것이다.

우리가 무엇을 하려고 하는 한, 주님께서는 아무것도 하실 수 없다. 우리가 실패하는 것은 우리의 노력 때문이다.

우리 모두는 "주님, 나는 주님을 위해 아무것도 할 수 없지만, 내 안에서 주님께서 모든 것을 하실 것을 믿나이다."라고 고백하는 시점까지 도달할 필요가 있다.

그리스도인들 사이에 널리 퍼져있는 한 가지 잘못된 생각은 다음과 같다. 우리는 칭의(죄인이 회개하고 예수님을 믿으면 하나님께서 죄를 용서해 주시고 의로운 사람으로 인정해 주시는 것-역주)가 주 예수님을 통해 우리의 것이며, 우리 편에서 일할 필요가 없다는 것을 알고 있지만, 성화(예수님을 믿음으로 새 생명을 얻고 의롭다 함을 얻은 자들이 그 인격과 삶이 거룩하여지는 과정-역주)는 우리 자신의 노력에 달려 있다고 생각한다. 우리는 주님을 전적으로 의지해야만 용서를 받을 수 있다는 것을 알고 있지만, 우리 스스로 무언가를 함으로써 구원을 얻을 수 있다고 믿는다. 구원을 받은 후에는 "행함"이라는 옛 습관이 다시 나타나고, 우리는 다시 예전의 자기 노력을 시작한다. 그러나 성경은 칭의와 성화 모두를 그분이 행하시는 분이라고 선언한다. "너희 안에서 일하시는 이는 하나님이시니라"(빌 2:13).

성령 안에서 산다는 것은 내가 스스로 할 수 없는 것을 성령께서 내 안에서 하실 것을 믿는다는 것을 의미한다. 그것은 노력의 경우가 아니라 신뢰의 경우이다. 고군분투하는 경우가 아니라 그분 안에서 안식하는 경우이다.

십자가는 우리에게 구원을 얻도록 주셨고, 성령은 우리 안에 구원을 일으키시도록 주신 것이다.

우리는 그리스도인의 삶을 "변화된 삶"이라고 생각하지만 그렇지 않다. 하나님께서 우리에게 주시는 것은 교환된 삶, 즉 대체된 삶이며, 그리스도는 우리 안에서 우리의 대리인이시다.

많은 그리스도인들이 성화에 대한 잘못된 이해를 하고 있다. 우리 삶의 모든 항목이 거룩해야 한다는 것이 일반적인 생각이다. 그러나 그것은 거룩함이 아니라 오히려 거룩함의 열매이다. 거룩함은 그리스도이시다.

나는 하나님을 기쁘시게 할 수 없지만, 그리스도 안에서는 "나는 할 수 없다"는 것이 없다. "내게 능력 주시는 자 안에서 내가 모든 것을 할 수 있다"(빌 4:13).

우리가 우리 자신의 의지를 버리고 전적으로 그분을 신뢰한다면, 우리는 땅에 떨어져 부서지지 않을 것이다. 오히려 우리는 "생명의 성령의 법"(롬 8:2)에 빠질 것이다. 하나님께서는 우리에게 생명을 주셨을 뿐만 아니라 생명의 법도 주셨기 때문이다.

계시는 언제나 믿음에 우선한다.

오늘날 교회에서 하나님의 가장 큰 문제 중 하나는 사람이 만든 몸(교회-역주)의 겉으로 드러나는 교단과 분열이 아니라 이러한 분열을 만들고 계속 찬성하는 우리 자신의 개인주의적인 마음이다.

하나님께서 다른 어떤 것보다 원하시는 것은 그분의 마음에 맞는 사람이 되기를 원하는 사람이다.

그리스도인으로서 우리 중 많은 사람들의 문제는 우리가 우리의 에너지가 전달되는 통로를 바꾸었지만 그 에너지의 근원을 바꾸지 않았다는 것이다. 우리는 하나님의 일을 다루는 문제에 있어서 그것은 비교 가치의 문제가 아니라 근원의 문제라는 것을 잊어버리는 경향이 있다. 그 자원은 어디에서 비롯되는가? 우리의 육신인가? 아니면 그리스도의 부활 생명인가!

성령께서는 우리를 가르치시는 임무를 맡으셨다(요 14:26). 그분께서는 우리 안에서 보시는 옛 본성의 무엇인가에 그분의 손을 섬세하게 대시고 이렇게 말씀하신다. "이것은 선천적인(先天的: 태어날 때부터 지니고 있는 것-역주) 것이다. 이것은 옛 창조에 그 근원이 있으며 내게서 시작된 것이 아니다. 이것은 남아 있을 수 없다." 그분이 그렇게 하실 때까지 우리는 원칙적으로 동의할 수 있지만, 실제로 그 진리를 결코 볼 수 없다. 우리는 그 가르침에 동의하고 심지어 즐길 수도 있지만, 결코 진정으로 우리 자신을 혐오하지는 않을 것이다.

빛은 단 하나의 법칙이 있다. 빛은 그것이 허용되는 곳이면 어디든지 빛난다.

하나님께서 보시는 것처럼 우리에게 볼 수 있도록 우리가 하나님께 계시의 섬광을 경험할 때까지 우리는 죄의 가증스러움도, 자기 본성의 반역행위도 알 수 없다.

혼이 생명을 감싸고 가둬 배출구를 찾지 못하기 때문에 우리 안에 생명이 존재하는 영적 생명에 대한 증거는 거의 없다. 우리가 혼 속에 살고 있다면 하나님께로부터 끌어내기보다는 우리의 선천적인 힘으로 일하고 섬기는 것이다.

하나님께서는 우리가 더 이상 감히 우리 자신을 신뢰하지 못하도록 우리의 선천적인 힘이 손상되고 근본적으로 약해지는 지경에 이르게 하기를 원하신다(창 32:24-25).

진정한 만족은 우리가 진정으로 하나님께 우리 자신을 허비하고 있을 때에 하나님의 마음에 이르게 된다(마 26:7-8).

우리는 다른 사람에게 강제로 영적 식욕을 주입할 수 없다. 우리는 다른 사람들을 굶주리게 할 수 없다. 굶주림은 불러일으켜져야 하며, 그것은 하나님의 흔적이 있는 사람들만이 다른 사람들에게서 불러일으킬 수 있다. 그러나 우리 안에 그리스도께 대한 향기를 발산하고 다른 사람들에게 필요를 깨닫게 하는 무엇인가가 있어야 한다. 그리고 그 무엇인가는 기꺼이 양보하는 것, 즉 모든 것을 하나님께 쪼개어 붓는 것이다. 이것이 다른 사람들을 이끌고 주님을 알게 하는 것이다.

2

주님의 형상으로 변화됨

　하나님께서는 그분과 함께 기꺼이 협력하여 일하는 그리스도 안에서 새로운 본성을 위한 길을 만들기 위해서 우리의 옛 아집에 찬 본성을 가로막으신다. 따라서 성령께서는 그분 자신의 수단으로 하나님의 목적을 달성하시기 위해 움직이신다. 이것이 하나님께서 그분 자신의 사람을 다루시는 모든 목적이다.

　우리의 구원(칭의)은 전적으로 하나님께로부터 오는 것이다. 그리고 이것이 우리의 구원의 시작에 해당된다면, 우리가 성화될 때 따르는 모든 것에 대해서도 마찬가지이다. 우리 생명의 근원이 하나님께 있다면, 뒤따르는 모든 것도 마찬가지다. 우리에게서 시작되는 것은 아무것도 없다.

　모든 지식은 순종의 결과이다. 우리가 그분의 뜻을 행할 때 그분의 뜻을 더 많이 볼 수 있다. 누구든지 그분의 뜻을 행하기로 결정하면 그분의 뜻이 무엇인지 알 것이다(요 7:17).

　하나님을 아는 사람들은 그들의 권리를 보호할 필요가 없다. 그들은 그분을 믿기 때문에, 그 결과에 대해서 그분께 의지하는 것을 배운다. 그분의 뜻이 무엇이든 간에, 어떤 식으로든 그들에게 유익이 될 것이라는 것을 알고 있기 때문이다.

영의 순수함을 낳는 것은 사람의 생명 안에서 일하시는 그리스도의 죽음이시다. 그리고 하나님께로부터 더 많은 빛이나 계시를 가져오는 것은 바로 이 순수한 영이다.

우리가 그리스도를 하나님의 회복의 그릇이 되시는 상황으로 모셔 올 수 있는지의 여부는 우리가 그분을 위한 자리를 비울 수 있는지의 여부에 달려 있다.

사람의 일과 하나님의 일의 차이는 근원과 시간의 문제이다.

언약의 표는 할례였다. 우리는 육신을 신뢰하지 않는 사람이 되어야 한다(빌 3:3). 이는 우리가 육신에 있을 때 영적으로 무력하기 때문이다.

참된 믿음이란 무엇인가? 그것은 우리가 패배해서 우리 자신의 끝에 이를 때, 즉 우리의 신뢰를 전적으로 그분께 두어야만 할 때이다. 이것이 믿음이다.

우리는 결코 구원을 위해 노력하지 않았고, 그것을 얻을 때까지 점진적으로 높이 올라가지도 않았다. 주님께서 우리를 찾으셔서 구원하셨다. 그리고 죄에 대한 승리도 마찬가지다. 그것은 받은 것이지 받기 위해서 노력한 것이 아니다.

우리가 우리 안에 있는 그분의 일에 복종하면 우리의 옛 본성의 생명은 점진적으로 제로로 줄어들어 그리스도의 생명이 온전히 드러날 것이다.

참된 기독교의 독특한 특징은 사람들에게 받아들이도록 강요한다는 것이다.

하나님께서는 "죄를 짓는 혼은 반드시 그 죄를 씻어야 한다"고 말씀하지 않으신다. 그분은 "죄를 짓는 혼, 그 혼은 죽을 지니라"라고 말씀하신다(겔 18:4, KJV).

그리스도인의 생명은 곧 그리스도의 생명이다. 내 안에 계신 그리스도께서 내 생명이 되셨고, 나 대신 내 생명을 사신다. 하나님께서는 그분을 내 생명이 되게 하신다.

그리스도인의 일상생활은 한마디로 요약될 수 있다. "받는 것이다."

하나님께서 우리의 죄가 그리스도께 씌워진 것을 보도록 우리의 눈을 한번 여신 것처럼, 다시 한번 우리가 그리스도 안에 있는 우리 자신을 보도록 우리의 눈을 여셔야 한다. 이것은 그분께서 하시기를 기뻐하시는 일이다.

우리의 허벅지 관절(선천적인 힘)이 만져졌을 때 우리는 하나님을 가장 가까이 붙들 수 있다(창 32:25). 우리는 가장 약할 때 가장 강하다 (고후 12:10).

선천적인 힘이 풍부하기 때문에 우리는 하나님께 쓸모가 없다. 전혀 힘이 없다면 우리는 그분을 붙잡을 수 있다. 그분의 능력이 우리를 통해 흐르기 때문에 우리는 정복자들보다 더 나은 자들이다(롬 8:37; 창 32:24-28, KJV 참조).

3

앉으라. 걸으라. 일어서라

모든 새로운 영적 체험은 하나님께서 이미 하신 일을 믿음으로 받아들임으로 시작된다.

하나님께서는 당신이 하고 있는 일을 그만두기를 기다리고 계신다! 일단 당신이 이렇게 하면, 그분께서 시작하실 것이다.

우리를 통한 그분의 생명의 역사는 진정으로 자발적이다. 그것은 우리 자신의 노력이 없는 것이다. 가장 중요한 규칙은 시도하는 것이 아니라 신뢰하는 것이다. 우리 자신의 힘을 의지하는 것이 아니라, 그분의 능력을 의지하는 것이다.

우리의 외적 노력이 중단되고 우리의 태도가 강제적이지 않을 때, 즉 우리의 말, 기도, 우리의 삶 자체가 모두 우리 안에 계시는 그리스도의 생명의 자발적이고 진실한 표현이 될 때만큼 축복받는 것은 없다.

너무 많은 그리스도인들이 모든 교리를 가지고 있지만 그것과 모순되는 삶을 살고 있다.

하나님께서는 그분을 믿는 모든 사람을 온전하게 하실 것이다. 우리는 "너희 안에서 선한 일을 시작하신 분께서 그리스도 예수 그리스도의 날까지 그 일을 이루실 것을 확신하노라"는 바로 이 말씀을 확신한다"(빌 1:6, KJV).

다윗과 그의 군대가 솔로몬 왕국이 일어나기 전에 싸웠던 것처럼 지금도 그렇다. 합법적인 솔로몬의 영광스러운 통치 이전에 다윗과 그가 그의 군대와 함께 수행한 사역으로 대표되는 영적 전쟁의 기간이 먼저 있어야 한다. 그리고 하나님께서는 다윗이 그랬던 것처럼 오늘날 그분과 협력하여 예비 전쟁을 할 사람들은 찾고 계신다.

효과적으로 될 모든 사역은 하나님께서 계획하신 것이어야 한다. 우리가 사역을 계획하고 하나님께 축복을 구하면 하나님께서 그 일을 하시기를 기대할 필요가 없다. 하나님의 이름은 우리가 구상하는 일을 승인하는 고무도장이 아니다. 사실, 그러한 일에 축복이 있을지 모르지만, 그것은 부분적일 뿐, 풍족하지는 않을 것이다. 그 위에는 (그분의 이름)이 있을 수 없다. 아아, 우리의 이름만 있을 것이다.

모든 참된 기독교 사역의 변함없는 원리는 "태초에 하나님"(창 1:1, KJV)이다.

하나님께서는 우리에게 우리가 할 수 있는 일을 하라고 결코 요구하지 않으신다. 그분께서는 우리에게 절대 살 수 없는 삶을 살고, 절대 할 수 없는 일을 하라고 요구하신다. 아아, 그리스도인들이 이 진리를 얼마나 알아야 할 필요가 있는가!

4

세상을 사랑하지 말라

아담이 하나님의 피조물에 악의 문을 열어준 날부터 세상 질서의 자연적 경향은 사탄을 향하고 하나님께로부터 멀어지는 것이다.

사형선고는 죽은 사람에게 내려지는 것이 아니라 산 사람에게 내려진다. 그리고 어떤 의미에서 세상은 오늘날 살아 있는 힘이며 끊임없이 그 주제를 추구하고 찾고 있다. 사형이 선고될 때, 죽음은 여전히 미래에 놓여 있는 것은 사실이지만, 그럼에도 불구하고 확실하다. 사형선고를 받은 사람은 사형수 감방의 감금에서 벗어날 수는 없다. 세상이 사형선고를 받고 있다는 사실을 깨닫는 순간, 세상은 우리를 붙잡고 있는 힘을 잃기 시작한다.

기독교의 열매를 세상에 보여주라, 그러면 세상은 박수갈채를 보낼 것이다. 그러나 세상에 기독교를 보여주라, 그러면 세상은 격렬하게 반대할 것이다.

소위 기독교 국가들은 세상과 그리스도를 화해시키려는 헛된 시도의 결과이다.

종교인들은 그들 자신이 세상으로부터 벗어남으로서 세상을 극복하려고 시도한다. 그리스도인들은 다른 세상 사람이 되어 세상을 극복한다.

교회가 세상의 방식을 거부하던 때가 있었다. 이제 교회는 이런 방법들을 사용할 뿐만 아니라, 그것들을 남용한다.

세상을 사랑하는 문제를 해결하는 기독교적 방법은 세상적인 것을 제거하는 것이 아니라 세상적인 것의 손아귀에서 마음을 건져내는 것이다.

당신 자신을 하나님께 바치고 전적으로 철저하게 그분을 위해서 살라. 왜? 이는 "세상도 그것의 정욕도 사라지되 오직 하나님의 뜻을 행하는 자는 영원토록 거하기" 때문이다(요일 2:17, KJV).

5

십자가로 돌아가라

십자가의 효과가 대속적인 면, 즉 멸망하지 않고 영생을 얻게 하는 면에 국한된다면 하나님께서 주시는 구원은 여전히 불완전할 것이다. 이렇게 하면 죄의 형벌에서 사람들을 구할 수 있지만 죄가 그들의 삶을 지배하는 권세에서 구원할 수는 없다. 이러한 이유로 구주께서는 두 가지 일을 끝내셨다. 즉, 그분께서는 죄의 형벌에서 사람들을 구원하셨고, 죄가 그들을 지배하는 권세와 통제에서 그들을 구원하셨다. 유감스럽게도 많은 사람들이 전자(죄의 형벌에서 구원-역주)의 장점만을 활용한다!

하나님의 말씀은 옛사람을 씻을 필요가 있다고 말씀하지 않으신다. 죄인인 이 옛사람은 고칠 수 없을 정도로 타락했다. 그러므로 하나님께서 옛사람을 대하시는 방법은 옛사람을 죽이시는 것이다. 이것은 십자가에 못박히신 주 예수님과 옛사람의 연합을 통해 이루어진다. 이 사실에 대한 무지는 왜 그렇게 많은 사람들이 패배 속에 살고 있는지를 설명한다. 그리스도와 함께 죽는 것 외에는 옛사람을 죽이는 다른 방법이 없다(갈 2:20). 그리스도와 함께 죽는 것 외에는 옛사람을 죽음에 처하게 하는 다른 방법이 없다. 그리고 옛사람을 죽이는 것 외에는 승리하면서 살 방법이 없다.

이 죄인, 즉 옛사람을 십자가에 못 박은 결과는 무엇인가? "죄의 몸"은 죽임을 당했다"(롬 6:6). 그리고 "죽임을 당했다"는 것은 "무력하게 되었다"는 것을 의미한다.

당신이 주 예수님의 대속의 죽음을 얻는 방법은 당신이 그분과 함께 죽음에 들어가는 길이다. 그리스도의 대속의 죽음을 믿는 모든 사람은 구원을 받는다. 그리스도와 함께 죽었다는 사실을 믿는 모든 사람은 죄를 이긴다.

옛사람은 촉감이나 느낌으로 십자가에 못 박히지 않았다. 그는 간주 (看做: 그렇다고 여김-역주)에 의해 십자가에 못 박혔다(롬 6:11). 그리스도 인이 여김에 실패할 때마다 그의 옛사람은 되살아난다. 그러나 그가 진실로 여긴다면, 그분께로부터 초자연적인 힘이 올 것이다.

사탄은 항상 옛사람을 복귀시킬 기회를 찾고 있다. 우리가 부주의 하거나 방심할 때마다, 우리가 갈보리의 죽음의 토대 위에 서 있지 않을 때마다 우리의 옛사람은 그 활동을 재개하고 그 자리를 다시 차지 할 것이다.

주 예수님께서는 십자가에 달리셨을 때 원하시면 내려오실 권세가 있으셨다. 마찬가지로 주님과 함께 십자가에 못 박힌 사람들도 원하면 옛사람이 십자가에서 내려오게 할 수 있다.

많은 하나님의 자녀들은 왜 그들의 옛사람이 부활했는지 종종 궁금해 한다. 그들은 십자가의 죽음이 장기간의 죽음이라는 것을 깨닫지 못했다.

자아에 대해 죽는 것은 경험상 죄에 대해 죽는 것보다 더 깊고 더 진보된 것이다.

그리스도인의 영적 삶의 중간 단계에서 그는 무엇이 죄인지, 무엇이 자아인지 분별할 수 있게 된다. 이 분별력은 죄에 대한 승리를 경험한 결과이지만(롬 6:11) 자아에 대한 승리는 아니다. 성도가 자아를 완전히 극복하는 경험을 가질 때 그는 사도들과 같은 성숙한 삶을 갖게 된다. 여기까지 온 사람들의 관점에서 보면 자아보다 죄를 이기는 것이 훨씬 쉽다.

주님을 떠나서는 우리가 아무것도 할 수 없다(요 15:5)! 오직 그분만이 우리에게 자아의 죽음에 이르는 길을 보여주시고 그것을 성취해 주셨다. 그리고 그것은 다름 아닌 바로 십자가이다. 그러나 그것은 주님께서 단독으로 또는 홀로 십자가에 못 박히신 것이 아니다. 그것은 실제로 우리와 함께 십자가에 못 박히신 것이다(갈 2:20).

우리의 자아가 십자가에서 내려오는 순간 자아는 예전의 자리로 돌아간다. 그리고 그리스도인은 이 자아를 통제할 능력도 방법도 없다.

자아를 부인하는 것은 결코 중단되어서는 안 되는 일상적인 문제이다. 바울은 "나는 날마다 죽노라"(고전 15:31)고 말했다.

"자기 생명(혼)을 사랑하는 자는 그것을(영생의 열매) 잃을 것이요 이 세상에서 자기 생명(혼)을 미워하는 자는 영생에 이르도록(그는 열매가 없는 영적 능력의 비밀이 없을 것이다) 그것을 보전하리라"(요 12:25, KJV). 만일 그리스도인이 이 영적이지 않은 자아 생명이 그의 모든 세상 활동의 주요 원동력이 되도록 허용한다면,—이 생명은 구원받을 수 있다 하더라도—그는 다가올 시대(천년왕국)에 그의 생명을 잃을 것이며, 열매 면에서 영원한 보상의 상실을 겪을 것이다(마 6:1-6; 고전 3:8 참조).

그리스도인에게 자아에 대한 죽음은 생명의 문이다. 그것이 열매를 맺는 유일한 길이다. 그러므로 죽음은 절대적으로 필요하다. 그러나 우리 중 정말 죽은 사람이 몇이나 될까? 자아에 대한 죽음은 모든 자아 활동의 중지이다!

그리스도께서는 우리를 죄에서 구원하시는 구주이실 뿐 아니라 우리 자아로부터 우리를 구원하시는 구주이시다. 자아 생명에 대해 죽는 것이 영적 생명에 이르는 유일한 길이다. 하나님의 온전한 구원을 경험하는 전환점은 자아에서 벗어나는 데 있다. 그리고 오직 하나님만이 우리를 자아에 대해 죽게 하실 수 있다. 다른 누구도 그렇게 할 수 없다.

당신이 자아의 죽음을 경험하지 않았다면 당신의 영적 삶은 거의 진전이 없을 것이다.

그리스도인으로서 우리는 우리의 상속에 대한 사실을 가지고 있지만, 이것이 반드시 우리가 상속을 누리는 경험에 들어갔다는 것을 의미하지는 않는다. 따라서 사실과 경험은 서로 크게 다르다.

상속을 소유하고 향유하기 위해 상속인은 두 단계를 거쳐야 한다. 첫째, 상속이 있다는 것을 믿어야 한다. 둘째, 그는 이 상속을 소유하기 위해 비범하게 일어나야 한다.

우리의 믿음을 행사하여 주 예수님 안에서 우리가 가진 상속을 붙잡고, 이 영적 재산을 마치 우리 소유인 것처럼 사용하고 관리하는 것이 우리의 책임이다. 하나님께서 이미 우리에게 상속으로 주신 것을 소유하지 못한 것은 믿음이 부족한 것이다(민 13:30, 참조).

사실은 하나님의 일이다. 믿음은 하나님께서 일하신 것에 대한 우리의 신뢰이다. 그리고 경험이란 하나님의 일을 우리의 삶을 통해 실제적으로 실천하는 것이다.

믿는 사람은 영적인 경험이 더 많을 때, 결과적으로, 영적으로 더 단순하게 된다. 이와 같은 경험들은 자기가 만드는 것이 아니라, 영적인 사실들에 근거한다.

영적 진보에서 사실은 기초이며 믿음은 과정이고 경험은 결과이다. 즉, 사실이 원인이며, 믿음은 통로이고, 경험은 결과이다.

그리스도를 안다는 것은 부활의 능력을 아는 것이며 그리스도의 부활의 능력을 안다는 것은 그리스도 자신을 더 깊이 안다는 것을 의미한다. 주님의 부활의 능력을 아는(경험하는) 것은 우리가 그분에 대한 참된 지식에 들어가는 데 도움이 된다. 우리는 이것을 어떻게 아는가? 그분의 부활 생명 없이는 성령의 능력이 있을 수 없기 때문이다.

첫 아담으로부터 나온 것은 죽음을 겪은 후에 살지 않는다. 이는 주님의 부활 생명만이 죽음에서 나오기 때문이다. 오늘날 슬픈 상황은 많은 사람들이 선천적인 생명으로 그리스도를 증거하려고 노력한다는 것이다. 그분의 부활 생명의 능력에 대한 경험적 지식으로 증거하는 사람은 극소수이다.

성경에서 우리는 하나님의 백성들 가운데서 세 부류가 있음을 본다.

(1) 세상 사람들 중에서 택함을 받은 이스라엘 자손.
(2) 이스라엘 자손 중에서 택함을 받은 레위인.
(3) 레위 사람 중에서 택함을 받은 아론과 그의 아들들.

오늘날, 예수 그리스도와 친밀한 교제가 있어서 주님과 함께하는 가장 높은 일, 곧 우리 주 예수님께서 친히 하시는 간구하는 일(롬 8:34)에 부름을 받은 하나님의 일꾼 부류가 있다.

그리스도인은 하나님께 제사장이 되라는 부르심을 받았다. 슬프게도, 이것이 소명이지만, 많은 사람들은 이 높은 특권을 버리고 하층 계급으로 전락한다.

겸손한 사람이 하나님의 발 앞에 있을수록 하나님의 손에 더 유용하다.

그리스도를 자신들의 성화로 붙잡는 그리스도인들은 오늘날의 레위인들이다. 이들은 세상과 분리되어 하나님께 가까이 나아가는 그리스도인들이다. 그래서 그들은 오늘날의 레위인들처럼 행동하고 있다.

성소 안에서 봉사하는 것은 사람들이 거의 보지 못하는 것이다. 하나님을 제외하고는 봉사하는 사람을 보는 사람은 없다. 그들은 사람들로부터 영광도 칭찬도 받지 못한다. 그들은 문을 닫고 은밀히 기도한다. 그들은 은밀히 보상을 받는다. 사람들에게 알려지지 않은 곳에서 그들은 하나님의 얼굴을 보고 그분의 음성을 듣고 그분과 동행한다. 그들은 휘장 속의 어둡고 외로운 곳에서 봉사한다.

나는 오늘 당신에게 더 높은 삶, 곧 제사장의 삶과 더 높은 섬김, 곧 제사장의 섬김을 추구하라고 간청한다. 쟁기에 손을 잡고 세상을 돌아보지 말라(눅 9:62). 그리스도를 얻기 위해 세상의 모든 것을 배설물로 여기라(빌 3:7-8).

모든 진리가 성경에 기록되어 있기 때문에 하나님의 말씀에 없는 진리는 없다. 그러나 진리가 모두 성경에 기록되어 있지만 어리석음, 불성실, 무책임, 불순종으로 인해 진리 가운데 많은 것들이 하나님의 말씀 속에 파묻혀서 사람들에게 숨겨져 있다.

오늘날 성도들의 무기력하고 나약한 것은 그들이 주로 진리를 이성으로 받아들이고 따르기 때문이다. 이것은 율법에 지나지 않는다. 문자의 정확성에도 불구하고 율법은 절대적으로 성령에 속한 것이 아니다.

여기에 오늘날의 집회에 생명이 없는 이유가 있다. 사람의 손이 성령의 주권 자체를 대신해 왔기 때문이다.

하나님 앞에서 사람의 태도는 하나님의 말씀을 해석하는 것과 많은 관련이 있다. 많은 사람들이 자신의 행보를 정당화할 어떤 규칙을 찾기를 바라며 그분의 말씀을 찾는다. 그들의 동기는 하나님의 말씀을 그들에게 맞는 율법으로 바꾸는 것이다. 이것은 십자가에 의해 다루어지지 않은 사람들 사이에서 흔히 발생한다. 그러므로 십자가를 통과한 사람들만이 성경을 올바르게 해석할 수 있고 해석할 능력이 있다.

하나님께서는 우리가 만나(Manna: 모세의 지도 아래, 이집트를 탈출한 이스라엘 백성들이 광야에 이르러 굶주릴 때 하나님께서 내려주신 신비로운 양식-역주)의 양식 원칙에 따라 살기를 원하신다. "많이 거둔 사람도 모자람이 없고 적게 거둔 사람도 모자람이 없다."(출 16:18; 고후 8:15 참조, KJV) 집회에서 그리스도인 중 일부가 생계를 유지할 자금이 없다면 교회나 집회 내의 개인 중 일부가 그들을 도와야 한다. 지역 교회는 그들이 할 수 있는 최선을 다하지 않고는 실업 상태인 그리스도인들의 곤경을 그냥 바라만 볼 수 없다. 물론 여기에는 일하기를 거부하는 사람들은 포함되지 않는다.

승리는 우리 자신을 의존하기 때문이 아니다. 반대로 승리는 갈보리의 완성된 사역에 우리가 서 있기 때문이다.

구원받은 사람들에 대한 사탄의 전략은 그들이 하나님께 불완전한 헌신을 하게 하는 것이다(행 5:1-3). 그리고 사탄의 가장 큰 두려움 중 하나는 구원받은 사람이 완전한 헌신을 하는 것이다.

주님께서는 우리를 위해 승리의 방법을 약속하셨다. 그것은 십자가이다(살전 3:3). 사탄의 패배는 십자가에 있다. 그래서 사탄은 사람들이 일상생활에서 십자가로 가서 갈보리의 승리를 얻는 것을 가장 두려워한다.

진정한 죽음과 함께 진정한 부활이 따른다. 이것은 사탄이 가장 싫어하는 것이다. 이는 사탄은 죽은 사람들에게는 발디딜 곳이 없기 때문이다.

적에 대한 승리를 유지하는 비밀은 시편 25편 15절에서 찾을 수 있다. "내 눈은 항상 주님을 향해 있다, 이는 주님께서 내 발을 그물에서 빼내실 것이기 때문이다." 따라서, 우리는 계속 하나님을 바라보아야 한다. 이는 주님께서는 그물이 어디에 있는지 알고 계시고, 주님만이 우리의 발을 이 그물에서 빼내실 수 있기 때문이다. 주님께서는 우리가 목표에 도달할 때까지 우리의 모든 발걸음을 지켜주실 것이다.

적에 대한 승리를 유지하는 비결이 시편 25편 15절에 있다. "내 눈이 항상 주를 바라봄은 그분께서 내 발을 그물에서 뽑으실 것임이로다"(KJV). 그러므로 우리는 끊임없이 하나님을 바라보아야만 한다. 그분께서는 그물이 어디에 있는지 아시고, 그분만이 우리의 발을 이 그물에서 뽑으실 수 있기 때문이다. 그분께서는 우리가 목표에 도달할 때까지 우리의 모든 발걸음을 지켜주실 것이다.

우리 원수가 가진 것은 우리보다 강한 능력이지만 우리가 가진 것은 그의 능력을 다스리는 권세이다(눅 10:19).

자신을 죄에 대해서는 죽고 하나님께는 산 자로 여김으로써 로마서 6장 11절의 가르침에 항상 굳게 서라. 이렇게 하면 당신은 오늘 승리하고 다가올 시대에 다스릴 수 있다.

6

기도하자

하나님의 백성은 하나님께서 일어나셔서 일하시기 전에 기도해야 한다. 이것이 하나님께서 일하시는 원칙이다.

기도는 하나님께서 우리의 청원에 굴복하시고 우리의 이기적인 욕망을 채워주시기를 바라는 우리의 소망을 표현하는 것이 아니다. 기도는 그리스도인의 생각과 하나님의 뜻이 결합하는 것이다. 기도는 단순히 그리스도인이 입을 통해 하나님의 뜻을 말하는 것이다.

기도는 하나님께서 정하신 것을 바꾸지 않는다. 기도는 결코 어떤 것도 바꾸지 않는다. 기도는 단지 하나님께서 이미 정하신 것을 성취할 뿐이다. 그러나 기도 없이는 변화를 초래하지 못한다. 하나님께서는 그분의 백성들의 기도의 협력이 부족하기 때문에 그분의 많은 결정들을 보류하실 것이다.

"진실로 내가 너희에게 이르노니 너희가 땅에서 무엇이든지 묶으면 하늘에서도 묶일 것이요 땅에서 무엇이든지 풀면 하늘에서도 풀리리라"(마 18:18 KJV). 하늘이 묶기 전에 땅이 먼저 매고 하늘이 풀리기 전에 땅이 먼저 풀어야 한다. 하지만 하나님께서는 그분의 뜻에 반하는 일은 절대 하지 않으신다. 땅이 무언가를 묶었기 때문에 주님께서 묶고 싶지 않으신 것을 묶으셔야 하는 것은 아니다. 그렇지 않다. 그분은 원래 땅이 묶는 것을 묶으시는 것이 항상 그분의 본래 뜻이었기 때문에 결국 땅에서 묶인 것을 하늘에서도 묶으신다. 그분은 땅에 있는 당신의 백성이 하늘이 묶고자 하는 것을 묶을 때까지 기다리신 다음 그들이 구하는 것을 들으시고 그들이 요청한 것을 묶으신다.

하나님의 백성이 자신의 뜻을 하나님께 굴복함으로써 하나님께 동의를 나타내지 않는다면 그분은 오히려 그분의 일을 대기하시고 연기하실 것이다.

그리스도인들이 자신의 일을 너무 중시하여 하나님과 함께 일하지 않기 때문에 많은 원수와 많은 불법이 결박되지 않고 많은 죄인과 많은 은혜가 풀리지 않는다. 땅이 하늘을 얼마나 제한하는가! 하나님께서 우리를 그토록 많이 존중하신다는 것을 알면서도 왜 우리는 기도할 만큼 그분을 신뢰하지 않는가?

얼마나 많은 우리의 기도가 진정으로 하나님의 뜻을 표현하고 있는가? 얼마나 자주 우리의 기도에서 자아를 완전히 잊어버리고 주님의 뜻을 완전히 구하는가?

우리는 종종 기도를 우리에게 필요한 것을 표현하기 위한 출구로, 즉 도움을 구하기 위해 하나님께 부르짖는다고 생각한다. 우리가 보지 못하는 것은 기도는 하나님의 필요나 목적을 성취해 달라고 간구하는 것이라는 것이다.

그리스도인은 궁핍할 때마다, 먼저 다음과 같이 자문해 보아야 한다. 그런 부족함이 하나님께 영향을 미칠까? 하나님께서는 내가 어려움에 처하기를 원하실까? 아니면 내가 필요한 것을 채워주시는 것이 그분의 뜻일까?

우리는 하나님께서 그분의 뜻을 이루시도록 기도해야 한다. 그러면 더 이상 우리가 필요한 것이 충족되느냐의 문제가 아니라 하나님의 뜻이 이루어지느냐의 문제가 된다.

우리의 필요가 무엇이든 주님께 우리의 필요를 공급해 달라고 간구하는 것은 가장 높은 수준의 기도라고 볼 수 없다. 하나님의 목적은 우리가 그분의 뜻으로 가득 차서 자신의 이익을 잊어버리는 것이다. 그분은 그분의 뜻을 이루기 위해 그분과 함께 일하도록 우리를 부르신다.

하나님의 일을 위한 기도는 기차를 위한 레일에 비유할 수 있다. 기도는 레일이다. 그분의 일은 기차이다. 하나님께서 하시고자 하는 일과 하고 싶은 일이 많이 있지만, 그분의 자녀들이 하나님의 일을 동의하지 않고 하나님을 위한 길을 예비하기 위해 기도하지 않았기 때문에 그분의 손이 묶여 있다.

진정으로 기도하는 사람은 하나님께 자주 다가가는 사람일 뿐만 아니라, 하나님의 뜻에 자주 들어가는 사람, 다시 말해서 하나님의 생각에 자주 들어가는 사람이다.

우리는 하나님을 가까이하여 하나님께서 하시기를 원하시는 것을 우리 속에 감동시키시므로 우리 스스로 탄식으로 간구해야 한다(롬 8:26). 우리가 이런 짐을 지고 기도할 때 우리는 하나님의 뜻을 그대로 드러내고 있음을 느끼게 될 것이다. 주님께서 우리에게 주신 뜻이나 짐이 무엇이든, 그것이 어떤 사람의 마음에 재현될 때마다 그 사람은 주님의 뜻을 자신의 뜻으로 삼고 그에 따라 기도할 수 있다.

우리가 마땅히 기도해야 할 때, 우리의 기도는 지옥을 흔들어 놓을 것이며 사탄에게 영향을 미칠 것이다. 그렇기 때문에 사탄이 일어나서 그러한 기도를 방해할 것이다. 하나님께로부터 오는 모든 기도는 흑암의 권세의 급소를 찌른다.

하나님의 뜻은 어떤 것도 사람을 거치지 않고는 풀리지 않는다. 더욱이 하나님의 뜻이 사람을 통하여 풀려질 때 사탄과의 충돌에서 결코 자유롭지 못하다.

교회가 세워질 때부터 하나님께서는 이 땅에서 자녀들의 기도 없이 하신 일이 없으시다.

당신이 기도해야 한다는 부담을 느낄 때, 이것은 하나님의 뜻에 당신의 기도가 필요한 항목이 있다는 것을 나타낸다. 기도의 부담을 느낄 때 기도하라. 이것은 하나님의 뜻에 따라 기도하는 것이다. 하나님께서 우리에게 기도의 생각을 심어주실 때마다, 성령께서는 우리에게 그 특별한 문제를 위해 기도하도록 부담을 주신다. 그러한 느낌을 받자마자 우리는 즉시 기도에 매달려야 한다.

많은 사람들이 이 부분에서 성령을 소멸시킨다는 것이 얼마나 안타까운 일인가? 그들은 성령이 기도하도록 그들을 감동시키는 바로 그 감각을 억누른다. 성령의 속삭임에 대한 반응이 없다면, 잠시 후 그러한 감각은 거의 없을 것이다. 이러한 이유로 우리는 성령께서 우리에게 주시는 느낌을 다룰 때 각별히 주의해야 한다.

그 짐이 너무 무거워져서 기도로 내릴 수 없다면 우리는 금식해야 한다. 기도가 부담을 내려놓을 수 없을 때, 금식은 반드시 따라야 한다.

기도 모임에서 우리는 첫 번째 기도가 완전히 끝나기 전에 우리의 기도가 한 가지 일에서 다른 일로 건너뛰는 것을 허용해서는 안 된다. 이 경우, 기도하는 사람들은 자신의 구체적인 관심사에만 관심이 있음이 분명하다. 한 사람 이상이 기도하기 위해 모일 때, 각 문제에 대한 부담은 다른 문제로 넘어가기 전에 먼저 해소되어야 한다. 그 짐이 다 풀릴 때까지 기도하는 것이 중요하다. 이것이 기도 모임의 성공 비결이다.

기도회에 오는 모든 형제자매는 기도할 수 있는 기도의 짐을 져야 한다. 형제 또는 자매는 전체 모임의 영(인간의 영-역주)을 접촉하는 법을 배워야 하고 전체 모임의 느낌에 들어가는 법을 배워야 한다.

합심 기도는 자동적으로 이루어지는 것이 아니라 배워야 한다. 우리는 다른 사람들의 감정을 감지하는 법을 배우고, 교회의 기도라고 불리는 것에 이르는 법을 배우고, 기도 부담의 해소를 인식하는 법을 배워야 한다.

참된 기도에서 우리는 우리 자신의 복지와 관련된 것들에 관해 단순히 구해서는 안 된다. 우리는 또한 하나님의 영광과 세상에 하늘의 통치가 이루어지도록 기도해야 한다.

그들의 기도가 그들 자신의 복지 측면에만 중점을 두는 것은 육에 속한 그리스도인들의 경우이다.

우리의 씨름은 "혈과 육을 상대하는 것"이 아니다(엡 6:12, KJV). 그러므로 우리는 영계에 대한 지식을 얻고 사탄의 "숨겨진" 일을 많이 볼 수 있도록 내적으로 훈련해서 영적인 통찰력을 가져야 한다.

"우리의 싸우는 무기는 세속(육)에 속한 것이 아니므로,"(고후 10:4) 우리는 사탄이 사용하는 육적이고 세속적인 도구들에 대항하여 어떠한 세속적인 수단도 사용해서는 안 된다.

기도는 적에 대한 최고의 공격 무기이다. 우리는 기도할 때 사탄을 결박하여 무력하게 만들어 달라고 하나님께 간구해야 한다. 우리가 먼저 사탄을 기도로 묶는다면 우리의 승리는 확실하다.

"마귀의 일을 멸하시는 것"이 하나님의 뜻이다(요일 3:8). 그리스도인들의 원수를 갚는 것은 의심할 여지 없이 그분의 뜻이다. 그럼에도 불구하고 하나님께서는 그분의 자녀들의 기도를 기다리신다.

신뢰의 영(인간의 영-역주)은 기도와 전체 그리스도인의 삶에 필수적이다. 확신도 신뢰도 없는 상태에서 주님과의 관계가 계속해서 요동을 친다면 우리의 삶 전체가 치명상을 입게 될 것이다.

우리의 연약함은 기도에서 가장 쉽게 드러난다. 영적 영역에서 기도만큼 우리의 약점을 드러내는 것은 없다. 하지만, 하나님께 감사하라. 우리는 우리를 도우실 전능하신 성령님이 계신다.

사탄의 계략은 성도들을 지치게 하는 것이다(단 7:25 참조). 지치게 하는 것은 여기서 조금, 저기서 조금씩 약하게 한다는 발상이 있기 때문에, 지치게 하는 것은 사실상 감지할 수 없다. 우리는 하나님께 우리의 눈을 여셔서 사탄이 어떻게 우리를 지치게 하려고 하는지, 그리고 우리가 어떻게 이 전술에 맞서 싸워야 하는지를 분별할 수 있도록 간구해야 한다.

헌신의 상실은 능력의 상실을 의미한다. 그리고 간증의 상실은 하나님의 임재의 상실을 의미한다(삿 16:16-21).

7

십자가의 전달자

우리는 주님의 일꾼으로서 우리가 전파하는 복음이 왜 더 많은 성도를 얻지 못하는지 알아야 한다. 당신과 내가 가진 것은 너무 자주 단지 말의 열변에 불과하다. 그 말의 이면에는 정곡을 찌르는 능력이 없다.

우리는 사람들에게 칭찬받는 웅변가가 되려고 애쓰지 말아야 한다. 우리는 그분의 생명이 사람의 마음에 흘러 들어가는 통로가 되어야 한다(고전 2:1-4).

십자가를 전하는 것은 비교적 쉬운 일이지만, 십자가에 못 박힌 사람이 되는 것은 쉬운 일이 아니다.

십자가를 전하고자 하는 사람은 십자가의 길을 택해야 한다.

우리가 자주 전파하는 것은 참으로 십자가이다. 그러나 우리의 태도, 우리의 말, 우리의 감정은 우리가 전파하는 것을 증언하지 못하는 것 같다. 이것은 십자가의 전파 중 많은 부분이 십자가의 영으로 행해지지 않기 때문이다. 십자가에 못 박힌 사람만이 십자가의 영으로 십자가의 메시지를 전파한다.

　십자가는 믿지 않는 세상에 미련하게 보이도록 나타난 하나님의 지혜이다(고전 1:18). 그러므로 우리가 그리스도를 위하여 "미련한 자"가 되려면 우리는 "미련한" 방법을 당연한 것으로 여기고, "미련한" 태도를 취하고, "미련한" 말을 사용하여 "미련한" 메시지를 선포해야 한다.

　사람들이 생명을 받지 못하는 것은 전하는 사람들의 실패임이 틀림없다! 말씀이 능력을 잃은 것이 아니라, 실패한 것은 사람들이다. 사람들이 하나님의 생명이 흘러나오는 것을 막았다.

　우리 자신에게 없는 것을 어떻게 다른 사람들에게 줄 수 있는가? 십자가가 우리의 생명이 되지 않는 한, 우리는 그 생명을 남에게 나누어 줄 수 없다. 우리 일의 실패는 십자가가 우리 안에 있지 않은 채 십자가를 전하기를 열망하기 때문이다.

　우리가 다른 사람들에게 전하는 십자가가 우리를 먼저 십자가에 못 박아야 한다.

　우리는 우리에게 없는 것을 줄 수 없다. 우리가 가진 것이 생각만 있으면 생각만 줄 수 있다. 그러나 사람들에게 부족한 것은 생각이 아니라 생명이다!

　성령께서 우리가 하는 말 뒤에 있는 그분의 권세와 능력으로 역사하지 않으신다면, 듣는 사람들은 그들의 삶에 어떤 변화도 체험하지 못할 것이다.

성경의 "명령 사항"은 우리의 힘으로 하는 것이 아니다. 그 대신 성령께서 우리를 통해 주님의 말씀을 실행하게 하시는 것이다.

주 예수님은 사람들에게 영적인 생명을 주기 위해 십자가에 못 박히셨다. 마찬가지로 우리가 사람들에게 영적인 생명을 주고자 한다면 우리도 십자가에 못 박혀서 성령께서 우리에게서 흘러나오시게 해야 한다.

십자가의 죽음을 모르는 사람은 다른 사람들에게 전할 십자가의 생명이 없다.

우리는 십자가의 삶과 죽음을 알아야 한다. 십자가의 죽음으로 우리는 죄와 우리의 옛 본성에 대하여 죽는다. 그러나 우리는 십자가의 생명이 있기 때문에 날마다 십자가의 영 안에서 산다.

십자가가 고난과 역경의 불을 통해 우리 자신의 마음에 타오르도록 허용되어야만 다른 사람들의 마음에 십자가가 재현되는 것을 볼 수 있다.

세상 사람들이 보기에 십자가는 비천하고 초라하고 어리석고 비열한 것이다. 고상한 말과 세상의 지혜로 십자가를 전파하는 것은 그 정신에 완전히 어긋나므로 아무 소용이 없다(고전 2:1).

우리가 성숙한 영적 행보에 도달하기 전에, 우리의 선천적인 능력에 의존하여 하는 일이 다른 사람들에게 성령의 생명을 나누어 주지는 않지만, 우리는 일반적으로 우리의 선천적인 재능을 해롭지 않고 하나님의 나라에 유익하다고 생각한다. 일반적으로 우리의 모든 선천적인 노력은 영적인 문제에서 헛된 것이라는 사실을 발견한 후에야 비로소 우리의 선천적인 능력이 얼마나 부적절하며 더 큰 하나님의 능력을 구하는 것이 얼마나 필요한지 마침내 인정하게 된다. 자기 자신의 선천적인 힘으로 십자가를 선포하는 사람이 얼마나 많은가!

한마디로 말하면, 십자가는 죽음을 의미한다. 그래서 우리의 옛사람을 십자가에 못 박는 것은 무력함, 연약함, 두려움, 떨림으로 표현될 것이다.

우리의 선천적인 생명에 의존하여 하는 일은 무엇이든 헛된 것이지만, 초자연적 생명의 힘으로 하는 일은 많은 열매를 맺는다. 죽음은 열매를 맺는 필수 과정이다. 사실 죽음은 열매를 맺는 유일한 길이다 (요 12:24-25).

종종 오순절을 성취하기 위해 우리는 갈보리를 우회한다. 우리가 십자가에 못 박히지 않고는 즉 육에 속한 사람의 모든 뜻을 벗지 않고는 성령께서 많은 사람을 얻기 위해 우리를 통해 역사하실 수 없다는 것을 깨닫지 못한다. 그래서 여기에 영적 원리가 있다. 죽고 나서 많은 열매를 맺는 것이다.

우리 몸의 선천적인 힘을 다 써버릴 때까지 우리는 성령의 능력에 의지하기 시작조차 할 수 없다. 우리가 우리의 선천적인 힘에 대해 죽는 방법과 하나님께서 우리 안에 두신 영적인 생명의 힘에 전적으로 의존하는 방법을 정말로 알고 있다면, 우리는 선천적인 힘이 있든 없든 결코 혼의 생명의 힘으로 일하지 않을 것이다.

주 예수님께서는 우리의 혼의 생명, 즉 한 알의 밀과 같은 선천적인 생명이 땅에 떨어져 죽어야 한다고 가르치셨다(요 12:24).

우리가 항상 혼의 생명을 단호하게 미워하는 태도를 유지한다면 영적 생명의 능력을 의존하는 법을 경험적으로 배워 하나님께 영광을 돌려드리는 열매를 맺게 될 것이다.

마음에서 나온 것은 단지 다른 사람의 마음에만 닿을 수 있다. 그것은 결코 그들의 영을 접촉할 수 없고 생명을 줄 수 없다.

우리는 십자가가 우리 안에서 일하게 하여 주님을 위해 매일 우리 자신을 기꺼이 죽음에 이르게 하고, 우리의 선천적인 생명에 속한 힘을 혐오하고, 우리 자신이나 자신으로부터 나오는 어떤 것에도 확신을 두지 않아야 한다. 이런 식으로만 우리는 하나님의 생명과 그분의 능력이 우리의 말을 통해 다른 사람들의 영으로 흘러 들어가는 것을 볼 수 있다.

우리는 사탄은 이미 패배한 적임을 깨달아야 한다.

구원의 길은 하나님께서 우리를 선하게 만드시는 것이 아니라, 아담에게서 우리를 구원하시고 그리스도 안에 들어가게 하시는 것이다. 이것이 오늘날 우리의 실체이다. 우리가 아담 안에 있을 때(육신 안에 있을 때) 죄를 짓고, 그리스도 안에 있을 때(영 안에 있을 때) 의(義)를 실천한다.

많은 그리스도인들의 생각과 마음에는 중요한 오류가 있다. 바로 하나님께서 우리를 변화시키실 것이라는 기대이다. 하나님께서는 우리 안에서 아무것도 하지 않으시며 앞으로도 하지 않으실 것이다. 그 대신에 그분께서는 우리를 그리스도 안에 두실 것이다.

하나님의 일은 그리스도 안에서 이루어졌다. 오늘날 우리는 하나님께서 그리스도 안에서 이미 행하신 것을 받을 수 있을 뿐이다. 우리는 그것을 믿으면 얻을 것이다. 오직 "그리스도 안에서" 그것을 붙잡아야만 소유할 수 있다. 하나님께서 우리가 그리스도 안에서 이미 갖고 있는 모든 것을 볼 수 있도록 그러한 계시를 주시기를 기원한다.

우리가 그리스도 안에 있으면 그리스도께 속한 것은 다 우리 것이다.

내가 그리스도 안에서 추구하는 승리의 삶은 사실 이미 내가 소유하고 있는 것이다.

"모든 의(義)"(마 3:15)는 우리가 요단의 세례(죽음)를 택할 때만 성취된다.

겟세마네에서 순종이 없었다면, 갈보리에서 죽음도 없었을 것이다.

대다수 사람들은 동산에서 전적인 헌신이 없었기 때문에 십자가 앞에서 도망친다.

하나님께서는 우리가 전적으로 그분의 영으로 사는 곳으로 우리를 인도하신다. 이는 성령 밖에 있으면 생명이 없기 때문이다. 하나님의 영 밖에 있는 모든 것은 죽은 것이다.

그리스도인들은 죄를 삼가야 할 뿐만 아니라 죽음을 극복하고 생명으로 충만해야 한다. 육에 속한 것은 무엇이든지 사망이요, 영에 속한 것은 무엇이든지 생명이다(요 6:63).

누구든지 성령과 접촉하지 않고 하나님의 말씀을 접촉하는 사람은 하나님의 말씀의 능력을 보지 못할 것이다. 이는 하나님의 영이 없으면 말씀은 죽은 문자에 불과하기 때문이다.

어떤 사람들에게는 하나님의 말씀을 읽을 때 생명이 된다. 다른 사람들에게는 종이에 적힌 낱말일 뿐이다. 이유가 무엇인가? 다른 사람들은 똑같은 말씀을 그들의 선천적인 생각의 지혜로 이해하려고 노력한다. 하나님의 말씀은 예리하고 강력하며 생명이 있다(히 4:12). 그러나 사람이 생각으로만 말씀을 받으면 하나님의 말씀의 능력과 생명을 경험하지 못할 것이다.

마음의 힘으로 진리를 받아들인다는 것은 성령을 거치지 않고 책, 교사 또는 성경에서 전적으로 진리를 받는 것을 의미한다. 바리새인들은 전적으로 이런 식으로 성경을 알고 있었다. 따라서 그들이 소유한 것은 죽은 것, 하나님과의 살아 있는 경험이 없는 것이었다. 그 결과 책을 기록하신 분께서 그들 앞에 서 계셨지만 그들은 책을 기록하신 분을 알아보지 못했다.

성령께로부터 나오는 것은 무엇이든지 믿음으로 말미암고 육에서 나오는 것은 무엇이든지 죽은 행실이다.

제자들이 하나님의 영을 받기 전에는 그리스도를 진정으로 이해하고 체험할 수 없었던 것처럼 오늘날의 성도들도 성령의 능력 외에는 하나님의 말씀을 진정으로 알고 체험할 수 없다.

밤새도록 육체로 일하고 아무 성과를 내지 않는 것보다 성령으로 말미암아 주님의 명령을 기다리며 고기가 가득한 그물을 한 번에 얻는 것이 낫지 않겠는가?(요 21:1-6 참조).

오늘날 교회에서 가장 위험한 상황은 너무나 많은 지도자들이 영성보다는 선천적인 재능 때문에 높은 자리에 있다는 것이다.

하나님께서는 다른 어떤 사람보다 성령 충만한 사람을 필요로 하신다.

우리가 사람은 오직 성령으로만 구원받을 수 있고 진리는 오직 성령 안에서만 깨달을 수 있으며 기도는 오직 성령을 통해서만 상달(上達: 윗사람에게 말이나 글로 여쭈어 알려 드림-역주)될 수 있고 우리의 영적 삶은 오직 성령 안에서만 발전할 수 있다는 것을 깨달을 때 우리는 진정으로 성령을 믿고 의지하게 될 것이다.

교회 안에 있는 많은 사람들은 자신들이 성령을 우회하여 "정복자들보다 더 나은 자들"(롬 8:37, KJV)이 될 수 있다고 생각한다. 많은 진리를 아는 것으로 하지만, 경험상, 그들은 힘이 부족하기 때문에 계속해서 패배한다. 이것은 다윗이 골리앗과 싸우기 위해 사울의 갑옷을 사용하려는 것과 비유될 수 있다(삼상 17:38-39). 육신의 무기는 영적 전쟁에서는 통하지 않을 것이다. 그러나 성령께서 그분의 검(말씀)을 사용하실 때, 그것은 매우 강력하다.

혼과 영을 나누는 것(히 4:12)은 영적인 성장과 관련되어 있기 때문에 매우 중요하다. 왜? 이는 그리스도인은 영에 속한 것과 혼에 속한 것의 구별조차 알지 못한다면 영적인 것을 추구할 수 없기 때문이다.

영적인 사람은 어떤 사람인가? 어떤 사람이 하나님께서 말씀하시기 전에 말할 수 없고, 하나님께서 먼저 움직이지 않으시면 움직일 수 없으며, 그가 하나님을 바라보고, 하나님을 기다리고, 모든 것을 하나님께 의존한다면, 그 사람은 영적인 사람이다.

하나님의 일을 할 때 그것은 무엇을 하느냐의 문제가 아니라, 어디서부터 일이 시작되었느냐, 즉 우리의 육신이냐 성령이냐의 문제이다.

당신이 하나님을 접촉하면 다른 사람들도 그분을 접촉하게 할 수 있다. 그러나 당신이 혼만 접촉하면 사람들은 당신만을 접촉하게 된다. 그 차이가 얼마나 큰가!

하나님의 말씀이 들어오는 순간, 당신은 즉시 혼적인 것과 영적인 것을 구분할 수 있다. 당신 안에는 어떤 인간의 판단보다 더 날카로운 판단이 있다.

육신은 너무 부패하여 당신이 생각하고 느끼는 것조차 신뢰할 수 없다.

광야 여정의 교훈은 이러하다. 우리가 우리 자신의 상태를 알 수 있도록 하는 것이다(신 8:2). 하나님께서는 우리가 타락하고 신뢰할 수 없으며 회복할 수 없는 곳에 이르게 하시려고 우리를 패배하게 하신다.

우리를 향하신 하나님의 의도는 우리가 구원받은 후 단계적으로 우리가 우리 자신의 의(義)를 더 크게 거부할 뿐만 아니라 부패에 대해 더 깊이 알게 하시는 것이다. 하나님께서는 우리가 자아에서 완전히 벗어날 때까지 우리 안에서 계속 일하시기를 원하신다. 이것은 성도들 안에 계시는 성령께서 그분 자신을 알게 하시는 첫 번째 일이다. 이것은 성도 안에서 성령께서 그에게 자아를 알게 하시기 위해서 그분께로 인도하시는 첫 번째 일이시다.

자아를 있는 그대로 본다는 것은 얼마나 어려운 일인가! 자기 자신을 아는 것은 영광을 박탈당하는 것이고, 자기 자신을 부정하는 것은 자기 자신을 고통스럽게 하는 것이다.

그리스도인이 그러한 자기 인식을 갖고 싶어하지 않기 때문에 성령께서는 그에게 그분의 진정한 성품을 드러내실 수 없다. 신자들이 그러한 자기 인식을 갖기를 꺼려 하기 때문에 성령께서는 그분의 참된 성품을 그분께 드러낼 수 없다. 결과적으로 주님께서는 그리스도인이 자신을 알게 하기 위해 고통스러운 수단을 사용해야 하신다.

하나님께서 보시기에, 자아보다 더 부정한 것은 없다. 자아는 모든 죄의 어머니이다. 자아는 하나님의 가장 큰 적이다. 이는 자아는 언제나 그분으로부터 독립을 선언하기 때문이다. 자아란 무엇인가? 인간이 소유하고 있는 것, 또는 하나님을 찾고, 기다리고, 또는 의지하지 않고 할 수 있는 것은 무엇이든지 자아다.

하나님께서는 당신이 당신 자신을 알 수 있도록 당신을 끝까지 인도하시는 것 외에 다른 목적이 없으시다.

하나님께서는 그분의 자녀들이 그들의 노력이 얼마나 헛된 것인지 깨닫게 될 때까지 육신의 투쟁을 허용하신다. 왜냐하면 고군분투한 후에야 비로소 우리가 육신의 고군분투의 무력함과 절망을 보게 되기 때문이다.

하나님께서는 이스라엘 자손을 40년 동안 광야에서 인도하셨다. 그리고 그분께서는 그들이 그들 자신을 알게 하시려는 한 가지 목적을 염두에 두시고 여러 번 넘어지고 죄를 짓도록 내버려 두셨다.

당신이 당신의 소중한 자아에 매달리기를 고집한다면, 하나님께는 당신을 광야에 더 오래 머물게 하실 수밖에 없으시다. 그러면 당신은 당신 자신을 죽음에 이르게 하는 더 많은 광야의 패배를 경험하게 될 것이다.

하나님께서는 사람이 얼마나 타락했는지 항상 알고 계신다. 또한 그분은 우리가 스스로 깨닫지 못한다는 것을 알고 계신다. 그러므로 그께서는 우리에게 그분이 항상 알고 계셨던 것을 우리가 알 수 있도록 방법과 수단을 사용하신다. 우리가 우리의 타락을 인식한 후에야 비로소 그분께서 우리에게 제공하시는 모든 은혜를 받을 수 있기 때문이다.

십자가는 원칙이다. 이 원칙은 자아를 부정하고 하나님을 의존하는 것이다.

로마서 6장은 우리가 그리스도와 함께 죽은 것에 대해 말씀한다. 로마서 7장은 새사람과 옛사람 사이의 싸움에 대해 말씀한다. 그리고 로마서 8장은 성령 안에서 이미 우리의 승리에 대해 말씀한다.

죄가 있는 곳에는 자아의 활동이 있다. 그리고 자아가 활동하는 곳은 어디든지 하나님 앞에 죄가 있을 것이다.

성령의 열매는 오직 한 가지 원칙, 즉 완전한 자아 상실에 의해 결정된다.

이타심(利他心: 남을 위한 마음-역주)은 인간의 모든 미덕의 근원이다. 마찬가지로 이기심(利己心: 자기 자신의 이익만을 꾀하는 마음-역주)은 인간의 모든 죄의 근원이다.

그 날에 자아로부터 행해진 것은 무엇이든지 그리스도의 심판대에서 태워질 것이며, 하나님께로부터 행해진 것은 그대로 남아 있을 것이다(고전 3:12-15).

우리의 육신이 창조된 생명과 분리되면 살 수 없는 것처럼, 우리의 영적 생명도 창조주의 생명과 분리되면 살 수 없다.

하나님께서는 우리가 그분 밖에서 어떤 활동도 하지 않기를 원하신다. 그분은 우리가 그분 없이는 움직일 수 없는 것처럼 우리 자신에 대해 죽고 그분께 의존하기를 바라신다.

주님께서는 당신의 일이 얼마나 선(善)한지 묻지 않으실 것이다. 그분께서는 누가 그 일을 하는지, 즉 그분의 성령이신가 아니면 당신의 육신인가를 물으실 것이다.

매 순간 하나님을 의지하고 그분을 신뢰하지 않고서는 성결한 삶을 살 수 있는 방법이 없음을 말씀드린다. 하나님을 의지하지 않고는 아무것도 할 수 없고, 단 하루도 그리스도인으로 살 수 없다.

자기 의존은 모든 패배의 원인이다.

타락으로 사람이 받은 첫 번째 주관적인 영향은 그의 마음이 기능할 수 있는 능력이 확장되었다는 것이다. 타락 이전에 사람은 특정한 유형의 마음을 가지고 있었다. 그러나 타락한 후 그의 마음은 원래 하나님께서 그에게 궁극적으로 갖도록 하시려는 목적이었던 많은 부분을 포함하기 시작했다. 이러한 이유로 바울은 에베소서 6장 17절에서 그리스도인은 "구원의 투구를 가져야 한다"고 언급했다. 이 구절은 인간의 마음의 구원의 필요성을 보여주는데 도움이 된다.

우리는 하나님의 뜻을 행할 책임이 있으며, 우리가 그분의 뜻을 행한 후에 올바른 결과를 경험하도록 하실 책임은 하나님께 있다.

어떤 사람이 하나님의 뜻을 알 수 있는가? 하나님께서 자신의 두뇌 능력에서 해방시키신 사람이다. 당신이 하나님의 뜻이 무엇인지 증명하기 전에 마음이 새롭게 되어야 한다(롬 12:2).

사람들은 자신의 육신이나 선천적인 생명이 얼마나 잘못된 것인지 계속해서 고백하면서도 자신의 생각과 의견을 소중히 여긴다. 입으로는 자신의 연약함을 인정하지만, 마음은 여전히 자신의 생각과 영리함으로 가득 차 있다. 그들은 자신의 견해가 다른 사람의 견해보다 우월하고 자신의 방식이 다른 사람의 견해보다 낫다고 생각한다. 이들은 입술에 하나님의 뜻이 가득 차 있지만 실제로는 하나님의 뜻을 잘 모르는 사람들이다.

당신의 선천적인 생명이 하나님께 다루어질 때, 그분의 뜻이 분명해지기 시작할 것이다.

우리는 세속적인 두뇌가 다른 문제에서 효과적인지 확신하지 못하지만, 우리는 이 한 가지를 확신한다. 세속적인 두뇌는 영적인 문제에서 전혀 쓸모가 없다.

8

믿음에서 믿음으로

"복음에는 하나님의 의(義)가 믿음에서 믿음까지 계시되어 있나니 이 것은 기록된 바 의인은 믿음으로 말미암아 살리라 함과 같으니라"(롬 1:17, KJV). 우리의 믿음이 향상될수록 하나님의 의(義)에 대한 계시 가 더 깊어진다.

교리는 세상에서 사람들이 설명하려고 시도하는 것이고, 진리는 내 가 그리스도의 형상으로 변화되어 하나님 앞에 서서 주 예수님께서 이루신 일의 실상을 경험하는 것이다. 진리는 무엇인가? 진리는 실재 이다. 예수님께서는 진리이시다(요 14:6). 이것이 우리의 실재가 되어 야 한다.

우리는 종종 진리가 무엇인지 알지 못한다. 우리가 하나님께 다가갈 때, 우리는 하나님의 진리보다는 우리 자신의 감정에 의존하고, 그분 의 진리보다는 우리 자신의 경험에 의존한다. 우리는 때때로 하나님 의 진리가 우리의 감정과 경험에 반대한다는 것을 깨달아야 한다. 해 결책은 무엇이 진리인지 인식하는 법을 배우는 것이다. 주 예수님께 서 나를 위하여 하나님 앞에서 이루신 것과 내가 느끼거나 경험한 것

중 어느 것이 진리인가?

우리가 우리의 감정에 의해 자유를 얻지 못한다는 것을 항상 기억하기를 바란다. 우리를 자유롭게 하는 유일한 것은 하나님의 실재 또는 진리이다.

우리는 속지 말고 구원은 감정의 문제가 아니라 진리의 문제라는 것을 항상 기억해야 한다.

무엇이 사람을 자유롭게 할 수 있는가? 진리만이 사람을 자유롭게 할 수 있고 실재만이 사람을 자유롭게 할 수 있다. 누구든지 자신의 감정과 경험에 의존한다면 그는 끊임없이 패배하게 될 것이다(요 8:32; 14:6, 참조).

진리는 설교를 통해서 얻어지는 것이 아니라, 하나님의 깨우침을 통해서 온다.

계시를 받는 것은 진리를 소유하는 것이다. 깨달음이 없는 교리를 가진 모든 사람은 마음이 생각으로 가득 차 있다. 계시를 받은 사람만이 생명과 실재가 있다.

당신이 계시를 받으면 당신 자신의 경험을 생각하지 않고 당신 자신의 감정에 주의를 기울이지 않을 것이다. 그 대신에 당신은 하나님께 온 것은 절대적으로 확실하고 틀림이 없다고 믿게 될 것이다.

성령의 계시를 받는 사람만이 실재에 들어간다.

왜 성경에서 하나님께서는 항상 두 번째 사람을 선택하는 것처럼 보이는가? 이스마엘은 큰 아들이었지만 하나님께서는 작은 아들 이삭을 택하셨다. 에서는 형이었지만 하나님께서는 동생 야곱을 택하셨다. 왜 하나님께서는 두 번째를 받아들이시고 첫 번째를 거부하시는가? 이 세상에서 첫째는 영에 속한 것이 아니라 선천적인 본성에 속한 것이다(고전 15:46, KJV). 이것은 성경 전체에서 발견할 수 있는 두 번째 원칙 또는 법칙이다.

"거듭나지 않으면 하나님의 나라를 볼 수 없다"(요 3:3). 이 구절에서 우리 주님은 한 번 태어난 것만으로는 충분하지 않다는 것을 암시하셨다. 사람은 다시 태어나야 한다. "육으로 난 것은 육이요 성령으로 난 것은 영이다"(6절, KJV). 육신에서 태어난 것은 무엇이든지-우리 부모가 우리에게 자연스럽게 주는 것은 무엇이든지-첫째 것에 속한다. 그러나 무엇이든지 육으로 말미암지 않고 성령으로 난 것은 둘째 것에 속한다. 오늘날 그리스도인들은 첫째와 둘째 것을 구별하고, 부모님이 우리에게 주신 것과 성령을 통해 하나님께서 우리에게 주신 것을 구별하는 법을 배워야 한다.

하나님께서는 선한 행위 그 자체를 보시는 것이 아니라 선한 행위의 근원을 보신다. 당신의 선행의 근원은 무엇인가? 선행이 자아로부터 오는가, 아니면 성령께 오는가? 이러한 질문을 하는 근본적인 원칙은 무엇인가? 그것은 첫째 또는 둘째 문제를 중심으로 매우 분명하게 전개된다. 하나님께서는 항상 첫째를 거부하지만 둘째를 승인하신다.

실제로 그리스도인들은 대개 첫째 사람의 나쁜 것을 제거한다. 하지만 첫째 사람의 유익한 것을 사용한다. 그러므로 하나님께서는 선천적인 것과 영적인 것의 혼합을 기뻐하지 않으신다.

하늘에서 오신 분께서 그분의 온전한 육신을 의지하지 않으시고 성령께 의지하셨다면, 우리가 성령께 얼마나 더 의지해야 하겠는가?

주님의 재림의 날까지 우리가 날마다 하나님의 생명으로 말미암아 선천적인 생명을 죽이게 하소서! 하나님의 새 피조물이 옛 피조물을 삼키게 하소서!

하나님께서는 오늘날 당신을 위해서 무엇인가를 하시는 것이 아니다. 그분은 이미 그리스도 안에서 모든 것을 하셨다. 당신이 이 사실을 믿는다면, 그 성취된 사실이 오늘날 당신의 경험이 된다.

대부분의 젊은 그리스도인들은 자신의 힘으로 승리를 붙잡으려고 한다. 그러나 시험을 받는 순간, 그들은 넘어진다. 우리가 배워야 할 교훈은 붙잡기 위해 몸부림칠 필요조차 없다는 것이다. 하나님께서는 당신이나 내가 승리에 관심을 가지는 것보다 훨씬 더 그분의 말씀의 신실하심을 소중히 여기신다. 그냥 믿어라, 그러면 하나님께서 그 결과를 처리하실 것이다.

당신이 이기지 못한다면 그것은 믿지 않기 때문이다. 이는 우리는 믿는 순간 즉시 이기기 때문이다(마 17:19-20, 참조).

우리가 우리의 삶에 대한 하나님의 뜻을 알지 못한다면 그것은 매우 잘못된 것이다. 이는 "나를 따르는 자는 어둠에 다니지 아니하리라"고 말씀하셨기 때문이다(요 8:12, KJV).

하나님의 뜻은 우리 밖에 있지만, 그리스도의 마음은 우리 안에 있으시다. 우리가 그분을 찾는다면, 그분은 우리에게 그분의 뜻을 깨닫게 해 주실 것이다.

십자가는 단순한 교리가 아니다. 그것은 또한 경험이다. 참으로 죽음이 있었다면, 확실히 열매가 있을 것이다. 죽음이 없으면 열매도 없다. 죽음의 정도가 생명의 양을 결정한다. "채찍"(잠 20:30, KJV)의 개수(個數)가 생명의 총체를 측정한다.

밀알은 땅에 떨어져 열매를 맺기 전에 죽어야 한다(요 12:24). 부드럽든 단단하든 선천적인 자아의 외피는 내면의 신성한 생명의 유출을 차단한다. 오직 십자가의 사역을 통해서만 이 외피가 깨질 것이다.

그의 겉사람이 깨지지 않고 그대로 남아 있으면 속사람을 접촉하기가 얼마나 어려운 일인가.

열매 맺는 법은 죽음이다. 우리가 땅에 떨어져 죽어서 하나님께서 많은 열매를 거두시기 바란다.

여기에 영적 법칙이나 원리가 있다. 고난이 없으면 능력도 없다. 그러나 고난은 능력을 생산할 수 있고 또 생산한다. 그리스도인이 능력이 무엇인지 알기 위해서는 먼저 고난이 무엇인지 알아야 한다. 고난은 항상 신약의 사도들에게 있었다. 그들은 매일 고난을 받고 무거운 짐을 지고 있었다. 사도들이 지나치게 짓눌려 있었기 때문에, 그들과 같은 능력을 가진 사람은 아무도 없었다. 그 고난이 그들로 하여금 하나님을 바라보게 하였기 때문이다.

성경은 고난과 능력의 관계에 대해 무엇을 가르쳐 주는가? 하나는 다른 하나에 직접 비례한다. 고난을 경험한 사람만이 능력이 무엇인지 알고, 고난이 크면 클수록 능력도 강해진다.

많은 형제 자매들이 고난 아래서 무기력하기 때문에 죄에서 해방되지 못한다. 그들은 죄가 그들에게 가한 고난을 적절하게 활용하는 법을 배우지 않았다. 그들은 자신의 선천적인 힘을 완전히 거부하지도 고난을 이겨내기 위해 그분의 능력에 전적으로 의존하지도 않았다.

우리를 움직이지 않는 어떤 기도도 하나님을 움직일 수 없다. 그것은 모두 능력의 문제이다. 게다가, 능력은 고난에 의해 결정되기 때문에, 모든 고난에는 목적이 있다.

부활은 죽음을 거치고 존재하는 생명이다. 선천적인 것은 죽음을 거친 후 부활할 수 없다. 하나님께 속한 모든 것은 죽음을 거친 후 살 것이다. 하나님께서는 우리가 죽음을 거친 것과 죽음을 거칠 수 없는 것, 그리고 선천적인 것과 그리스도께 속한 것, 또는 자연적인 것과 초자연적인 것이 무엇인지를 알게 하시기 위해서 우리에게 죽음을 허락하신다.

하나님께서 우리 모두가 다만 그분의 부활의 사실만이 아니라, 그분과 그분의 부활의 "능력"을 알 수 있도록 바울 사도처럼 밀어붙이는 은혜를 주시기를 원한다(빌 3:10).

우리는 새로운 압박에 직면할 때마다 그것을 능력으로 전환해야 한다. 이렇게 하면 새로운 고난에 직면할 때마다 우리의 능력이 커질 것이다. 우리가 "사방에 고난을 당하나 괴로워하지 아니하고, 난처한 일을 당하나 절망하지 아니하고, 핍박을 받으나 버림받지 아니하고, 거꾸러뜨림을 당하나 망하지 아니하고, 우리가 항상 주 예수님의 죽으심을 몸에 짊어"진다(고후 4:8-10, KJV). 그때만이 예수님의 생명이 우리를 통해 나타난다.

오늘날 그리스도인들이 만족하는 삶은 어려움이 거의 없고 고통이 거의 없는 삶으로 보는 것은 부끄러운 일이다. 그들이 고통스러운 일을 당할 때마다 그들은 하나님께 그것을 제거해 달라고 간청한다.

사람이 죄를 지을 때마다 죄는 두 가지 결과를 낳는다. 첫째, 죄는 죄의 쾌락을 준다. 둘째, 죄는 더 많은 죄에 대한 갈망을 불러일으킨다.

한 그리스도인은 그리스도인의 경험이 사슬 같다고 말했다. 그것은 그리스도인이 영광에 이르기까지 죽음과 부활과 휴거의 사슬고리이다.

9

주의를 기울이라

사탄은 사람의 혼을 원한다. 오, 얼마나 사람들이 대가 없이 기꺼이 그들의 혼을 팔고 있는가!

교회에서 사람들이 지위가 높은 사람이 되기 위해 노력한다면 세상의 가치를 교회로 끌어들이는 것이다.

의(義)의 가치는 다른 모든 것을 훨씬 능가한다.

이 세상에서 우리에게 유익한 것들은 그리스도의 사역에서 그리스도께서 손실로 간주하신다. 그렇다. 예수 그리스도를 친밀하게 알고 섬기는 특별한 특권(빌 3:7-8)과 비교할 때 모든 것은 참된 가치가 없으며 배설물과 같다(빌 3:7-8, KJV).

복음이란 무엇인가? 복음은 그분의 선하신 뜻에 따라서 하나님께서 사람들에게 주시는 은혜이다. 복음은 죄인들의 필요에 따라서가 아니라, 하나님의 부요하심에 따라 죄인들에게 주신 풍족한 용서이다.

주님께서는 두 가지 이유로 우리를 용서하신다. 첫째, 그분께서는 우리가 자유롭게 되기 위해 우리의 빚(죄)을 용서하신다. 둘째, 그분은 우리도 용서할 수 있는 능력을 갖기를 원하신다. 그러므로 그분께서는 우리가 용서의 마음으로 충만해질 때까지 우리를 성령의 징계 아래 두신다.

교회 안에서 비판과 용서하지 않는 마음이 높아지면 많은 문제가 발생한다. 하나님의 권세 아래 우리 자신을 복종시키자. 이는 하늘나라는 용서로 가득 차 있기 때문이다.

아버지께서 아들에게 이렇게 말씀하셨다, "내가 네 원수들을 발판으로 삼을 때까지 너는 내 우편에 앉아 있으라"(시 110:1, KJV). 세상에서, 이 은혜의 교회 시대에 예수님께서는 세상의 일들을 직접적으로 관리하지 않으신다. 그분께서는 그분의 적들이 그분의 발판이 될 때까지 기다리실 것이다. 그러므로 아버지께서는 이 은혜의 날에 그분의 아들을 위한 새로운 왕국을 건설하기 위해 그분의 일을 계속하고 계신다.

그리스도인은 오직 한 가지 목표를 가져야 한다. 즉, 영적인 삶을 살므로 이 시대에 하나님의 은혜를 유지하는 것이다.

모든 사람 중 마지막 사람으로(고전 4:9), 즉 죽을 운명인 사람으로 기록되는 것이 그리스도인들의 목표가 되어야 한다.

초대교회의 순교 기간 동안 많은 사람들이 용기와 평온함을 보여주었기 때문에 군중들은 깊은 감동을 받았다. 심지어 그리스도인들을 죽인 후에 주 예수님을 믿고 죽임을 요청한 많은 로마 군인들의 이야기도 있다.

이방인들은 구원을 받기 전에는 율법이 없었고 구원받은 후에도 지킬 필요가 없었다. 하나님께서 이방인들에게 율법을 주신 것이 아니었기 때문이다.

율법의 기능은 약속을 성취하는 것이다. 목적은 은혜요 수단은 율법이다. 율법은 사람들을 은혜로 인도하는 데 사용되어야 한다.

율법은 육신에 대해서는 율법의 요구가 있다. 그러나 우리는 성령 안에 있다. 우리가 성령 안에서 새 삶을 시작한 후, 만일 우리가 육신 안에 있다면 그 생명이 성장하기를 기대할 수 있겠는가?(갈 3:3).

율법을 어기는 것은 육신이고, 율법을 지키려는 것도 육신이다. 성령의 생명과 열매는 육신에 속한 것이 아니라 성령에 속한 것이다. 따라서 그들은 법의 범위를 벗어났다. 당신이 율법을 지키려고 하면 그것을 시도하는 것은 바로 당신 자신의 육신이다. 그리고 율법이 들어오면 성령께서는 활동하기를 멈추신다.

우리가 새 생명을 얻을 때 "율법의 의로운 요구"(롬 8:4)가 이미 우리 안에 성취되었다. 우리는 율법을 지킬 필요가 없다. 율법의 규례는 자기 육신을 좇지 않고 성령을 좇아 행하는 사람들 안에서 성취되었기 때문이다(롬 8:4절).

우리는 율법을 지킬 필요가 없다. 그러나 율법이 요구하는 의(義)가 있다. 이것이 복음이다.

하나님께서는 율법이 아닌 다른 수단을 사용하셔서 우리 안에 의(義)를 일으키셨다. 하나님의 의(義)는 그리스도께서 십자가에서 이루신 일을 믿음으로 우리에게 온다. 우리는 그리스도와 연합되었다. 하나님을 기쁘시게 하려고 율법으로 돌아가려는 사람은 누구든지 간음하는 사람이 된다.

많은 그리스도인들은 하나님의 뜻대로 행하지 않거나 하나님의 뜻대로 행하는 방법을 모르기 때문에 영적인 삶에 아무런 진전이 없다.

오늘날 많은 그리스도인들은 하나님의 종이 되어 그분을 기다리며 그분의 소원을 구하는 것이 아니라 그분이 자신들의 소원을 들어주실 것을 기대하면서 하나님을 자신의 종으로 대우한다.

하나님께서는 모든 그리스도인들의 일생과 매일의 활동에 대한 명확한 계획을 가지고 계신다. 그리스도인들의 삶에 대한 하나님의 뜻과 계획을 어기는 것은 그리스도인들의 모든 실패의 뿌리이다.

우리가 우리의 삶에 대한 하나님의 뜻을 알지 못한다면, 그것은 하나님 편에 부족한 부분이 있기 때문이 아니다. 반대로, 우리가 그분의 뜻에 마음을 열지 않기 때문에 그분의 말씀을 듣지 못하기 때문이다(요 10:27).

어떤 문제에 대한 하나님의 뜻을 알기 위해서는 먼저 자신의 의견을 버리는 것이 중요하다. 왜? 그러한 편견이 우리 마음에서 하나님의 뜻을 차단하기 때문이다.

하나님의 뜻을 알기 위한 전제 조건으로 우리 자신의 생각을 없애는 것은 너무도 중요하므로 아무리 강조해도 지나치지 않다.

우리는 몇 번이나 무릎을 꿇고 입술로 기도하는가? "오 주여, 당신의 뜻을 나에게 나타내소서. 내가 당신의 뜻을 기꺼이 행하겠나이다." 그러나 우리는 입술로 말할 수 있지만 마음은 그분의 뜻에 동의하지도, 행하기를 원치도 않는다.

우리 안에 이미 은밀한 욕망이 있다면 주님의 뜻을 구하는 것은 헛된 일이다.

대부분의 그리스도인들이 일반적으로 자신의 삶에서 성령의 체험뿐만 아니라 성령의 역사에 대해서도 무지하다는 것은 개탄스러운 일이다. 결과적으로 그들은 성령의 영감과 혼의 동기를 구별할 수 없다.

사탄은 그리스도인들이 선한 일을 하는 것을 두려워하지 않는다. 그는 단지 하나님의 뜻을 행하는 것을 두려워한다. 그가 그리스도인들을 시험하여 하나님의 뜻을 행하지 못하게 할 수 있는 한, 그는 충분히 만족한다.

"적은 은혜"를 받은 사람만이 자신이 받은 것을 자랑하는 경향이 있다.

  겸손은 자신을 그다지 중요하게 보는 것이 아니다. 겸손은 자신을 전혀 보지 않는 것이다.

  우리가 주님께 순종함으로써 받는 보상은 우리가 다음에 시험을 받을 때 자기를 부인하고 주님께 순종할 수 있는 더 큰 능력을 받는 것이다. 마찬가지로, 주님께 불순종하는 것은 다음번에 우리가 시험을 받을 때 자기 자신에게 더 많이 굴복하고 주님께 더 반역하므로 그에 대한 형벌을 받는 것이다.

  이 세상에서 주님께서는 우리의 순종을 통해 우리에게 더 많은 것을 보여주신다. 그리고 우리의 기쁨은 그 순종으로 인한 고난을 통해 증가한다. 절대적인 순종은 얼마나 드문가. 그럼에도 불구하고 순종이 얼마나 즐거운 일인가.

  대부분의 그리스도인은 순종한 일만 생각하며 순종하지 않은 것이 얼마나 많은지 깨닫지 못한 채 주님을 얼마나 다정하게 사랑했는지 자만하는 경향이 있다.

  사람들은 대개 자신이 충실했던 것이 자신의 생각을 채우도록 하고, 자신이 불성실했던 것을 불필요하거나, 합법적이거나, 극단적이거나, 배타적인 것으로 간주한다. 사람들은 또한 그들이 충실했던 분야에서는 더 엄격하고, 불성실한 분야에서는 매우 타협적인 경향이 있다.

자기 자신에게 의롭고 다른 사람들에게 관대하다는 것은 큰 손실을 수반하지만, 이것이 그리스도와 함께 통치하는 길이다. 그리스도인들은 자신에게 엄격하게 의롭고 다른 사람들에게 극도로 관대해지는 법을 배워야 한다.

만족은 그리스도인의 미덕이다. 모든 것을 하나님께 드리는 것이 이 미덕을 얻는 첫걸음이다. 세상을 갈망하는 그리스도인들은 허영심을 추구하지 않을 수 없다.

우리가 그리스도 안에서 가진 모든 것이 영원하고 실재한다는 것을 깨닫게 하실 수 있는 성령께서 영적 통찰력을 주시지 않으신다면, 우리는 분명히 이 세상 것들을 탐낼 것이다.

성령께서 십자가의 영을 우리 안에 역사하도록 허락하시지 않는 한, 우리는 명성에 대한 악한 욕망에서 자유롭지 못할 것이다. 이렇게 주님을 사랑하게 된 사람만이 세상에서 위대함을 추구하지 않을 것이다.

성도들이 주님의 죽으심 안에서 주님과 연합할 때에만 그들이 마음속에 있는 세상에서 진정으로 죽은 것이다.

오늘날 그리스도인들 사이에는 조용함이 부족하다. 그들은 너무 많은 말을 하고, "조용히 지내는 것"에 실패한다(살전 4:11, KJV).

하나님으로부터 많은 은혜를 받은 사람들은 대개 고개를 숙인다. 그리스도 안에 깊이 뿌리박지 못한 사람들만이 경솔한 경향이 있다(잠언

18:2, 참조).

조용한 삶은 대개 향기로운 삶이다. 우리가 말을 적게 한다면, 우리가 말하는 말은 더 강력할 것이다. 수다스러움은 우리의 영성의 누출 지점이다.

성령이 충만한 사람은 주님께 받지 아니한 것은 아무 말도 하지 않을 것이다. 자아로부터 나오는 단 한마디의 말도 하지 않을 것이다. 우리가 이 영역에서 성령께 순종하는 것을 진정으로 배운다면 우리의 일상적인 말은 절반으로 줄어들 것이다! 이것은 하나님께 영광을 돌려드릴 것이다.

이를 악물고 말을 하지 않는 것은 마음이 이미 말하였으므로 하나님 앞에서 잠잠한 것이 아니다.

얼마나 자주 우리는 우리의 영적인 삶에서 건조함을 경험하는가. 우리는 불만족스럽고 부족함을 느낀다. 이것은 우리의 불신앙 때문이다. 우리가 진정으로 그분의 말씀을 믿는다면 목마르지 않을 것이다(요 4:14).

성도의 영적 삶이 더 건강하고 강할수록 그는 군중에 합류하지 않는다(렘 15:17).

하나님께서는 항상 인내하신다. 그러므로 그분은 성령으로 우리에게 영감을 주실 그분은 천천히 사신다. "믿는 사람은 급하지 아니하리라"(사 28:16, KJV). 갑작스러운 충동과 느낌은 열에 아홉은 주님께로부터 나온 것이 아니다.

그리스도인으로서 우리 안에서 일하는 원칙은 항상 다음과 같아야 한다. "그런즉 이처럼 죽음은 우리 안에서 일하고 생명은 너희 안에서 일하느니라"(고후 4:12, KJV). 십자가의 정신이 참으로 우리의 표준이 되어야 한다.

대부분의 성도들은 우리가 아직 죄인이었을 때만 하나님의 은혜가 필요하다고 생각하는 덫에 빠진다. 우리는 일생 동안, 심지어 우리가 구원받은 후에도 여전히 하나님의 은혜가 필요하다는 것을 잊어버린다. 참으로, 우리 그리스도인의 행로에서 우리가 그분의 은혜 아래 있지 않은 순간은 없다.

하나님의 은혜가 아니었다면 우리는 이미 소멸되었을 것이다(애 3:22, KJV). 할렐루야, 주님께서 우리에게 은혜를 베푸셨다!

하나님의 신실한 성도들에게 문제가 되는 것은 죄를 죄로 여기지 않고 대신 죄를 은폐하는 새로운 방법을 고안하는 사람들이다. 더욱 충격적인 것은 죄를 그렇게 가볍게 여기는 많은 그리스도인들이다. 이것들이 점차 죄에 대한 그들의 감수성을 잃어버리게 한 것이 얼마나 슬픈 일인가.

그들의 삶에서 승리보다 패배가 더 많은 결과로 어떤 그리스도인들은 죄를 이기는 것은 불가능하다고 생각하며 변명하기 시작한다. 그런 다음, 이러한 죄가 그들의 삶을 지배함에 따라, 양심의 책망하는 소리는 점점 더 어두워진다. 얼마나 불쌍한가! 얼마나 타락했는가!

영적 감수성과 육체적 감각은 한 가지 측면에서 비슷하다. 우리가 자주 상처를 입고 바람과 서리에 너무 자주 노출되면 우리는 마비가 된다. 그리고 영적 감수성을 잃으면 영적인 생명은 곧 말라버릴 것이다.

우리는 살아가면서 너무 바쁘다고 생각할 때가 많다. 그러나 그것은 단지 우선순위의 문제가 아닌가? 우리는 너무 바쁘지만 여전히 하루 세 끼를 먹을 시간을 낸다.

10

은혜 위에 은혜

"은혜를 대신하는 은혜"란 무엇인가?(요 1:16, KJV). 그것은 하나님께서 그리스도를 영접하는 모든 사람들에게 주시는 축복의 몫, 즉 은혜에 따른 은혜, 계속되는 은혜, 그리고 우리가 이미 은혜를 받았기 때문에 더 많은 은혜이다.(문자적으로 은혜를 대신하는 은혜이며 이미 공급된 은혜를 뒤따르는 은혜, 즉 끊임없이 이어지는 충만한 은혜이다-역주) 우리가 이 은혜를 붙잡을 때마다 각각의 축복은 하나님께서 더 큰 축복을 주시는 기초가 된다.

우리는 모두 병든 사람들이다. 그러면 하나님께서는 우리를 어떻게 대하실 것인가? 하나님께서는 두 가지 단계를 가지고 계신다. 첫째, 우리가 아프다는 것을 알게 하신다. 둘째, 그분께서는 우리에게 의사를 부르도록 권유하신다.

하나님께서는 우리가 죄인이라는 것을 알 수 있도록 우리에게 율법을 보내신다. 그리고 그분께서는 우리가 치유될 수 있도록 주 예수님을 보내신다. 사람들은 첫째의 진리를 받아야 둘째의 도움을 받을 수 있다. 만일 그들이 율법의 증언을 기꺼이 받아들이지 않는다면 은혜와 진리의 혜택을 받을 수 없을 것이다.

의사가 환자를 진찰할 때, 그는 처방전을 쓰기 전에 먼저 병을 진단한다. 원래 나는 건강하다고 생각한다. 그러나 의사는 내 맥박을 짚어보고 체온을 측정하고 신중하게 검사한 후에 내가 아픈 사람이라고 말한다. 이전에 나는 나 자신을 선한 사람이라고 생각했지만, 지금은 내가 죄인이라는 것을 말해 주는 율법을 만난다. 율법의 일은 사람들에게 그들이 안에서 아프다는 것을 보여주는 것이다. 의사의 일은 병을 고치는 것이다.

하나님의 복음은 두 가지 측면을 포함한다. 첫째는 그리스도를 우리의 의(義)로 삼아 하나님 앞에서 그분의 의(義)로 살 수 있게 하는 것이다. 둘째는 그리스도께서 우리 안에서 그분의 생명을 사시도록 하여, 우리가 세상 앞에서 선한 증언을 하도록 하는 것이다.

구원에는 이중적인 측면이 있다. 하나님 앞에 있는 객관적인 측면과 우리 안에 있는 주관적인 측면이다. 한편으로는 칭의(稱義: 예수 그리스도를 믿는 사람들을 하나님께서 의롭다고 선언하시는 것-역주)가 있고 다른 한편으로는 중생(重生: 영적으로 거듭나 새사람이 됨-역주)이 있다. 칭의는 하나님 앞에서 우리의 새로운 지위이다. 중생은 우리 안에 새 생명을 준다.

옛 언약은 돌판에 새겨져 있다. 그 말씀은 우리 자신에게는 지킬 힘이 없다. 그러나 새 언약은 마음에 기록되어 있으며(렘 31:33), 그분의 영이 우리 안에 살아 계셔서 우리에게 그것을 지킬 힘을 주신다. 하나님께서는 우리에게 외적인 율법을 지키라고 명령하신 것이 아니라 내적인 법을 지키라고 명령하셨다.

죄인이 일반적으로 생각하는 하나님의 구원은 이것이다. 하나님께서 일을 주시고 우리는 일한 만큼 삯을 받는다. 우리가 일한 만큼 그만큼을 삯으로 받되 아들로서가 아니라 품꾼으로 받을 것이다. 얼마나 슬픈 일인가!

육신이 죄에 속박되어 있기 때문에 우리는 죄에 속박되어 있다. 육신이 십자가에 의해 다루어지지 않는 한, 온 육신은 죄의 속박 아래 있을 것이다.

하나님께서 보시기에 인간의 몸은 참으로 "죄의 몸"(롬 6:6)이다. 이는 죄가 몸의 주인이기 때문이다.

죄가 우리의 죽을 몸을 지배한다면 그것은 우리가 죄에 복종해야 하기 때문이 아니라 죄가 우리를 지배하기를 원하기 때문이다.

우리가 주님께서 성취하신 것을 선택하려는 의지를 행사하지 않는다면 주님께서 이미 옛사람을 십자가에 못 박으셨음에도 불구하고, 우리는 경험상 여전히 죄에 속박되어 있을 것이다.

그리스도인이 그리스도와 함께 죽었다는 것을 믿으면서도 죄에 저항하려는 의지를 행사하지 않는다면 그의 믿음은 죽은 것이고 효력이 없다. 우리의 의지는 하나님께 굴복해야 한다. 그렇지 않으면 승리가 불가능하다. 우리는 죄를 짓지 않기로 결정해야 할 뿐만아니라, 또한 의(義)를 실천하기로 결단해야 한다.

죄는 양면성이 있다. 겉으로는 하나님 앞에서, 우리의 죄는 하나님께 용서받고 씻겨질 필요가 있다. 한편, 우리 안에 있는 죄는 우리가 거기에서 구원받을 수 있도록 극복되어야 한다.

죄에 양면이 있는 것처럼 구원에도 양면이 있다. 주님께서는 우리를 죄의 형벌에서 구원하실 뿐만 아니라 죄의 권세에서도 구해 주신다. 그리고 두 가지가 모두 우리 안에서 이루어졌을 때에만 우리의 구원이 완전한 것이다.

우리의 옛사람이 십자가에 못 박는 목적이 무엇인가? 그것은 우리의 죄의 몸을 실직시키거나 또는 무력하게 하기 위해서, 곧 죄의 몸을 멸하기 위해서다(롬 6:6, KJV).

왜 예수님께서 우리를 위해 얻으신 승리의 삶을 경험하는 사람이 그렇게 적은가? 이는 주님께서 우리를 위해 이루신 일에도 불구하고 우리는 그분의 일을 받아들이지 않았고, 그분이 이루신 일을 믿지 않았으며, 믿음으로 그분의 승리를 믿음으로 받아들이지 않기 때문이다.

"나를 사랑하는 자는 내 아버지께 사랑을 받을 것이요 나도 그를 사랑하여 그에게 나를 나타내리라"(요 14:21, KJV). 나는 그리스도인들 중에 많은 저명한 사람들을 만났지만, 그들 중 상대적으로 하나님을 진정으로 아는 사람은 많지 않았다. 많은 사람들이 성경을 공부하는 방법은 알지만 하나님을 모른다. 그들은 성경을 알지만 하나님의 능력을 알지 못한다. 그들 중 일부는 경험하지 못한 것을 설교할 수도 있다. 왜 그런가? 주님께서 그들에게 계시하지 않으셨고, 그들이 주님을 사랑하지 않았고 그분의 계명을 지키지 않았다는 것을 의미한다.

하나님께서 그분을 믿는 사람들을 위해 준비하신 것은 영원한 생명이지만, 그분을 사랑하는 사람들을 위해 준비하신 것은 미래에 드러날 것이다(고전 2:9-10).

11

영광에서 영광으로

하나님께서 모세에게 말씀하실 때 하나님 자신을 아담의 하나님으로 선언하지 않으신 이유는 무엇인가? 그분께서는 육신의 하나님이 아니라 믿음의 씨의 하나님이시기 때문이다.

부활은 무엇을 의미하는가? 부활은 선천적인 것은 죽고 초자연적인 것이 왔다는 것을 의미한다.

하나님의 말씀에 따르면 가장 기본적인 죄는 불신이다. 이것이 모든 죄의 근원이다. 성경이 가장 강조하는 한 가지 죄에 우리가 그렇게 관심을 기울이지 않는다는 것은 얼마나 슬픈 일인가.

오늘날 사람들은 죄의 뿌리가 아닌 많은 단편적인 죄를 본다. 그렇게 함으로써 그들은 그리스도의 사역을 뒤엎고 심리적 구원을 추구하는데, 이는 단순히 도덕적인 개선과 생활 방식의 변화일 뿐 생명 자체를 받는 것이 아니다.

세례를 받는다는 것은 사람이 세상의 모든 것에서 나왔다는 것을 의미한다. 그것은 아담에게서 나왔다는 뜻이다. 그러나 우리는 어떻게 세상과 아담에게서 나올 수 있는가? 유일한 방법은 죽는 것이다. 그리고 일단 죽으면 모든 것이 끝난다. 세례로 장사된다는 것은 한 사람의 전기의 마지막 페이지를 쓰는 것이다. 죽음은 마지막이 아니라 세례를 통해 매장하는 것이다. 그것은 아담에게 있는 모든 것을 끝맺는 마지막 행위이다.

하나님께서 보시기에 예수님의 십자가의 피로 세상의 죄 문제가 완전히 해결되었다. 그러나 인류의 관점에서 인간은 여전히 한 가지 요소, 즉 믿음을 추가해야 한다.

구원의 시작이 은혜로 된 것과 같이 구원을 지키는 것도 은혜로 말미암는 것이다. 구원을 얻기 위한 조건은 구원을 보존하기 위한 조건과 같다.

우리는 세례를 받기 전에 세례가 진정으로 무엇을 표현하고 무엇을 말하고 있는지 알아야 한다. 우리는 구원받았을 뿐만 아니라 세상으로부터도 해방되었다는 것이다. 세례는 시종일관 세상에 우리가 더 이상 참여하지 않는다는 것을 온 세상에 선언하는 행위다. 왜냐하면 우리는 세상으로부터 해방되었기 때문이다.

세례는 세상을 향해 등을 돌리고 그리스도를 향해 우리의 얼굴을 돌리는 것이다. 그리고 둘 사이, 세상과 그리스도 사이에는 중간 지대가 없다(마 6:24, 참조).

우리는 종종 우리가 어떻게 이 세상을 바꿀 수 있는지 생각한다. 그러나 하나님의 뜻은 이 세상을 바꾸시는 것이 아니라 이 세상을 심판하시고 우리에게 새 세상을 주시는 것이다.

오늘날 많은 그리스도인들의 문제는 그들이 어린 양의 피를 문설주(門楔柱: 문짝을 끼워 달기 위하여 문의 양쪽에 세운 기둥-역주)와 인방(引防: 기둥과 기둥 사이에 가로지르는 재료를 말한다-역주)에 뿌렸지만 그들이 어린 양의 고기를 먹기 위해 앉지 않았다는 것이다(출 12:7-8). 그러므로 그들은 죄의 형벌에서 구원을 받았으나 세상(애굽)의 속박에서는 구출되지 않았다. 이것에 대한 우리의 이해는 분명해야 한다. 매일 실제적인 방법으로 죄에서 구출되려면 주 예수 그리스도의 살을 먹어야 한다.

12

복음의 대화

거꾸로 된 컵이 물을 받을 수 없는 것처럼 교만한 사람은 하나님의 구원을 받아들일 수 없고 흔쾌히 받아들이지 않는다.

사람들은 우리가 은혜로 구원을 받았지만 이 구원을 우리 자신의 노력으로 지켜야 한다는 잘못된 생각을 하고 있다. 그리스도인은 신실하게 하나님을 섬겨야 하지만 그의 섬김 뒤에 있는 유일한 적절한 동기는 그리스도의 사랑이다. 그리고 그러한 일을 하도록 능력을 주시는 분은 성령이시다.

하나님의 은혜를 분명히 깨닫지 못하는 사람이 얼마나 많은가! 그들은 구원받은 후에 선을 행해야 하고 그렇지 않으면 하나님께서 구원을 철회하실 것이라고 생각한다. 이는 할부 판매법으로 계산된 구매와 같다. 그러나 하나님께서는 우리에게 할부로 갚으실 것을 요구하지 않으시며, 우리가 구원을 받은 후 선행을 하지 않더라도 그분의 구원을 철회하지 않으실 것이다.

옛사람은 죄와 몸 사이에 서서 한편으로는 죄의 충동을 받아들이고 다른 한편으로는 몸을 죄로 향하게 한다.

우리 자신이 죄에 대해 죽었다고 여길 때에만 더 이상 죄의 지배 아래 있지 않을 것이다. 죄는 아직 살아 있지만 죽은 사람을 유혹할 수 없다. 죽은 사람은 죄에서 해방되기 때문이다.

당신의 믿음의 시작에서 주님께서 당신을 위해 죽으셨다고 믿었다. 하지만 오늘날 그분의 죽으심을 당신의 죽음으로 여겨야 한다.

구원의 첫 단계는 우리에게 평안과 만족을 주고 많은 기쁨을 준다. 구원의 두 번째 단계는 죄를 이기고 그분의 길로 걸을 수 있는 능력을 준다. 당신 안에 있는 죄의 힘을 극복하는 것은 용서가 아니라 구원과 해방이다. 당신 안에 있는 주인이 바뀌었기 때문에 당신은 더 이상 옛 주인의 지배를 받지 않는다.

아담이 우리의 머리이고 우리 모두가 그의 일부인 것과 같이 그리스도께서 우리의 머리이시며 우리는 그분의 지체이다.

많은 그리스도인들이 명확하게 이해하지 못하는 한 가지 문제점이 있다. 모든 그리스도인들에게는 영생이 있지만(요 3:15-16), 모든 그리스도인들이 천년왕국에 들어가는 것은 아니다. 영생은 하나님께서 우리에게 주시는 그분의 의(義)의 선물을 통해 얻는다. 반면 천년왕국은 자신의 의를 통해 들어간다. 영생은 믿음으로 얻을 수 있고 결코 잃지 않으나, 천년왕국은 승리하는 삶으로 승리하는 사람들을 위해 준비되어 있다(계 2:26-27, 3:11, 참조). 이 시대에는 영생이 있다. 천년왕국은 주님의 재림 때에 세워질 것이다.

주님께서 십자가에서 죽지 않으셨다면 우리는 여전히 죄인이 되었을 것이다. 그분께서 죽으셨으나 다시 살아나지 않으셨다면 우리는 더 이상 죄인이 아니라 죽은 사람이 되었을 것이다. 부활의 권능만이 죽음의 권세를 꺾는다.

그리스도의 죽으심이 나의 옛 빚(죄)을 청산해 주었지만, 그분의 죽으심이 내가 새로운 빚(죄)을 지지 않는다는 것을 보장하지는 않는다. 그리스도께서는 부활하셔야 하고, 그분의 새 생명이 내 안에 들어오셔야 내가 이전의 삶과 다른 삶을 살 수 있다. 죽음은 나의 죄 많은 사건을 깨끗하게 한 것이고, 부활은 더 이상 죄를 짓지 않게 하는 능력이다. 결과적으로 주 예수님께서는 하나님 앞에서 우리의 죄를 위해 죽으셔서 속죄하셨을 뿐만 아니라 우리 안에 사시기 위해서 부활하셨다. 그 결과 그분은 우리의 짐을 지시고 시험과 죄를 극복할 수 있도록 하셨다.

죽음은 죄의 문제를 해결하는 반면, 부활은 우리가 죄를 짓지 않도록 새로운 생명을 준다.

하나님께서는 두 가지 이유로 우리를 매우 어려운 상황에 처하게 하신다. 하나는 우리에게 내주시는 그리스도의 능력의 실체를 입증하게 하신다. 다른 하나는 우리가 다른 사람들에게 풍성한 만족으로 내주시는 그리스도께서 참으로 실재하신다는 것을 선언하게 하시는 것이다.

그리스도께서는 그분의 죽으심으로 옛 피조물을 끝내시고 그분의 부활로 새 피조물을 시작하신다. 부활은 객관적인 사실 이상이 아니라면 우리에게 실제가 아니다. 부활은 또한 주관적인 경험이어야 한다.

지위와 경험은 다르지만 분리될 수 없다. 지위에 따라 그리스도인은 이미 의롭다 하심을 받았고 거룩하게 되었다. 그러나 경험에 따르면 그들은 하나님 앞에서 자신의 지위를 지키지 못할 수도 있다. 우리가 우리 자신의 경험을 들여다볼수록 그리스도께 대한 경험은 줄어들 것이다. 그러나 우리의 눈이 그리스도를 바라보면 우리는 그분의 형상으로 변화될 것이다. 이것이 진정한 경험이다!

하나님의 은혜를 잘 아는 사람은 자신이 처음 믿던 그 날보다 오늘이 조금도 가치가 없음을 깨닫는다. 왜? 천국에 들어갈 수 있는 자격은 전적으로 주님과 그분의 사역에 기초를 두고 있기 때문이다.

하나님께서는 우리의 죄를 씻기 위해 피를 사용하시지만, 십자가를 사용하셔서 육신을 십자가에 못박으신다.

당신이 그리스도와 함께 십자가에 못 박혔다고 진정으로 믿는다면, 당신의 죄의 몸은 죽었고 따라서 실직 상태이다. 그때만이 당신은 하나님께서 그분의 "의(義)의 도구"(롬 6:13)로 사용하시도록 당신 자신의 지체들을 하나님께 드릴 수 있다. 당신의 몸이 먼저 실직상태가 되어야 하는 것, 즉 이것은 하나님의 요구 사항이시다.

로마서는 죄인이 율법의 행위로 의롭게 될 수 없다는 것을 우리에게 증명한다. 갈라디아서는 그리스도인이 율법의 행위로 거룩하게 될 수 없다는 것을 보여준다. 우리는 믿음으로 의롭게 되고 거룩하게 된다.

믿음과 행위는 떼려야 뗄 수 없는 관계이다. 그것은 한 동전의 양면이다. 행위는 믿음의 표현이다. 믿음은 행위의 근원이다. 이것이 히브리서 기자가 믿음이라는 단어를 사용하고 야고보가 행함이라는 단어를 사용한 이유이다.

그리스도께서는 구속을 이루시고 성령께서는 깨닫게 하시며 성부 하나님께서는 우리를 사랑으로 맞아들이신다.

하나님께서 사람에게 주시는 구원은 각 그리스도인의 세 가지 주요 영역에 이르며 영원한 구원 또는 영의 구원, 몸의 구원, 그리고 혼의 구원이 있다. 우리 영의 구원은 우리가 주님을 믿을 때(요 3:16)에 이루어진다. 우리 몸의 구원은 미래에 주님으로부터 새것을 받을 때 이루어질 것이다(롬 8:23, 참조). 혼의 구원은 우리 믿음의 결말과 관련된다(벧전 1:9, KJV). 그것은 우리의 자아 생명을 부인(否認)하는 것과 관련이 있으며 주님의 천 년 통치에 들어가기 위한 전제 조건이다(마 16:25; 25:21-23).

지옥은 죄에 대한 갈증과 정욕의 타오르는 불이 결코 만족되지 않는 곳이다.

우리는 세상에 있는 그리스도인의 일상생활과 일이 미래에 심판을 받을 것임을 알고 있다. 그러나 이것은 그리스도인의 구원을 위한 심판이 아니다. 오히려 그것은 천년 왕국에 대한 그의 적합성과 그 안에 있는 그의 지위에 대한 판단이다(고전 3:13-15, 참조). 그러므로 심판대 앞에 서 있는 우리에게는 두 가지 위험이 있는데, 첫째, 우리는 천년 왕국으로부터 완전히 차단될 수도 있고, 둘째, 우리가 들어갈 수 있게 되면 천년 왕국에서 낮은 지위를 받을 수도 있다.

당신이 지금 동료 그리스도인들을 판단하는 방식이 당신의 미래에 하나님의 평가를 받는 방식이 될 것이다(마 7:1-2, KJV).

하나님께서는 우리가 그분의 왕국에서 왕이 되기에 적합한지, 그분의 왕국에서 제사장으로 섬기기에 합당한지 알아보시기 위해 지금 우리를 시험하고 계신다. 교회에서 봉사하는 것도 좋지만 왕국에서 봉사하는 것은 훨씬 더 크다. 우리 모두가 가치가 있게 여겨지기를 바란다.

13

은혜와 진리의 충만

(제1권)

나는 아직 어느 정도 도덕적으로 살아가는 무신론자를 만나지 못했다.

오늘날 도덕적으로 자신의 몸을 깨끗하게 유지하는 사람은 얼마나 적은가, 그러나 더욱더 자신의 마음을 순수하게 유지하는 사람은 더 적다.

사람의 의(義)는 하나님을 만족시켜드릴 수 없다. 하나님께서 구원하시는 것은 오직 그분 자신의 의(義)를 보실 때 구원하신다.

바리새인은 그의 구원 이론의 두 가지 점에서 실패했다. 첫째, 그는 구원받기 위해 선을 행해야 한다고 생각했다. 둘째, 그는 자신이 이미 구원받을 만큼 충분히 선하다고 생각했다.

죄인은 자기 자신에 관한 한, 그는 하나님께서 멸망시키실 운명에 처해 있다. 그러나 그가 자신을 구원하실 수 있는 삼자(三者)를 믿는다면, 그는 그럼에도 불구하고 구원받을 수 있다. 그 삼자(三者)는 바로 그리스도이시다.

문설주(문의 양옆 기둥-역주)와 인방(기둥과 기둥 사이에 건너지르는 가로재를 말한다-역주)에 잡은 어린 양의 피를 바르는 것은 객관적인 것이다. 반면에 양의 고기를 먹는 것은 주관적인 것이다(출 12:7-8, 참조). 당신이 밖에 피를 바르고, 어린 양의 고기를 먹지 않는다면, 당신의 삶의 변화는 거의 없을 것이다. 그리고 당신은 승리하는 믿음의 사람이 되는 능력도 없을 것이다.

피를 바르지 않고 누룩을 없애는 것은 누구도 구원하지 못하고 의롭게 할 수 없다(출 12:15, 참조). 또한 피를 바르고 누룩을 제거하지 않는 것은 거룩하게 하지 못한다. 오늘날 매우 슬픈 것은 모든 그리스도인이 피를 바르지만 누룩을 제거하는 데 복종하는 사람이 거의 없다는 것이다!

누룩을 제거하기를 거부한다고 해서 나머지 세상과 함께 멸망하지 않는 것은 사실이다. 그럼에도 불구하고 그것은 우리가 천년 왕국에 들어가는 데 영향을 미칠 것이다(가나안으로 대표됨). 피를 바르면 영생을 얻는다. 누룩을 제거하면 왕국을 얻는다(고전 5:7-8, 참조).

"너희는 값으로 산 것이 되었으니 그러므로 너희 몸과 영으로 하나님께 영광을 돌리라"(고전 6:20, KJV). 좋은 일을 위해 고용(雇用: 삯을 주고 사람을 부림-역주)되고, 노예는 돈으로 산다. 반면에 고용된 사람은 자유가 있지만, 그리스도의 피로 매수(買收: 값을 치르고 사들임-역주)된 사람은 자유가 없다. 우리는 그분의 종이 아니라 하나님의 노예(奴隸: 남의 소유물로 되어 부림을 당하는 사람-역주)이다.

구원은 합당한 사람들에게만 예비되어 있다는 잘못된 개념을 결코 믿지 말라. 이는 세상에 구원받을 가치가 있는 사람이 없기 때문이다. 그러나 하나님의 은혜에 따르면 이 세상에 구원에 부적합한 사람은 아무도 없다.

우리 모두는 그리스도께서 하신 것처럼 해야 한다. 그분은 사명을 완수하기 위해 이 세상에 오시기 전에 앉으셔서 그 비용을 계산하셨다(눅 14:28, 참조).

14

은혜와 진리의 충만

(제2권)

인류를 향하신 하나님의 마음의 소원은 사랑이시다. 옛적에 하나님께서는 그분 자신의 종들을 통해 여러 가지 방법으로 이것을 반복해서 우리에게 계시하셨다(히 1:1-2). 그러나 인류는 여전히 우리를 향하신 그분의 사랑을 이해하지 못했다. 그래서 하나님께서는 그분 자신의 아들을 보내셨다.

영광의 하나님께서는 친히 자신을 낮추셔서 사람이 되셨다. 이것이 겸손이다!

하나님을 찬양하라! 이는 하나님께서는 사람들이 선을 행하기 때문에 구원하지 않으시기 때문이다. 그 대신에 하나님께서는 이 원칙에 따라 구원하신다. "율법이 들어온 것은 범죄가 넘치게 하려 함이라 그러나 죄가 넘친 곳에 은혜가 더욱더 넘쳤다"(롬 5:20, KJV).

많은 사람들은 구원이 하나님의 은혜뿐만 아니라 우리의 행위로 말미암는 것이라고 생각한다. 그것은 하나님의 은혜+우리의 행위= 구원과 같다. 육에 속한 사람은 항상 자신의 노력으로 구원을 얻으려고 한다.

선을 행함으로 구원을 얻을 수 없을 뿐만 아니라 선을 행함으로 구원을 얻고자 하는 사람은 저주를 받은 사람이다(갈 3:10, KJV).

슬프게도 많은 사람들은 얼마 후 자신의 구원을 의심하기 시작한다. 그들은 처음 구원받았을 때의 기분이 들지 않는다고 말한다. 그러나 문제는 하나님이 아니라 그들 자신에게 있다. 그들은 하나님께서 하신 일보다 자신의 감정을 믿었기 때문이다. 우리는 유월절 경험에서 배워야 한다. 장자(長子: 둘 이상의 아들 가운데 맏이가 되는 아들-역주)는 문설주에 있는 피를 보지 못했지만 죽음의 천사가 건너갔다. 하나님은 "내가 피를 볼 때에 너희를 넘어가리라"(출 12:13, KJV)고 말씀하셨기 때문이다.

성경은 "당신이 구원받았다는 느낌이 든다면, 당신이 구원을 받는다" 그리고 "당신이 구원받았다는 느낌이 들지 않는다면 당신이 멸망할 것이다"라고 말씀하지 않는다. 성경은 다만 하나님께서 피를 보실 때, 그분께서 당신을 구원하실 것이라고 분명히 말씀한다. 이런 이유로, 당신은 당신의 흔들리는 감정을 의존해서는 안 된다.

이스라엘의 자녀들이 구원받은 것은 그들 자신의 공로 때문이 아니라 어린 양의 피 때문이다. 그러나 애굽 사람들이 멸망한 것은 그들의 악행 때문이 아니라 어린 양의 피가 없었기 때문이다.

우리는 애굽에는 유월절 밤에 집집마다 한 명씩(장자) 죽은 사람이 있었다는 것을 기억해야 한다. 이스라엘의 집에서 죽은 것은 어린 양이었다. 반면에 애굽의 집에서 죽은 것은 사람이었다. 항상 모든 집에 단 하나의 죽음이 있을 것이다.

구원받지 못한 사람들에게 나는 말한다. 당신이 죽든지 아니면 그분이 죽으셔야 한다! 당신이 죽으신 그분을 믿지 않는다면, 당신은 당신 자신이 죽어야 한다.

그리스도인들이 그리스도 안에서 그들의 모든 몫으로 만족하는 법을 배웠을 때에만 그들은 세상이 주는 것들을 극복할 수 있을 것이다. 그들은 세상이 주는 것으로 만족하는 한 그리스도로 만족할 수 없다.

하나님의 말씀에 따르면 육신의 것을 생각하는 사람은 하나님과 원수가 되고(롬 8:7), 세상과 벗하는 사람도 하나님의 원수가 된다(약 4:4).

교만이란 무엇인가? 교만은 그가 실제로 성취한 지위보다 자신을 높이는 것을 의미한다. 자신이 성취한 것의 사실 너머에 있는 명성을 주장하는 것, 그것이 바로 교만이다.

인간은 더 많은 공로를 쌓고 마지막에 구원을 바라면서 끊임없이 점진적으로 자신을 개혁하려고 노력하고 있다. 하지만 그것은 기쁜 소식은 아니다. 그것은 비참한 소식이다.

우리가 구원받으면 새 생명이 주어진다. 그리고 그 생명이 성장할 수 있는 자리가 주어진다면, 그 생명은 저절로 흘러나올 것이다.

우리는 옛 언약과 새 언약의 차이를 알아야 한다. 옛 언약의 아래서 사람들은 올바른 위치에 도달할 때까지 차근차근 나아가야 한다. 새 언약 아래서 사람들은 이미 얻은 위치에서 단계적으로 나아간다.

새 언약은 옛 언약과 완전히 다르다. 옛 언약의 시대에 사람은 하나님 앞에서 절대 지위가 없었다. 그러나 새 언약에 따라 사람에게 무엇보다도 먼저 주어진 지위, 즉 절대 변하지 않는 지위가 주어진다. 참으로 기쁜 소식이다.

믿음은 기대가 아니다. 믿음은 미래를 기다리지도 않고 어떤 일의 성취도 요구하지 않는다. 믿음은 단지 하나님께서 선언하시고 성취하신 것을 실재와 경험의 사실로 받아들이는 것이다.

15

보아스의 밭에서 이삭줍기

이것이 승리하는 삶의 비결이다. 우리는 아무것도 하지 않는다. 그분께서 모든 일을 하신다. 우리가 멈출 때 그분은 흘러나오신다. 우리가 멈추면 멈출수록 그분은 더 많이 흘러나오신다.

어떤 사람이 승리하는 그리스도인의 삶을 경험하지 못한다면, 그것은 그가 거듭나지 않았기 때문이거나 예수 그리스도의 완전한 복음을 잘 배우지 않았기 때문이다. 그가 아는 것은 불완전한 복음일 뿐이거나, 계시가 없어서 하나님의 말씀을 진정으로 믿지 않는 것이다. 이는 그분의 말씀은 "그리스도 예수 안에 있는 생명의 성령의 법이 죄와 사망의 법에서 (우리)를 해방시켰다"(롬 8:2)고 말씀하기 때문이다. 이것이 우리의 경험이 아니라면 하나님 편에 부족함이 있으신 것이 아니다.

우리의 생각이나 결정의 어떤 부분이 하나님께 온 것이고 어떤 부분이 우리 자신의 것인지 어떻게 알 수 있는가? 우리는 우리 자신의 내면을 보면 알 수 없다. 이것이 말씀이 하는 사역이다. 하나님의 말씀은 살아 있고 권능이 있으며 양날 달린 어떤 검보다도 예리하여 혼과 영과 및 관절과 골수를 찔러 둘로 나누고 또 마음의 생각과 의도를 분별할 수 있기 때문이다(히 4:12, KJV).

우리는 다른 사람의 상황에 대한 분별력이 부족하다. 이는 우리는 하나님께서 그 부분에서 우리 자신에 대해 빛을 주시도록 허락하지 않았기 때문이다. 우리는 먼저 자신을 분별해야 한다. 그래야만 우리는 다른 사람을 도울 수 있다.

우리가 육신으로 살 때에는 아담에게서 받은 모든 것이 존재한다. 그러나 우리가 성령 안에 살 때 그리스도 안에 있는 모든 것이 우리의 것이 된다.

우리 중 얼마나 많은 사람들이 습관이나 우리 자신의 태도를 바꿀수 있다면 우리가 받아들여질 만하다고 스스로 확신하는가? 그러나이것은 그렇지 않다. 생명이 완전히 대체되어야 한다. 즉, 우리는 그리스도로 교체되고 대체되어야 한다.

우리가 우리 자신을 들여다보면 우리가 아담 안에 있는 모습을 볼수도 없고 믿을 수도 없다. 마찬가지로 우리가 우리 자신을 들여다보면 그리스도 안에 있는 우리의 모습을 볼 수도 없고 믿을 수도 없다. 그러므로 우리는 자신의 내면을 보는 것을 멈추고 오직 그리스도만 바라보아야 한다. 그러면 우리는 그분 안에서 우리 자신을 보기 시작하고 그분이 이미 우리를 위해 성취하신 것을 경험하기 시작할 것이다.

우리는 하나님의 빛이 비추기 전에는 죄가 무엇인지 결코 알 수 없다. 하나님의 빛이 비춰야만 우리의 양심이 깨어나 죄의 끔찍함을 느끼기 시작할 수 있다.

많은 사람들이 절반의 구원을 경험했을 뿐이다. 그들은 하나님께서 그들의 죄를 용서하셨다는 것을 알지만, 그들의 삶에서 죄가 가지고 있는 권세를 깨뜨리셨다는 것을 알지 못한다.

세례를 받는다는 것은 그리스도의 죽으심에 포함되었다는 것을 의미한다. 당신은 참으로 세례를 받았는가?

육신적으로 생각하는 것은 사망이다(롬 8:6, KJV). 그러므로 육신이 있는 곳이면 어디든지 죽음이 있는 것이다.

하나님께서는 우리 앞에 대표적인 상징인 십자가를 두셨고 우리도 그분 앞에 대표적인 상징인 세례를 우리의 응답으로 두었다. 세례는 행위로 구체화된 하나님께 대한 우리의 응답이다. 우리가 아무 말도 하지 않아도 하나님께서는 이해하신다.

많은 그리스도인들은 십자가에 못 박힌 것은 우리의 죄뿐이었다고 생각한다. 그들은 우리의 옛 본성도 십자가에 못 박혔다는 것을 보지 못한다. 아담 안에서 우리는 전적으로 타락하고 사악하게 되었다. 그러므로 하나님에 관한 한, 우리는 육신을 가지고는 십자가에서 육신을 끝내는 것 외에는 아무것도 할 수 없다.

세례는 갈보리의 둘째 판과 같다. 즉, 갈보리의 개인적인 역(譯)이다.

세례는 장사지내는 것이다. 그런데 장사의 조건은 무엇인가? 죽음! 우리는 죽음을 낳기 위해 세례를 받는 것이 아니다. 우리는 먼저 죽어야 한다. 그 후에 우리는 세례로 매장될 수 있다.

성령께 나오는 것만이 생명이다. 육신에서 나오는 것은 무엇이든지 죽음이다.

우리는 육신의 일과 십자가의 일을 인식하고 구별하는 법을 배워야 한다. 우리 육신이 십자가로 깊이 다루어지지 않고서는 다른 사람들의 육신에 속한 것이 무엇인지 분별할 수 없다.

주님을 위한 우리의 일에서 금, 은 및 보석으로 건축하는 사람은 하나님을 아버지로 알고 있다. 그는 십자가를 주관적으로뿐만 아니라 객관적으로 알고 있기 때문에 모든 것이 죽음을 통해 왔다는 것을 안다. 그는 또한 자신이 행한 모든 일이 성령을 통해 행해야 한다는 것을 알고 있다.

사람은 그릇의 쓰임을 보지만 하나님께서는 그 가치를 보신다. 집에 있는 나무 그릇과 질그릇은 금 그릇과 은 그릇보다 더 유용해 보이지만, 금 그릇과 은 그릇은 훨씬 더 가치가 있다. 하나님의 관점, 즉 하나님의 관심은 용도가 아니라 가치이다.

빛이 없이 전파된 진리는 교리가 되지만 빛으로 전파된 진리는 계시가 된다. 진리가 교리로 받아들여지면 그것은 우리에게 자만심이 된다. 그러나 진리가 빛이나 계시로 받아들여질 때 그것은 생명의 경험이 된다.

하나님께서 우리를 진리의 말씀으로 인도하시기 위해서 진리의 성령을 어떻게 사용하시는가? 하나님의 빛을 말씀에 비추게 하심으로 사용하신다. 이것이 일어날 때, 우리는 즉시 진리의 성령에 의해서 그 진리의 실제의 살아 있는 경험에 이르게 된다.

하나님께서 교회에 주신 은사들은 단지 이 시대만을 위한 것이 아니다. 그들은 훨씬 다음 시대, 곧 왕국 시대를 위한 것이다. 이 은사들은 지금 우리가 받아들여서 충분히 개발해야 하지만, 이 은사들은 왕국에서 사용하기 위한 목적이 있다. 더욱이, 우리가 이 시대에 그것들을 얼마나 잘 받아들이고 발전시켰는가 하는 것은 왕국 시대에 우리가 받을 가치가 있는 것으로 간주될 결정적인 요소이다.

하나님의 자녀들은 성경과 하나님의 능력을 알지 못하기 때문에 영적인 추구에서 많은 오류를 범한다(마 22:29).

악한 영들의 속임수 아래 있는 사람은 자신감이 넘치는 경향이 있다. 그들은 다른 사람의 조언을 쉽게 받아들이지 않으며 그리스도 안에 있는 다른 형제 자매들의 감정을 신뢰하지도 않을 것이다.

하나님께서는 지상 교회에 두 가지의 큰 보물을 주셨다. 하나는 성경이고 다른 하나는 성령이시다.

우리는 우리 안에 계시는 하나님의 아들의 생명의 성장을 지연시킬 수 있지만 가속화할 방법은 없다. 이 때문에 우리는 우리 삶의 상황에 대한 하나님의 명령을 받아들이는 것이 가장 중요하다. 우리가 성장함에 따라 우리를 강화하기 위해 성령께 필요한 훈련을 받는 것은 바로 이러한 상황 때문이다.

우리는 성령의 징계를 받아들이고 그분이 우리의 능력을 확장하시도록 허용하는 법을 배워야 한다. 이는 우리의 영적 성숙은 성령께 받은 징계의 합이기 때문이다.

한 사람의 생명의 척도는 죽음의 정도에 근거한다.

영적인 문제에 있어서는 사람들의 반대를 두려워하지 말라. 그것이 하나님께 속한 것이라면, 결국 사람들은 그것이 옳다는 것을 인정할 것이다.

교리는 항상 제한적이지만, 반면에 생명은 무제한적이다.

왕국은 권세와 관련이 있기 때문에 먼저 하나님의 권세에 복종하고 순종하는 사람이 되어야 왕국의 권세가 그를 거쳐 나갈 수 있다.

공적 권위와 지위에 있는 사람에게 영적 권위도 있다면(생명의 실재가 있고 내적 기름 부음과 외적 공급이 있음을 의미) 사람이 그에게 복종하는 것은 지극히 자연스러운 일이다. 그러나 그가 가진 것이 영적인 삶의 실체가 없는 직분의 권위만 있다면 결코 복종하기 어려운 일이다. 그럼에도 불구하고 사람들은 복종과 순종을 향상시키기 위해 복종하는 법을 배워야 한다.

이전에 한 형제가 내게 "영광의 면류관을 어떻게 구해야 하나요?"라고 물었다. 나는 "구하지 마세요. 구하는 것은 쓸데없는 일이에요. 오늘 가시 면류관을 받아들이세요. 그러면, 영광의 면류관이 미래에 당신의 것이 될 것입니다. 오늘 가시 면류관을 사절하세요. 그러면, 미래에는 영광의 면류관을 갖지 못할 것입니다."라고 대답했다.

오늘의 주된 교훈은 십자가를 지고 매일 죽는 법을 배우는 것이다(눅 9:23). 죽음이 없으면 부활도 없고, 고난이 없으면 영광도 없다.

'주님을 위하여', '하나님의 이름으로', '하나님의 나라를 위하여', '그리스도의 교회를 위하여' 하는 그 많은 일이 사람의 부패한 육신의 행위에 불과하다는 것이 얼마나 비참한 일인가! 이것은 하나님의 뜻을 구하지 않고, 하나님의 명령을 받지 않고, 하나님의 능력을 의지하지 않고 행해진다. 하나님의 자녀들은 그저 그들이 가장 좋다고 생각하는 일을 할 뿐이다! 하나님을 제외한 모든 것이 거기에 있다.

오늘날 우리가 하나님의 교회에서 보는 것은 "그리스도와 그분께서 십자가에 못 박히셨다"는 것을 아는 것이 매우 부족하다는 것이다 (고전 2:2).

이전에는 사람들이 그리스도의 죽음으로 세례를 받았다. 이제 세례는 성례전*이 되었다. 이전에 안수(按手: 원뜻은 '손을 올려 놓다'이다. 즉, 손을 얹고 축복하거나, 허물이나 죄의 전가(轉嫁) 또는 은사나 권위가 주어지도록 기도하는 행위를 말한다. 특별한 일을 위탁할 때도 안수가 시행된다-역주)는 구별을 위한 것이었다. 이제 의례가 되었다. 이전에는 생명과 영적 실체로 가득 차 있던 것이 이제는 일종의 공허한 의식이 되었다. 생명이 진정으로 오면 통용 중인 이 모든 생명 없는 용어와 의식이 살아 있는 실재가 된다.

---

* 성례전(聖禮典): 개혁교회(프로테스탄트 교회)에서는 '세례와 성찬' 이 두 가지만을 성례전으로 인정한다. 이는 주 예수 그리스도의 명령에 따른 것이다(마28:19-20; 요3:5). 성례는 불가시적인 은총의 가시적 표시이다. 그런 맥락에서 칼빈은 성례와 관련하여 '보다 더욱 명료하게 그리스도를 우리에게 보여준다. 세례는 우리가 씻음을 받음과 깨끗하게 되었음을 증명하여 주고, 성만찬은 우리가 구속되었음을 증명하여 준다'고 했다. 실로, 설교가 '보이지 않는 하나님의 말씀'이라 한다면, 성례는 '보이는 하나님의 말씀'이라고 할 수 있다. 보이는 표시로써 성례를 통해 보이지 않는 하나님의 은혜를 체험할 수 있는 것이다-역주.

16

내가 누구를 보낼까?

오늘날 우리가 섬기는 법을 얼마나 잘 배우느냐 하는 것은 우리가 영원히 섬기는 능력을 결정하기 위한 준비일 뿐이다.

많은 사람들이 왕국에 들어가지 않고 있다. 그러나 하나님께서 복음을 전하기를 원하시지 않기 때문이 아니며, 사람을 구원할 생각이 없으시기 때문도 아니다. 오히려 하나님께서 사용하실 수 있는 사람이 없기 때문에 많은 사람들이 구원받지 못한 채 남아 있다. 구원받은 우리가 그분과 협력하지 않기 때문에 그들이 포로에서 풀려나지 않은 것이다.

성경을 주의 깊게 읽으면 하나님께서 한 부류의 사람들에게만 영적 부와 생명과 빛을 주신다는 것을 알게 될 것이다. 이 부류의 사람들 중에는 어떤 사람들이 있는가? 온 마음을 다해 주님께 쓰임 받기를 사모하는 사람들이다.

사역에서 진정한 능력은 하나님을 향한 마음의 척도에 달려 있다. 진정한 능력은 주님을 얼마나 사랑하는가에 달려 있다.

당신의 헌신의 척도는 하나님께서 당신에게 주시는 능력의 척도가될 것이다.

우리의 마음이 하나님께 향하는 만큼 눈이 열리게 된다. 하나님의 자녀인 우리가 빛이 적은 것은 주님을 향한 마음이 없기 때문이다. 우리 가운데 능력이 없는 이유는 헌신이 부족하기 때문이다.

무지한 사람은 자신이 하나님의 일을 할 수 있다고 생각한다. 그러나 하나님의 일은 사람의 일이 아니며 사람에게 하라고 주신 것도 아니다. 하나님께서 친히 하시는 것은 사람의 일이 아니라 하나님의 일이기 때문이다. 하나님께서 사람에게 주신 유일한 요구 사항은 하나님께서 보내신 분을 믿는 것이다(요 6:29).

하나님과 함께 일하는 것은 그분을 위해 일하는 우리의 절차의 문제가 아니다. 오히려 하나님께서 먼저 우리 안에서 그리스도께서 일하시게 하시고 계시와 경험을 통해 우리가 아는 그리스도를 사람들에게 알리기 위해 나가는 것이다. 그 일은 실제로 하나님께서 하시고 우리는 단지 하나님께서 우리 안에서 행하신 일을 다른 사람들에게 전할 뿐이다.

성령께서는 이 두 가지 노선을 따라 일하신다. 부정적인 면에서 그분은 십자가를 통해 성도 안에 있는 옛 창조를 제거하신다. 그리고 긍정적인 면에서 그분은 계시를 통해 그리스도를 성도 안에 연합시킴으로써 믿는 사람 안에 새로운 피조물을 세우신다.

사람의 가장 높은 책임은 단순히 하나님과 협력하는 것이며 그분의 일을 방해하지 않는 것이다.

오직 거듭난 사람만이 주님께서 어떻게 그를 구원하셨는지 증언할 수 있다. 그런 새로운 탄생의 경험이 없다면 아무도 이 일을 할 수 없다. 그러나 승리, 성화(聖化, Sanctification: 예수 그리스도의 믿음, 행실, 마음, 생각, 지혜 등 모든 부분을 닮아 가는 과정-역주), 성령 충만, 그리스도 안에서 다스리는 것 등에도 같은 규칙이 적용된다. 은혜를 받고 실제로 이런 일들을 경험한 사람만이 그 일들에 대한 적절한 증인이 될 수 있다.

우리의 영적인 생명의 성장은 자아 생명의 완전한 제거와 그리스도께서 그 사람을 완전히 지배하심을 통해서 도달한다.

사람이 겪는 가장 큰 어려움 중 하나는 하나님 앞에서 침묵할 수 없다는 것이다. 불안한 사람은 계시를 받아들이는 데 큰 어려움을 겪는다. 방황하는 마음과 통제되지 않는 생각은 물이 끊임없이 움직이는 호수의 표면에 있는 파도와 같아서 그 표면에 나무와 강둑을 따라 흐르는 꽃의 반사가 흐려지는 것과 같다.

십자가만이 우리의 선천적인 생명과 마음과 감정을 다룬다. 하나님 앞에서 영 안에서 사는 법을 배우기를 원하는 사람들은 십자가의 처리를 받아들이는 법을 배워야 한다. 우리의 선천적인 생각과 감정을 다루지 않으면 영적인 삶을 살기 어렵다.

우리가 주님을 섬기는 데 생명이 부족하다면, 우리의 수고는 단지 활동에 불과할 것이며, 하나님의 자녀들의 필요를 충족시킬 수 없을 것이다. 왜? 이는 오직 생명만이 그분의 자녀들의 요구를 진정으로 충족시킬 수 있기 때문이다.

우리가 오늘 그분을 잘 섬기는 법을 배운다면, 그분께서 재림하실 때 우리에게 더 많은 것을 맡기실 것이다.

하나님께 대한 우리의 유용성의 분량은 우리 안에 있는 그분의 생명의 분량에서 찾을 수 있다. 우리 안에서 하나님의 분량이 증가함에 따라 그분에 대한 우리의 유용성도 증가한다.

주님 앞에서 우리의 유용성은 다름 아닌 그분의 본성이 우리 안에서 바로 신장되는 것이다. 그것을 통해 하나님께서는 그분의 생명을 나누어 주시고, 우리 안에 있는 이 생명이 해방됨에 따라 우리는 다른 사람들을 섬기는 데 유용하게 된다.

그리스도 안에 있는 많은 형제 자매들은 주님 앞에서 영적 진보를 이루지 못하고 있다. 그들이 가진 모든 것은 지적인 지식이다. 진정한 빛은 없다.

참된 권위는 사랑으로 나타나므로 하나님의 자녀가 마음으로 순종하는 법을 배우게 된다. 어떤 사람이 교회에서 권위를 가질 수는 있지만 결코 양떼 위에 군림해서는 안 된다. 오히려 그는 섬김을 통해 양 떼의 본이 되어야 한다(벧전 5:3). 성경은 항상 이 사실을 강조한다.

17

교회의 기도 사역

하나님께서 일하시는 원리, 그분의 행동의 비밀이 있다. 하나님께서는 하시고자 하시는 것은 무엇이든지, 사람이 원하지 않는다면, 그분께서는 그것을 하지 않으실 것이다. 우리는 하나님께서 원하시지 않는 일을 하시게 할 수 없지만, 하나님께서 원하시는 일을 하시는 것을 방해할 수 있다.

하늘은 하기를 원하지만 즉시 행동하지 않을 것이다. 하늘은 땅에 있는 사람이 먼저 간절히 원하고 나서 행동하기를 기다릴 것이다.

오늘날 교회는 하나님의 뜻을 이루기 위해 세상에 서 있다. 교회가 그분의 뜻을 충족시킬 수 있다면, 하나님께서는 제한받지 않으실 것이다. 하지만 교회가 그분의 뜻에 부응하지 못한다면, 하나님께서는 제한받으실 것이다.

오늘날 교회 안에 있는 하나님의 능력의 척도는 그 능력의 나타남의 척도를 결정한다.

교회 기도 사역이란 무엇인가? 하나님께서 교회에 하시고자 하는 일을 말씀하셔서 이 땅의 교회가 그 일을 이루기를 기도하게 하신 것이다.

기도는 우리가 원하는 것을 하나님께 구하는 것이 아니라 하나님께서 원하시는 것을 이루어달라고 구하는 것이다. 오, 교회가 하늘에 계신 하나님의 뜻을 땅에서 선포하는 것임을 알자. 교회는 이 하나님의 뜻이 교회가 원하는 것임을 세상에 선포해야 한다. 교회가 이 점에서 실패한다면, 교회는 하나님의 손에 거의 가치가 없을 것이다. 하나님께 대한 교회의 최고의 용도는 그분의 뜻이 이 땅에서 이루어지도록 돕는 것이다.

많은 문제가 하늘에 쌓여 있고 많은 처리될 것이 이루어지지 않은 채 남아 있다. 이는 하나님께서는 이 땅에서 그분의 뜻을 위한 출구를 찾을 수 없으시기 때문이다.

하나님의 능력의 나타남은 교회의 기도를 초월할 수 없다. 오늘날, 세상에서 하나님의 능력의 큼은 교회의 기도의 큼에 제한되어 있다. 하늘에서 하나님의 능력은 무한하다. 그러나 오늘날 세상에서 하나님의 능력의 나타남은 교회가 얼마나 기도하느냐에 달려 있다.

기도가 항상 자기 자신, 우리의 개인적인 문제들, 그리고 우리의 작은 이익이나 손실에 집중된다면, 하나님의 영원한 목적을 위한 길은 어디에 있는가?

많은 사람들이 교회 모임에 와서 참관하거나 출석하는 태도를 취하는데, 그 결과 그들은 교회 모임에서 아무것도 얻지 못한다. 그러나 형제 자매들이 주님의 이름으로 함께 모일 때, 일치가 있고, 조화가 있다는 것을 하나님께 감사하라.

교회 모임이 화합과 일치가 있을 때, 모임이 끝난 후에 사람들은 주님께서 그곳에 계셨는지 알게 된다.

우리의 기도가 하나님의 마음에 합하면 응답을 받을 뿐 아니라 그리스도의 심판대에서도 기억되고 상을 받을 것이다.

어떤 사람들은 하나님께서 그들의 모든 필요를 알고 계시기 때문에 기도할 필요가 없다고 말하는 것은 얼마나 어리석은 일인가! 기도의 목적은 하나님께 알리는 것이 아니라 그분에 대한 우리의 신뢰와 믿음, 그리고 그분에 대한 우리의 기대와 마음의 소망을 표현하는 것이다.

"아버지"란 이름은 사람들이 하나님을 부르는 새로운 방법이다. 이전에는, 사람들이 하나님을 "전능하신 하나님," "지극히 높으신 하나님," "영원하신 하나님," 또는 "여호와 하나님"이라고 불렀다. 어느 누구도 감히 하나님을 "아버지"라고 부르지 않았다.

원래는, 주 예수 그리스도만이 하나님을 "아버지"라고 부를 수 있었다. 그러나 이제는, 주님께서는 우리에게도 하나님을 "아버지"라고 부르게 하셨다.

기도는 이렇다. 하나님께서는 어떤 일을 하기를 원하시지만, 그 일을 혼자 하지는 않으신다. 그분은 이 땅의 사람들이 이 일을 위해 기도할 때까지 기다리셨다가, 기도할 때에만 그 일을 하실 것이다. 그분께서는 그분 자신의 뜻과 생각을 갖고 계시며 우리의 필요를 채워주시기를 간절히 원하시지만 사람들이 기도하기를 기다리신다. 하나님께서는 우리의 필요를 모르시는 것이 아니라 우리가 기도한 후에야 우리의 필요를 채워주실 것이다.

하나님의 뜻은 이미 이루어졌으나 그분의 자녀들의 마음이 감동되어 기도로 그분의 뜻을 표현할 때까지는 그 뜻을 이루지 아니하실 것이다.

신약에서 주님의 이름은 대개 권위를 나타내지만 성령은 권세를 나타낸다. 모든 권위는 주님의 이름에 있으며 모든 권세는 성령 안에 있다.

주 예수님을 믿고 구원을 받는 순간 우리는 하나님의 명을 받아 세례를 받는다. 왜? 이는 우리는 주 예수님의 이름으로 세례를 받기 때문이다(행 19:5). 내가 세례를 받을 때, 나는 그분의 이름으로 몫을 받는다. 교회는 세상에서 주 예수님의 이름으로 부여된 권위보다 더 큰 권위를 얻을 수 없다. 주 예수님의 이름과 우리의 관계는 세례에서 시작된다. 이는 우리가 그분의 이름으로 세례를 받았기 때문이다.

세례는 우리가 매일 죽음을 겪어야 한다는 확신이다. 죽음을 겪으면서 남는 것은 영적으로 쓸모가 없다. 죽음을 통해 무너지는 것은 하나님 앞에 설 수 없는 것이다. 죽음을 통과하는 것을 부활이라고 한다. 부활의 터 위에 서 있는 사람만이 주 예수님의 권세를 사용할 수 있다.

우리의 선천적인 생명의 중추(中樞)가 주님에 의해 부서지는 날이 있어야 한다. 이것이 일어난 후에만 우리는 그분께 유용할 것이다. 이것은 교리가 아니라 생명이다.

주님의 이름을 아는 것은 교리가 아니라 계시이다. 하나님께서 우리의 눈을 여셔서 그분의 이름의 권능과 위엄을 보게 하는 날이 반드시 있어야 한다.

성경은 가장 높고 가장 영적인 일종의 기도를 제시하지만, 그러한 말씀을 알아 차리거나 제의하는 사람은 거의 없다. 왜? 우리는 찬양의 기도, 감사의 기도, 간구하는 기도, 도고 기도(禱告祈禱, intercession prayer: 다른 사람을 대신해서 하나님께 드리는 간구(딤전 2:1), 일명 "이웃을 위한 기도"(약 5:13-18)-역주)를 알고 있지만 권위의 기도에 대해서는 거의 알지 못한다.

우리 시대에 명령의 기도는 어디서 기원하는가? 우리 주님의 승천이다. 주님의 승천은 사탄의 얼굴 앞에 새로운 지위를 통해 우리에게 승리를 준다. 이것은 하나님 앞에서 우리가 주님의 부활을 통해 그분 앞에서 얻은 새로운 지위가 아니라 우리의 대적 앞에서의 새로운 지위이다. 그것은 권위의 하나이다!

승천의 의미는 그분의 죽으심과 부활의 의미와 아주 다르다. 후자는 전적으로 구속을 위한 것이지만, 전자는 전쟁을 위한 것, 즉 그분의 죽으심과 부활이 성취한 것을 실행하기 위한 것이다. 승천은 우리를 위한 새로운 지위를 나타낸다. 승천 안에서 그분이 우리를 일으키사 그분과 함께 앉게 하셨기 때문이다(엡 2:6, KJV).

권위 있는 기도는 하늘에서 시작하여 땅에서 끝난다. 영적 전쟁에서 이러한 하향 기도는 매우 중요하다. 아래로 기도하는 것은 무엇인가? 그리스도께서 우리에게 주신 하늘의 지위에 서서 하나님께서 명하신 것은 반드시 행하라고 명함으로 사탄의 모든 역사를 대적하는 권세를 사용하는 것이다.

"아멘(אָמֵן: 동사는 '확실하다', 명사는 '진리', 부사는 '참으로'라는 뜻으로 끝맺는 말로 '확실히 그렇게 되어지이다' '그렇게 해 주소서'라는 의미로 기도나 찬송 또는 설교 끝에 그 내용에 동의하거나 그것이 이루어지기를 바란다는 뜻으로 하는 말-역주)"의 의미는 "그렇게 되도록 하소서,"가 아니라, "그렇게 되어지이다"이다.

사탄은 할 수만 있다면 우리로 하여금 우리의 하늘 지위를 잃게 함으로써 그의 일을 시작한다. 이는 하늘은 승리의 지위이기 때문이다. 사탄은 우리가 하늘의 지위를 유지하는 한 "우리가 넉넉히 이기는 자"(롬 8:37)임을 안다. 그러나 그 높은 자리에서 물러나면 우리는 패배한다. 그러므로 모든 승리는 우리가 그 하늘의 승리를 거둔 지위에 서서 얻게 되는 것이다.

이기는 자는 산을 옮기는 법을 배워야 한다. 산이란 무엇인가? 그것은 주님께서 우리에게 가라고 하신 길을 가로막고 있는 어려움을 나타낸다. 그것은 우리가 통과할 수 없도록 우리의 길을 막고 있다. 우리는 무엇을 해야 하는가? 옮기라고 명령해야 한다. 하나님께 산을 옮겨 달라고 간구하는 것과 산을 옮기라고 명령하는 것은 완전히 반대되는 것이다. 그러나 우리가 하나님의 권위를 받아 어려움에 대해 직접적으로 명령하는 경우는 매우 드물다.

권위 있는 기도는 하나님께 직접 구하는 것이 아니다. 어려움에 직접적으로 하나님의 권위를 적용하는 것이다. 이기는 자의 주된 일은 하늘 보좌의 권세를 땅으로 내리는 것이다.

일반적인 기도는 하나님께서 묶으시고 풀어주시도록 구하는 것이지만, 권위 있는 기도는 하나님의 권위를 사용하여 묶고 푸는 것이다.

우리가 하나님의 권위에 복종하지 않는 한, 즉 성령의 인도하심에 충실하지 않으면 권위 있는 기도를 할 수 없다. 왜? 이는 우리는 그분의 권위를 행사하기 전에 먼저 그분의 권위에 기꺼이 복종해야 하기 때문이다.

창조 이후로 피조물은 원래 인간의 관리 아래 놓여 있었다. 그런데 오늘날 왜 피조물들이 사람의 명령을 따르지 않는가? 이는 사람이 하나님의 말씀을 듣지 않았기 때문이다. 하나님의 사람이 하나님의 명령을 불순종했기 때문에 사자에게 죽임을 당했다(왕상 13:20-25). 그러나 반면에, 다니엘은 하나님 앞에 무죄하고 왕에게 해를 끼치지 않았기 때문에 사자에게 해를 입지 않았다(단 6:22).

성경은 기도, 금식, 권위 사이의 밀접한 관계를 보여준다. 기도는 하나님 앞에서 우리의 열망을 말하지만 금식은 우리의 자기부정을 나타낸다. 하나님께서 아담에게 주신 첫 번째 특권은 음식이었다. 그러므로 금식은 인간의 첫 번째 정당한 권리를 부정하는 것을 의미한다. 기도와 금식이 결합될 때 믿음은 즉시 반응할 것이다. 그리고 믿음에는 권세가 따른다.

우리는 에베소서 6장 18절에서 깨어 기도해야 함을 본다. 이것은 무엇을 의미하는가? 이것은 우리가 한편으로는 깨어 있고 다른 한편으로는 기도해야 한다는 것을 의미한다. 즉, "모든 기도와 간구"(18절)로 기도하면서 위험이나 돌발 사태를 방지하기 위해 깨어 있어야 한다. 사탄의 계략을 분별할 수 있는 영적인 통찰력과 사탄의 목적과 수단을 좌절시키는 권세를 모두 갖는 것을 의미한다.

주님을 깊이 아는 어떤 사람은 우리 모두가 기도를 게을리하는 죄를 지었으며, 우리 자신에게 우리 자신이 "그 사람이다"라고 말해야 한다고 말한 적이 있다(삼하 12:7, KJV).

18

현세의 실제적인 문제들

주님의 일에서 눈물 한 방울도 흘리지 않는 것은 메마르고 굳은 마음을 드러내는 것이다. 눈물이 흐를 때 비로소 마음이 열린다. 마음속에 있는 것이 눈을 통해 출구를 찾는다는 것은 얼마나 기묘한 일인가.

어떤 사람들은 눈물을 나약함의 표시로 여긴다. 그러나 정반대로 흘릴 눈물이 없는 사람은 그의 인간성이 묻힌 것이다.

눈물은 육신적 영역뿐만 아니라 영적 영역에서도 정화 효과가 있다. 육신적 영역에서는 눈물을 몇 번 흘리면 좀 더 명확하게 볼 수 있다. 마찬가지로, 약간의 눈물도 없다면 당신의 영적인 눈은 곧 그 기능을 잃게 될 것이다.

죄 때문에 울부짖지 않는 사람은 누구든지 죄를 버리는 기쁨을 경험하지 못한다.

그리스도인의 표현은 증오가 아니라 사랑의 표현이어야 한다. 그리스도인의 태도는 오만함이 아니라 온유함이어야 한다. 그리고 그리스도인의 삶은 쾌락이 아니라 자기부정의 삶이어야 한다.

주님께서는 우리에게 우리 자신을 부인하라고 권면하신다. 자신을 부정하기로 선택한 사람들은 그들의 개인적 권리를 박탈당한다. 개인의 권리에 대한 어떠한 주장도 포기했기 때문에, 이것들은 분노를 불러일으킬 수 없다. 이것은 자아를 부정하는 것이다.

주관적인 사람은 자아로 가득 차 있다. 그는 모든 문제에 대한 의견과 모든 문제에 대한 확신을 가지고 있다.

당신이 하나님 앞에 진정으로 겸손한 사람이라면 당신은 사람들의 조롱과 멸시와 비방도 성령의 징계의 중요한 부분임을 깨닫고 받아들일 것이다.

남의 실패를 기뻐하고 남의 성공을 슬퍼하는 사람은 질투하는 사람이다.

그의 형제의 몰락을 기뻐하고 형제의 발전에 불만을 품는 사람은 오만함이 가득한 사람이다. 이것은 모든 태도 중에서 가장 비열한 것이다. 사람이 다른 사람의 몰락을 기뻐하면 사탄의 태도에 동참하기 때문이다.

주님을 진정으로 아는 사람은 자신뿐만 아니라 다른 사람도 세워지기를 기대한다.

당신이 자신을 높이는 사람이라면 영적으로 더 성장한 사람을 만나면 반드시 화가 치밀어 올라 화를 낼 것이다.

자기 자신이 십자가를 통해 더 깊이 다루어질수록 자기로부터의 해방은 더 커질 것이다. 이것은 어떻게 나타나는가? 자아에서 완전히 해방된 사람은 자신을 변호하도록 자극받을 수 없다.

화를 내는 그리스도인은 단순히 성령의 징계하심에 대한 저항을 드러내는 것이다. 그는 성령께서 그에게 명령하신 사건의 배열에 대해 불만을 갖고 있다.

세상에서 우리의 날은 한정되어 있기 때문에 하나님을 기쁘시게 하기 위해(시 90:12, KJV), 날 수를 세는 법을 배워야 한다. 그분께서 우리 모두에게 은혜를 베푸셔서 우리에게 시간을 되사는 법을 가르쳐 주셔서 우리의 날들이 우리의 은혜와 그분의 영광이 되게 하시기를 바란다(엡 5:15-17; 골 4:5, KJV).

당신이 주님의 구원을 받는 날이 영적인 역사를 시작하는 날이다. 그러나 당신이 그리스도인이 된 날 이후로 셀 수 없는 날들이 있었다. 성경에서도 우리는 이와 같이 무시되고 기록되지 않은 날이 있음을 알 수 있다. 왜? 하나님께서 그들을 헛된 날로 여기셨으므로 그날들을 인정하지 않으셨기 때문이다.

그리스도인으로서, 우리는 우리가 하나님을 떠나서 패배하고 타락한 날들, 곧 우리 자신의 인간적인 의지에 따라 사는 날은 하나님께서 계수하지 않으신다는 것을 깨달아야 한다.

그리스도인으로서 날마다 부지런하자. 우리가 어리석게 하루를 보낸다면, 즉 하나님을 거역하거나, 죄를 짓거나, 자신의 뜻대로 행한다면, 우리의 날은 하나님께서 보시기에 완전히 낭비될 것이기 때문이다. 이 얼마나 무서운 일인가!

당신이 많은 날들을 낭비했다면, 초조해하지 마라. 날마다 그분께 영광을 돌려드릴 수 있도록 그분을 신뢰하라. 그러면 당신의 섬김이 그분의 뜻대로 이루어진다면 그분께서 보시기에 하루가 여러 날로 계수될 것이다. 그분의 궁정에서의 하루가 허비한 천 날보다 낫다 (시 84:10).

왜 그렇게 많은 그리스도인들이 여전히 목마른가? 왜 그들은 우물에서 물을 마신 후에 더 많은 물을 얻기 위해 돌아가야 하는가? 이는 그들은 잘못된 우물에서 물을 마시고 있기 때문이다. 우리의 눈이 이 세상의 물에 있는 한, 우리는 다시 목마르게 될 것이다. 세상은 자신이 가진 모든 것을 예수님께 드릴 수 있었지만, 예수님께서는 그것을 즐기지도 않으시고 받아들이지도 않으셨다. 그분은 이 세상의 물 한 방울도 마시지 않으셨다. 따라서 그분은 완전히 만족하셨다.

바울은 다만 그가 그의 보배로 주님을 얻었다고 말하지 않았다. 그에게도 잃을 것이 있었다. 그는 모든 다른 것들을 해로 여겼다, 곧 그가 쥐고 있던 것을 놓았다. 그 결과 주 예수 그리스도의 탁월하심을 알고 그분을 얻었다(빌 3:8).

온유함은 융통성을 의미한다. 하나님의 뜻에 순종하는 사람은 하나님께서 원하시는 것을 얻을 수 있다. 온유함은 당신이 결정한 것이 무엇이든 하나님의 뜻에 따라 변화될 수 있는 태도를 유지하는 것이다. 이는 온유한 마음은 순종하는 마음이기 때문이다.

겸손은 어떤 사람이 주님께서 주시는 것은 무엇이든 받아들이는 것을 의미한다. 그의 기대는 자신에게 집중되어 있지 않기 때문이다. 그는 '할렐루야'라고 외칠 수 있고, 주님께서 기뻐하시는 모든 일에 대해 하나님께 감사드릴 수 있다.

영적인 경험이 있는 사람이라면 누구나 헌신보다 더 기쁜 일은 없다는 데 동의할 것이다. 그 무엇도 하나님의 손에 자신을 맡기고 하나님께서 자신의 삶을 관리하시게 하는 기쁨을 능가할 수 있는 것은 아무것도 없다.

하나님을 잘 모르는 사람은 하나님은 너무 엄하셔서, 뿌리지 않은 데서 거두시고 뿌리지 않은 데서 모으신다고 불평한다(마 25:24, KJV). 그러나 참으로 하나님을 아는 사람은 실로 주님의 멍에는 쉽고, 그분의 짐은 가볍다는 것을 고백할 것이다(마 11:30).

얼마나 많은 하나님의 자녀들이 하나님의 사랑과 그분의 지혜와 능력에 대해 들을 때는 '할렐루야'를 외치지만, 자신의 삶에 대한 하나님의 뜻에 대해서 들을 때는 얼마나 두려워하는가!

종종 우리는 물고기를 구하는데 하나님께서는 우리에게 뱀을 주신 것 같다. 우리는 빵을 구하고 그분은 우리에게 돌을 주시는 것 같다(마 7:9-11, 참조). 그래서 우리는 이것이 왜 그런지 묻는다. 사실 우리 는 종종 우리가 실제로 구하는 것이 뱀인지도 모르고 생선을 구한다 고 생각한다. 더욱이 하나님께서 우리에게 주시는 것은 돌처럼 보이 지만 그것은 사실 빵이다.

하나님의 은혜에 대해 하나님을 찬양하는 것은 찬양의 시작이 되지 만 그분의 뜻에 대해 하나님을 찬양하는 것은 찬양의 교훈을 완전한 것이 되게 할 것이다. 얻은 것에 대해 하나님을 찬양하는 것은 사람으 로 하여금 찬양을 시작하게 하지만 잃어버린 것에 대해 하나님을 찬 양하는 것은 찬양으로 그 사람을 온전케 하는 것이다.

다음은 "사막의 시내(Streams in the desert)"라고 불리는 매일의 묵 상집에서 발췌한 것이다. "강철 쇠지레는 5달러의 가치가 있다. 편자 (말굽에 대어 붙이는 쇳조각-역주)를 가공하면 10달러의 가치가 있다. 바늘 로 가공하면 350달러의 가치가 있고, 주머니칼로 가공하면 3만 2천 달러의 가치가 있고, 시계용 스프링으로 가공하면 25만 달러의 가치 가 있다." 하나님께서는 우리가 그분께 더욱 귀한 사람이 되게 하시기 위해 더 많은 연단과 패배를 겪게 하신다.

주님께서는 우리에게 이 세상의 필요한 일에 종사하지 말라고 명령 하지 않으신다. 주님께서는 다만 우리가 이 세상일을 하는 동안 염려 하지 말고 근심하지 말라고 명령하신다. 외적으로, 우리는 세상일에 완전히 집중할 수 있지만, 동시에 내적으로, 하나님과 끊임없는 교제 를 유지할 수 있다.

우리가 매일 생활에 필요한 힘을 유지하는 것은 전적으로 우리 내면의 생명과 하나님 사이에 존재하는 친교에 달려 있다. 지성소(예루살렘 성전에서 가장 깊숙한 곳에 자리 잡고 있던 가장 거룩한 곳-역주) 안에 사는 사람만이 하나님께서 만물에 진정으로 충만하시다는 것을 알 수 있다.

우리는 어떻게 내적 안식을 얻을 수 있는가? 첫째 조건은 "아무것도 염려하지 말고 다만 모든 일에 기도와 간구로 너희 구할 것을 감사함으로 하나님께 아뢰라"(빌 4:6)는 것이다. 둘째 조건은 다음과 같다. "나는 마음이 온유하고 겸손하니 너희 위에 내 멍에를 메고 내게 배우라 그리하면 너희 혼을 위한 안식을 찾으리라"(마 11:29, KJV). 첫째 조건은 믿음이고 둘째 조건은 순종이다. 안식은 헌신에서 온다. 부분 헌신은 부분적인 안식을 의미한다. 완전한 헌신은 완전한 안식을 의미한다.

안식은 오직 신뢰와 순종을 통해서만 온다는 것을 주님께서 우리가 분명히 알도록 도와주시기를 기원한다. 불신앙의 마음이 남아 있는 한 안식은 결코 얻을 수 없다.

그리스도 밖에서는 나는 죄인일 뿐이다. 그러나 그리스도 안에서 나는 구원을 받았다. 그리스도 밖에서는 나는 텅 비어 있다. 그리스도 안에서 나는 충만하다. 그리스도 밖에서는 나는 약하다. 그리스도 안에서 나는 강하다. 그리스도 밖에서는 할 수 없다. 그리스도 안에서 나는 할 수 있는 것 이상이다. 그리스도 밖에서 나는 패배했다. 그리스도 안에서 나는 이미 승리했다. 그리스도 안에 있다는 말씀이 얼마나 의미가 있는가?

주님을 기쁘시게 하는 많은 것들이 있지만, 그리스도인들이 한마음으로 일치할 때에만 그분의 기쁨이 충만하시다. 그리스도를 위해 영혼을 얻는 것은 그분께 기쁨을 드릴 수 있지만, 승리하는 삶 또한 그분께 기쁨을 드릴 수 있다. 그러나 오직 그분의 백성들이 한마음일 때 그분의 기쁨을 충만케 해드릴 수 있다.

어떤 사람들은 입으로만 형제자매와 하나라고 말할 수 있는데, 그이유는 그들의 마음과 생각이 일치와는 거리가 멀기 때문이다.

때로 성도들 사이에 다툼이 일어난다. 이제 그러한 불화가 분파 때문이 아니라면 그것은 허영심 때문일 것이다. 각 사람은 위대해지기를 열망하며 어느 누구도 상대방을 존경하지 않을 것이다.

마음이 겸손하다는 것은 자신을 위한 여지를 남기지 않는 것을 의미한다. 그것은 우리가 다른 사람을 자신보다 낮다고 생각할 때이다. 이것은 모든 그리스도인의 미덕 중에서 가장 어려운 것이다.

어떻게 다른 사람이 자신보다 더 뛰어나다고 생각할 수 있는가? 한 그리스도인이 다음과 같이 적절하게 말했다. "내 자신을 볼 때, 나는 나의 옛사람을 본다. 다른 사람을 볼 때 나는 새사람을 본다."

우리가 얼마나 자주 다른 사람들을 하찮게 생각하는가. 그들에 대한 우리의 기대는 주님의 기대보다 훨씬 더 높다! 우리가 보는 것은 그들의 명백한 실패지만 주님께서 보시는 것은 그들의 숨겨진 승리이기 때문이다.

성경은 주님께 두 가지 호칭을 사용한다. "죄인들의 구원자"(행 5:30, KJV)와 "죄인들의 친구"(마 11:19). 구원자로, 주님께서는 죄인들을 죄에서 구원하신다. 친구로서, 주님께서는 죄인들과 소통하시며 그들의 고통과 슬픔을 느끼신다.

주님께서는 우리가 감당할 수 없는 짐을 우리에게 지우신다. 그러나 이것은 모든 상황에서 그분이 우리와 함께하신다는 것을 가르치시기 위한 것임을 기억하라. 그분은 우리가 느끼는 것을 느끼시며 우리에게 은혜를 베푸시기 위해 기다리고 계신다.

19

산 제물

성경에 따르면 구원은 지옥에서 구원받는 것뿐 아니라 주로 세상과 관련이 있다. 구원의 반대는 세상이다. 그리고 우리가 세상에 속해 있는 한 세상에서 구원받지 못한다.

구원은 지위의 문제이다. 사람이 아담 안에 있는 한(세상의 추세에 따라 사는 것), 그는 하나님의 반대편에 서서 자신을 하나님의 적으로 만든다.

구원은 내가 무엇에서 나왔는가를 다룰 뿐 아니라, 내가 무엇으로 들어가는가를 다룬다. 영생은 나에게 내가 무엇으로 들어갔는가를 말한다.

지옥이 하나님의 심판 아래 있는 사람들을 위한 곳인 것과 같이, 세상 또한 그분의 심판 아래 있는 곳이다. 그러므로 구원은 지옥에서 구원받는 것을 의미할 뿐만 아니라, 세상에서 구원받는 것을 의미한다.

세례는 "내가 세상에서 나왔다"라고 선언하는 공개 공표이다.

노아와 홍수가 그랬듯이 세례도 마찬가지이다. 세례는 침수와 출수가 모두 포함된다. 물을 통과할 수 없는 것은 구원받지 못하고 익사한다. 그러나 물을 통과하고 물에서 나온 것은 구원을 받는다.

세례의 물은 무덤 역할을 한다(롬 6:4). 묻힌 것은 죽어야 하고, 부활하는 것은 살아나야 한다. 이제 물에서 나왔으므로 "새 생명 가운데서 행하자"(롬 6:4).

사람은 죽은 후에만 매장된다. 당신은 죽기 전에 매장되는 것을 강력히 반대할 것이다. 죽음은 매장의 전제 조건이다. 나는 그리스도와 함께 십자가에 못 박혀 죽었다. 그러므로 나의 세례는 그 사실에 대한 간증이다.

영적 진리는 물리적 사실보다 훨씬 더 실제적이다. 하나님께서는 우리를 그리스도와 연합시키셨다. 그러므로 그분의 죽으심은 우리의 죽음이다.

일단 누구든지 주님을 믿으면 구주께서는 그의 과거를 처리하셨다. 그러므로 이때부터 앞으로 강조점은 그리스도께서 믿는 이 사람을 통해서 그분의 삶을 어떻게 살아나가실 것인가가 되어야 한다.

서신서(書信書, Epistles[헬라어 ἐπιστολή]: 편지의 형식으로 기록된 성경을 의미한다-역주)에서 우리는 놀라운 진리를 발견할 수 있다. 하나님께서 그리스도인들에게 가장 강조하시는 것은 미래이다. 그분께서는 과거의 삶에 관심이 없으시고 우리가 과거에 대해 해야 할 일에 대해 애쓰지 않으신다. 이는 우리의 과거는 피 아래 있기 때문이다.

오래된 그리스도인들이 주님을 따르기 위해 그들이 가진 모든 것을 희생하려 하지 않는다면 덜 성숙한 그리스도인들에게 그렇게 하라고 지시하는 것이 무슨 소용이 있겠는가? 그들이 다른 사람들에게 그렇게 보이는 한, 덜 성숙한 그리스도인들이 한 길로 가도록 가르침을 받는 것은 매우 혼란스러운 것이다. 교회가 헌신하지 않는 교회라면, 만일 교회가 세상과 분리되지 않는다면, 교회는 세례 또는 분리에 대해서 말할 자격이 없다. 덜 성숙한 그리스도인들이 주님 안에서 성장하고 성숙하도록 돕는 유일한 방법은 교회 자신이 그러한 상태에서 살고 처신하는 것이다. 교제로 대부분의 그리스도인들이 하나님께 완전히 내어 맡긴다면, 주님 안에서 덜 성숙한 사람들이 그렇게 되는 것을 배우는 것은 매우 쉬울 것이다.

사람의 실패는 그의 나약함 때문이 아니라 하나님의 능력을 받아들이지 않았기 때문이다. 그것은 사람의 무능함에 있는 것이 아니라, 하나님께서 그것을 가능하게 하시지 못하게 하는 데 있다. 오직 하나님만이 우리가 할 수 없는 일을 할 수 있게 하실 수 있다.

사람에게는 불가능한 것이 하나님께는 가능하시다(눅 18:27).

인자('하나님의 아들'이란 예수님의 신성을 가리키며, 반면에 '인자'는 인간의 몸을 입으시고 인류를 구원하기 위해서 오신 예수님 자신을 가리킬 때, 사용된 호칭이다-역주)는 이 세상의 재물 가운데 잃어버린 사람들을 찾아서 구원하시기 위해서 오셨다(눅 19:10).

사랑은 완전한 헌신의 기초이다. 우리가 그분을 더 사랑하면 할수록 우리는 그분께 더 많이 헌신하게 된다. 애정이 깊어질수록 헌신도 깊어진다. 우리에 대한 그분의 사랑을 더 많이 경험할수록 잃어가고 죽어가는 세상을 향한 우리의 헌신도 더 커질 것이다. 그분께서 우리를 위해 그분의 모든 세상을 버리셨다는 것을 알게 되었을 때 우리도 그분을 위해 이 세상에서 우리가 가진 모든 것을 버리게 될 것이다.

헌신의 한 가지 근거는 사랑에 대한 반응이다. 다른 근거는 하나님의 법적인 권리이다. 한편으로는, 사랑 때문에 우리는 그분을 섬기기로 결심했다. 다른 한편으로는, 정당한 권리로 우리는 우리 자신의 것이 아니다. 헌신은 그러므로 법적 근거뿐만 아니라, 인간의 감정을 초월하는 사랑에 근거한다.

헌신은 사랑 그 이상이다. 헌신은 사랑에 따르는 행동이다. 자신을 헌신한 사람은 이 세상의 모든 것, 곧 이전의 모든 주인들과 관계를 끊는다. 이제부터, 그는 자신의 새 주인이 명령하는 것 이외는 아무것도 하지 않을 것이다.

사람들은 그들 스스로 하나님께 헌신을 결심하는 것이 아니다. 그분께 헌신하도록 사람들을 선택하시는 분은 하나님이시다. 그들이 하나님을 섬기기 위해서 모든 것을 버리고 하나님께 있는 힘을 다하고 있다고 믿는 모든 사람들은 실제로는 헌신에 대해 낯선 사람이다. 그들을 급히 물러가게 하라. 이는 그들이 택함을 받지 않았기 때문이다.

구약의 대제사장은 영광을 위한 옷과 아름다움을 위한 옷 두 벌을 입었다. 그러나 대제사장과 마찬가지로 하나님을 섬기도록 우리를 선택하신 분도 하나님이시다. 그리고 하나님께서 우리에게 아름다움과 함께 영광을 입히시는 것은 거룩함에 있다.

헌신의 목적은 하나님을 위해 설교하거나 일하는 것이 아니라 하나님을 섬기는 것이다. 헬라어 원어(디아코노스, διάκονος)는 "섬김"(롬 12:1, KJV)이라는 단어로 "기다림", 즉 하나님을 섬기기 위해 기다리는 의미를 담고 있다.

헌신의 결과는 무엇인가? 그 결과는 거룩함이다. 이는 헌신의 열매는 거룩함이기 때문이다(출 28장).

죄의 권세로부터의 해방은 피에서 오는 것이 아니라 십자가에서 오는 것이며, 용서는 십자가에서 오는 것이 아니라 피에서 오는 것이다.

믿음이란 무엇인가? 믿음은 당신이 하나님께로부터 어떤 일이 이루어지지 않은 것처럼 보이지만 이미 이루어졌다고 주장할 수 있는 곳에 이르게 될 때이다. 믿음이 일보다 앞서면 그 일은 살아 있는 것이다. 일이 믿음보다 앞서면 죽은 것이다.

기도의 비밀은 아무 말도 하지 않고 하나님의 말씀으로 기도하는 것과 그 약속이 이루어질 때까지 약속을 붙들고 찬양하는 두 부분에 있다.

모든 그리스도인들은 매일 아침 하나님 앞에서 주의 깊게 해야 할 네 가지 일이 있음을 알아야 한다. 즉, 친교, 찬양, 성경 읽기, 기도이다. 이 네 가지 중 어느 하나라도 소홀히 하면 그 날이 그것의 결과를 공표할 것이다.

한 유명 피아니스트는 이렇게 말했다. "하루라도 연습을 하지 않으면 뭔가 잘못된 것을 알아차린다. 내가 이틀 동안 연습을 하지 않으면 아내가 뭔가 잘못된 것을 알아차린다. 내가 사흘 동안 연습하지 않으면 온 세상이 무언가 잘못된 것을 알아차린다." 왜 자신의 영적 삶의 실행이 다른 사람들 앞에 나타날 가치가 없는지 의아해하면서도 날마다 주님과 기꺼이 시간을 보내려고 하지 않는 그리스도인들이 얼마나 많은가!

매일 경건의 시간을 위해 일찍 일어나는 습관을 길러라. 여러 번 시도하라. 반복해서 하라. 그러나 그 습관이 형성될 때까지 일찍 일어나는 이 좋은 습관이 생길 수 있도록 하나님께 은혜를 구하라.

20

참된 고백

우리가 주님을 고백할 수 있는 가장 적절한 기회는 우리의 영적 삶의 시작에서 바로 온다. 이것이 처음에 이루어지지 않는다면, 나중에는 거의 불가능해진다. 많은 사람들이 그리스도인의 생활의 첫 번째와 두 번째 주 동안 말을 하지 않기 때문에, 그들은 그 후에도 그렇게 남아 있다.

입이 무거운 그리스도인들은 개방적이거나 공언하는 그리스도인들보다 열 배나 많은 유혹과 문제를 가지고 있다. 왜? 이는 자신의 믿음을 공개적으로 고백할 의지가 있을 때 비로소 구별된 사람이 되기 때문이다. 공개적인 고백의 장점은 그것이 그리스도인을 미래의 많은 문제로부터 구할 것이다.

넘어질까 두려워서 주님을 공개적으로 시인하지 않으면 반드시 넘어질 것이다. 왜? 당신은 당신의 뒷문을 열어두었기 때문이다. 당신은 이미 당신의 넘어질 날을 준비해 놓은 것이다.

누가 그것을 버리기 위해 무언가를 사겠는가? 하나님께서는 아니시다. 하나님께서는 우리를 지키시는 하나님이시며, 우리를 구원하시는 하나님이시다. 하나님께서 우리를 구원하실 때, 그분은 우리를 구속하신다. 결국 보존이 없다면 구속은 무의미할 것이다.

꽃이 해를 부끄러워할 수 있는가? 꽃 한 송이가 햇빛을 향해 열리듯 우리는 주님을 세상에 고백해야 한다. 부끄러워해야 할 사람은 우리가 아니라 세상이기 때문이다. 우리가 주님을 고백하는 것이 부끄러운 일이라고 생각한다면, 세상에 속하는 것은 우리이다.

사람들이 우리에게 수치심을 주기를 바라는 것은 얼마나 잘못된 일인가! 그러나 수치심은 우리의 것이 아니라 그들의 것이다. 수치심에 개의치 말고 담대히 서서 그리스도를 위해 "어리석은 자"가 되어 그분의 발자취를 따르도록 하자. 그러면 반드시 아버지 앞에서 우리를 시인하실 것이다(마 10:32).

우리가 세상과 완전히 분리되기를 기대한다면, 우리는 먼저 우리의 마음과 영을 세상과 분리시켜야 한다. 우리가 세상의 수백 가지 일들로부터 우리 자신을 분리한다 할지라도, 우리는 아직 세상에 있기 때문이다. 우리가 먼저 마음과 영을 세상에서 분리하지 않으면 우리는 결코 세상의 모든 것들에서 분리되지 않을 것이다.

그리스도인으로서 허용되는 모든 것과 허용되지 않는 모든 것을 새 그리스도인들에게 말하는 것은 사실상 불가능하다. 그러나 그들이 세상과 분리되어야 한다는 것을 이해한다면, 그들은 이 원리를 수많은 상황에 적용할 수 있다. 그리고 세상 것은 무엇인가? 주님 앞에서 우리의 영적인 삶을 소멸시키는 경향이 있는 모든 것은 세상에 속한 것이다.

우리가 모든 것을 배설물로 여기고 그것으로부터 우리 자신을 제거할 때에만 하나님께서는 우리의 모든 풍족하신 하나님이신 엘 샤다이 (El Shaddai, שַׁדַּי אֵל- "엘[אֵל]"은 하나님을 뜻하며, 샤다이[שַׁדַּי]는 "가장 전능한 자", "전능자"라는 뜻으로 "전능하신 하나님, 모든 것을 충족케 하시는 하나님"이라는 뜻이다-역주)로 오셔서 그분의 무한하신 공급으로 우리에게 공급하실 수 있다(빌 3:8).

그리스도인이 되면 교회 밖에 그의 민족성을 버려야 한다. 교회 안에는 그런 것이 없기 때문이다.

새로운 그리스도인이 새 생명을 얻은 첫해에 입을 열지 않으면 나중에 입을 열기 어렵다. 또한 모든 새 그리스도인들에게 구원을 받은 후 첫째 또는 둘째 주 동안 증언의 중요성에 대해 가르치는 것은 기존 그리스도인들의 책임이다.

모든 그리스도인의 삶에는 두 가지 큰 기쁨의 날이 있어야 한다. 첫째 날은 그가 주님을 믿는 날이다. 둘째 날은 처음으로 다른 영혼을 그리스도께로 인도하는 날이다(잠 11:30).

많은 사람들이 그들의 삶이 양쪽 끝이 닫혀 있기 때문에 하나님이나 사람 앞에서 힘이 없다. 알다시피, 삶의 통로는 두 개의 끝이 열려 있어야 한다. 한쪽 끝은 주님께 열려 있어야 하고 다른 쪽 끝은 사람에게 열려 있어야 한다.

하나님 앞에서 짐이 없는 인간에 대한 관심은 단순히 부적절하며 따라서 효과가 없다. 사람은 나가서 사람 가운데서 일하기 전에 하나님 앞에서 짐을 져야 한다.

믿음의 가장 큰 시험은 기도생활이다. 서너 달이 지난 후에도 당신의 기도가 응답되지 않는다면 당신의 기도에 뭔가 문제가 있는 것이 틀림없다. 이것은 당신이 하나님 앞에서 병들었음을 보여주는 것이다.

우리가 가진 믿음의 양은 하나님에 대한 지식에 기반을 두고 있다. 이는 믿음의 깊이를 결정하는 것은 하나님에 대한 지식의 깊이이기 때문이다. 따라서 더 많은 믿음을 가지려면 하나님을 더 잘 알아야 한다. 그리고 하나님께서 우리 앞에 주시는 매일의 시련으로부터의 구원은 앎에 근거한다.

믿음은 하나님의 말씀으로 온다(롬 10:17). 그분의 말씀은 그분께서 우리에게 하신 약속이며 그분의 일을 계시한다. 따라서 하나님의 약속은 그분의 일의 목표를 나타낸다. 그분께서 우리 안에서 일하시도록 허용함으로써 그분의 약속은 우리에게 그리고 우리를 통해 나타난다.

교리를 잘 가르치는 것은 사람들의 마음을 바로잡을 수 있지만 그들의 혼을 구원하는데는 실패할 수 있다. 우리의 목표는 그들의 마음을 바로잡는 것이 아니라 그들의 혼을 구원하는 것이어야 한다.

21

함께 모임

하나님께서는 거하시는 곳, 곧 세상에 거처가 있으시다. 성경에 하나님의 첫 거처는 성막에서 발견된다. 오늘날, 우리는 그리스도인으로 하나님의 거처로 곧 하나로 합쳐져 있다.

그리스도인에게 있어서 독립은 확실한 죽음을 의미한다. 교제로부터의 고립은 충만함은 물론 생명도 빼앗긴다.

하나님의 말씀은 진리의 많은 측면을 포함하고 있기 때문에 사람들은 하나의 특별한 측면을 토대로 교회를 세우는 경향이 있다. 우리는 우리 주변에서 이에 대한 풍부한 증거를 볼 수 있다.

성경에서 교회 사이의 구분 또는 구분에 대한 유일한 규칙은 지리적 위치이다. 지역성은 친교의 기본 단위를 구성한다.

그리스도인들은 어떤 교회에 등록할 수 없다. 그들은 이미 교회의 일부분이다. 등록한다는 것은 그들이 아직 교회 밖에 있다는 것을 의미한다. 우리는 이미 교회 안에 있고 따라서 이미 서로 교인이 되어 있다. 그러나 우리는 그렇지 않은 것처럼 행동한다. 하나님께서 그분의 백성들이 살고, 우리가 해야 한다고 말씀하신 것과 반대로 살고 행동하는 것을 보시는 것은 얼마나 슬픈 일이시겠는가!

교회는 너무 특별해서 등록할 수 없다. 결정적인 요소는 사람이 하나님께로부터 태어났는지 여부이다. 사람이 하나님께로부터 났으면 이미 등록이 되었고 하나님께로부터 나지 않았으면 합류할 방법이 없다.

많은 기도를 개인적으로 할 수 있다. 그러나 응답을 받으려면 집회에서 드려야 하는 또 다른 종류의 기도가 있다. 두 명 이상이 주님의 이름으로 기도해야 한다. 하나님의 공동의 은혜는 집회에서만 주어진다. 개인에게 제공되지 않는다.

성경을 읽을 때 어떤 구절은 성도들이 모이는 경우를 제외하고는 우리에게 열리지 않을 것이다. 그들은 개별적으로 이해할 수 없다. 그러나 모임에서 그들을 이해하도록 특별한 은혜가 주어진다.

어느 누구도 은혜를 상실하지 않고는 성도들의 모임을 저버릴 수 없다.

"불러냄을 받은 사람들의 모임", 헬라어로 에클레시아(εκκλησια)는 "교회"를 의미한다.

우리가 어떻게 함께 모여야 하는가? 모든 모임은 반드시 주님의 이름으로 해야 한다. 이것은 우리가 주님의 권위 아래 모이고 그분을 중심으로 모인다는 것을 의미한다. 어떤 설교자의 말씀을 듣기 위해 모인다면 주님을 만나기 위해 모이는 것이 아니다. 우리가 전통 때문에 모인다면 주님을 만나기 위해 모이는 것이 아니다. 편하기 때문에 모인다면 주님을 만나기 위해 모이는 것이 아니다. 어떤 사람들이 함께 모이는 데는 여러 가지 이유가 있지만 주님께서 우리가 함께 모이기를 원하시는 이유는 아니다.

주위에 사람이 많은데도 모임에 참석해 보면 혼자 있는 그리스도인이 많다. 오랜 세월이 흘렀는데도 어떻게 만나야 할지 모르기 때문이다. 그들은 자신의 모든 행동이 타인의 유익을 위한 것이 아니라 자신이 얻을 수 있는 것이 무엇인가에 대한 생각으로 모임에 참석한다.

우리가 진정으로 다른 사람들의 필요와 다른 사람들의 교화에 관심을 가질 때, 성령께서는 영광을 받으시고 우리와 다른 사람들 모두에게서 교화하시는 일을 하실 것이다. 그러나 모임에서 한 사람이라도 질서가 흐트러지면 모임 전체가 고통을 받는다.

사람들이 우리 가운데서 행할 때마다 그들은 즉시 하나님의 임재를 느껴야 한다. 이것은 성령의 역사이다. 그것은 그들이 엎드려 하나님을 경배하게 하여 하나님께서 참으로 우리 가운데 계시다고 선언하게 할 것이다.

성경에는 다섯 가지 유형의 모임이 있다. 복음 집회 모임, 떡을 떼는 모임, 기도 모임, 은사 활동 또는 친교 모임 그리고 봉사 또는 전도 모임이 있다.

오늘날의 교회가 하나님 앞에서 강해지려면 이 모든 모임이 있어야 한다.

초대교회에서는 설교를 듣는 것보다 복음 집회(복음을 전하는 집회)가 으뜸을 차지했다. 그 반대의 상황은 오늘날 교회 모임에 존재하는 약점의 증거이다. 강한 교회가 되려면 복음 전파가 모든 집회의 가장 기본이 되는 본래의 위치로 회복되어야 한다.

감사함으로 우리는 주님의 일을 알아차리고, 찬양함으로 주님 자신을 생각한다. 우리는 그분께서 행하신 일에 대해 그분께 감사하며, 그분께서 행하신 일에 대해 그분을 찬양한다. 그리고 떡을 떼는 모임에서 우리의 감사와 찬양이 최고조에 달했을 때, 떡을 떼는 시간이 되었다.

우리가 아들을 영접하는 것은 하나님께서 우리에게 주시는 구원의 절반에 불과하다. 아버지께서 우리를 받아주시는 것은 나머지 반이다. 아버지께서는 우리가 그분의 아들 안에서 용납될 수 있게 된 후에야 우리를 받아들이신다. 그러므로 떡을 떼는 집회에서 우리는 떡을 떼고 나서 찬양으로 아버지께 나아갈 수 있다.

하나님의 보좌는 그분의 백성의 찬양 위에 세워졌다(시 22:3). 하나님의 교회가 찬양을 시작하면 보좌를 접촉하기 시작한다. 찬양하는 법을 더 많이 배울수록 우리는 더 많이 보좌를 접촉한다.

공동기도가 어렵고 거짓되고 길며 사람을 기쁘게 하는 경향이 있지만 기도 모임에서 하는 기도는 개인 기도보다 더 강력하다. 또한 하나님께서 개인의 기도보다 공동의 기도에 응답하시는 것이 훨씬 더 쉬우시다. 그러나 오늘날 한 가지 문제는 공동 기도보다 개인 기도에 대한 응답이 더 많다는 것이다. 공동 기도에는 거짓과 혼란과 헛된 말이 너무 많기 때문이다.

우리의 영은 선지자의 영(어떤 사람의 영의 형상 혹은 그 사람의 영적 실체에 대한 영적인 분별-역주)의 해방을 돕거나 방해할 수 있다. 여기서 새 그리스도인들이 교훈을 얻는다면 모임의 힘을 보태는 데 기여할 것이다. 형제자매들의 영이 나오지 않으면 그들 가운데 있는 선지자의 영도 나오지 않을 것이기 때문이다.

우리 시대에 그리스도의 몸으로 만나는 법을 배운다면 다음 세대는 더욱 강해질 것이다.

안식일의 의미를 성취하는 것은 하나님의 안식에 들어가는 것이다. 그러나 하나님의 안식에 들어가기 위해서는 그분의 사역을 받아들여야 한다. 여기에 우리의 영적 삶 전체에 대한 지침 원칙이 있다. 우리는 그분의 일의 일부가 되기 전에 그분의 안식에 들어가야 한다.

안식에 들어간 후에야 우리는 하나님 보시기에 일어나 섬기기에 합당하다. 그리고 하나님의 말씀을 듣고 주의를 기울이는 사람만이 일이 아니라 안식에 들어간다.

영적 생활의 가장 높은 표현은 하나님을 찬양하는 사람들에게서 볼 수 있다. 이것은 그리스도인들이 주님을 보여줄 수 있는 가장 고상한 표현이다. 찬양은 당신을 우주에서 가장 높은 곳, 즉 하나님의 보좌로 데려갈 수 있다.

이것을 특별히 주의하라. 구약에서 찬양을 드린 사람들은 하나님께서 의도적으로 고난의 상황을 겪도록 인도하신 사람들이었다. 그들이 찬양의 가사를 작시한 것은 상처받은 감정 때문이었다.

이것을 기억하라. 하나님의 자녀가 찬양할 때마다 사탄은 도망쳐야 한다. 흔히 기도는 싸움이지만 찬양은 승리이다. 기도는 영적 전쟁이지만 찬양은 승리의 외침이다. 이러한 이유로 사탄이 가장 싫어하는 것은 찬양의 외침이다.

사도행전에서는 감옥의 문이 두 번 열렸다. 한 번은 기도에 대한 응답으로 한 번은 찬양에 대한 응답이었다(행 12:5-10; 16:25-26, 참조). 하지만 기도가 항상 감옥의 문을 열 수 있는 것은 아니지만 찬양은 그렇다!

왜 찬양이 또한 승리인가? 기도만 할 때는 아직 당신은 당신의 환경에 처해 있지만, 찬양할 때는 환경을 초월한 것이다. 그러기에 기도만으로는 성취할 수 없는 것을 찬양은 할 수 있다.

당신의 영이 숨을 쉴 수 없을 정도로 눌려 있을 때, 당신이 기도할 수 있다면 기도하고, 기도할 수 없을 때는 찬양하라.

"찬양의 희생"(히 13:15, KJV), 즉 찬양을 희생으로 드릴 때, 당신은 모든 것을 빠르게 초월하여 아무것도 당신을 완패시키지 못할 것이다.

하나님의 자녀는 일어나서 싸우려는 유혹을 받는 경우가 많다. 그리고 많은 사람들은 싸우지 않으면 이길 수 없다고 생각한다. 그들은 승리가 싸움에 달려 있지 않고 찬양에 달려 있다는 놀라운 원리를 인식하지 못한다(대하 20:20-22).

당신이 문제가 생길 때마다 하나님의 자비를 구하라. 하나님께서는 당신의 손이 전쟁 준비를 하지 못하게 하시고, 당신의 마음이 전쟁을 할 수 있는 방법을 생각하지 못하게 하실 것이다.

주님의 손을 찬양만큼 빠르게 움직이시게 하는 것은 없다. 찬양은 기도보다 더 높이 올라간다. 찬양하는 사람들은 기대에 안주하지 않는다. 그들은 이미 초월했다. 그들은 승리할 때까지 찬양했다.

사람의 생각은 일반적으로 투쟁과 싸움으로 가득 차 있다. 이는 사람은 항상 적을 보기 때문이다. 그러나 비범한 생각은 믿음과 찬양에 중심을 두고 있다. 그것은 사람의 시각을 초월하여 하나님께서 보시는 것처럼 본다.

당신은 감동이 없을 때는 감동이 있을 때까지 찬양해야 한다. 그리고 나서, 작은 감동이 많은 감동이 될 수 있도록 계속 찬양하라.

승리는 당신의 육신과 싸우는 데 있지 않다. 당신이 머리를 숙이고 하나님을 찬양하며 "주여, 당신이 나를 위해 마련하신 것은 잘못된 것이 없나이다. 당신이 하시는 모든 것은 완벽하시나이다."라고 해야만 당신의 영이 당신의 문제를 넘어 당신의 내면의 감정을 넘어 승리로 올라갈 것이다.

22

내가 아니라, 그리스도

우리는 구원의 문이 영원히 열려 있지 않다는 것을 안다. 마찬가지로 사죄의 문도 영원히 열려 있지 않다는 것을 기억해야 한다.

하나님의 자녀로서 당신이 죄를 지은 사람에게 사죄하고 용서를 구하지 않으면 그 사람이 하나님 앞에서 한숨을 쉬며 당신의 이름을 언급하면 당신의 영적인 삶에 악영향을 끼친다는 것을 깨달아야 한다. 당신이 하나님께 드리는 헌금은 받아들여지지 않을 것이며, 당신의 기도는 하나님께 들리지 않을 것이다. 그 사람의 한숨은 당신을 쓸모없게 만들 것이며, 하나님 앞에서 당신의 길은 막힐 것이다.

우리는 우리의 형제의 빚을 관대하게 탕감할 수 있도록 하나님께 대한 우리 자신의 빚을 제대로 평가할 필요가 있다. 우리에게 빚진 사람이 얼마나 적은지 알아보려면 우리가 하나님께 빚진 금액만 유념하면 된다. 그리고 우리가 하나님께 빚진 것은 우리가 지불할 수 있는 것보다 무한히 초과한다.

하나님께 대한 우리의 빚은 우리가 갚을 능력이 없다. 사람들이 우리에게 빚진 것과 우리가 하나님께 빚진 것의 차이는 매우 크다.

세리는 성전에서 "하나님, 죄인인 내게 자비를 베푸소서!"(눅 18:13, KJV)라고 기도했다. 죄인은 자비를 구한다. 그는 결코 의롭다 함을 요구할 생각을 하지 않을 것이다. 그러나 하나님께서는 이 사람이 의롭다고 말씀하셨다(눅 18:14). 이는 주님께서 이루시는 구원은 사람의 생각에 따라 이루어지는 것이 아니라 그분 자신의 생각에 따라 이루어지기 때문이다.

하나님께서는 의롭게 되기 위해서 그분의 은혜를 받아들이기를 원하신다. 따라서 그분께서는 그분께 속한 사람들에게서 의(義)를 요청하실 뿐만 아니라 자비를 요청하신다.

주님께서는 당신이 다른 사람들을 그분이 당신을 대하신 것처럼 대하기를 기대하신다. 그분께서는 당신에게 의(義)를 요구하지 않으시므로 당신이 다른 사람에게 의(義)를 요구하지 않기를 기대하신다.

용서받은 사람이 용서하지 않고, 자비를 받은 사람이 무자비하고, 은혜를 받은 사람이 은혜를 베풀지 않는 것은 하나님 보시기에 극히 추한 일이다.

그리스도인들 사이에 슬프지만 흔한 일은 형제가 다른 형제에게 죄를 지은 직후에 그 문제가 죄를 지은 사람을 제외한 모든 사람에게 알려지는 것이다. 불쾌한 형제는 그것을 도처에 퍼뜨리지만, 죄를 지은 사람에게 말할 힘이 없다(마 18:15, 참조). 이것은 그가 얼마나 약한지를 나타낸다. 이는 소문을 내는 사람이 약하기 때문이다.

하나님의 자녀는 교회에 문제를 더하는 것이 아니라, 문제를 없애는 방법을 배워야 한다.

형제의 잘못을 지적하는 동기가 그를 얻는 것이라면, 당신은 그의 잘못을 어떻게 지적해야 하는지를 알 것이다. 그러나 그를 회복시키고 싶지 않다면 당신은 아마도 그 사람과 언쟁할 것이다.

당신이 형제에게 그의 잘못을 말하려면 그를 대면하기 전에 당신 자신을 완전히 제쳐 놓아야 한다. 그렇지 않고, 당신 자신이 관련되어 있다면, 당신은 결코 이 일을 수행할 수 없을 것이다.

형제가 당신에게 죄를 짓는 것을 참작하셔서, 주님께서는 당신을 살펴보시고 회복의 그릇으로 선택하셨다.

그리스도인의 반응은 물론 그들의 삶도 하나님의 통제 아래 있어야 한다. 하나님께서 우리의 반응을 통제하신다면 우리는 자유롭게 반응하지 않을 것이다. 그분께서 우리에게 명령하신 대로 우리도 반응할 것이다. 반응하는 것은 우리 안에 있는 그분의 생명, 즉 그분께서 우리에게 주신 생명이다.

일상적인 문제에 대한 사람의 반응은 세 가지 수준으로 나눌 수 있다. 첫째, 변덕스럽고 화를 내며 반응하는 이성의 수준이다. 둘째, 참을성 있게 반응하는 덕이 있는 수준이다. 셋째, 초월적으로 반응하는 하나님의 생명의 수준이다.

사람은 그렇게 많은 것을 요구한다. 그러나 하나님 앞에 있는 사람으로서 우리는 사람이 요구하는 것보다 훨씬 더 많은 것을 주어야 한다. 왜? 우리 안에 계시는 하나님의 생명은 사람의 요구를 초월하기 때문이다.

주님의 생명은 사람들이 이유 없이 우리를 학대할 때 우리는 그 반대로 이유 없이 그들을 잘 대할 수 있도록 우리에게 권능이 있음을 보여준다.

초월하는 생명이란 무엇인가? 먼저 오른뺨을 치면, 그에게 다른 뺨도 돌려대며 덧옷을 빼앗으려 하면, 겉옷까지 가져 가게 하며, 억지로 오 리를 가게 하면, 그와 함께 십 리를 가는 것이다(마 5:39-41, KJV). 이것은 하나님의 은혜를 따라 행하는 하나님의 자녀이다.

왜 우리는 오른쪽 뺨을 맞고도 왼쪽 뺨을 돌려대야 하는가? 그렇게 하는 것은 주님께서 사람의 손이 우리를 기분이 상하게 하는 것을 허락하실 때 주님께서 우리 안에서 하시는 일을 줄이시는 것이 아니라 늘리도록 하시는 것이 우리의 선택임을 나타낸다. 왼쪽 뺨을 추가함으로써 우리의 반응은 사실상 우리가 주님께서 사람을 통해 하시는 일을 받아들이고 그분이 우리 안에서 그분의 일을 증가시키시도록 허용한다는 것을 말하는 것이다. 그러므로 사람의 손을 통해 주님께서는 우리의 능력을 증가시키셔서 우리를 영적으로 성장하게 하신다.

이것이 우리의 기도가 되어야 한다. "주님의 손이 내게 있으시기를 원하나이다. 내가 아직 잃을 것이 있다면 충분히 잃은 것이 아니나이다. 이는 내가 모든 것을 잃은 후에야 더 이상 잃을 수 없기 때문이나이다. 그리고 내가 아직 죽을 수 있는 한, 나는 충분히 죽지 않았나이다. 내가 완전히 죽어야 더 이상 죽을 수 없기 때문이나이다. 그러므로 주님께서 나에게 손을 가볍게 하시기보다는 오히려 무겁게 하시기를 원하나이다."

사람들이 우리를 나쁘게 대하고, 우리를 비방하고, 부당한 요구를 할 때마다 그들은 우리에게 그리스도인으로서 반응할 기회를 주고 있음을 기억하라.

행동하는 그리스도인이 되지 않는 것보다 더 큰 손실은 없다. 공격을 받는 것은 큰 손실이다. 물건을 빼앗기는 것은 큰 손실이다. 불명예를 당하는 것은 큰 손실이다. 자유를 잃는 것은 큰 손실이다. 그러나 이러한 일을 허용하심으로 주님께서는 우리가 그분의 은혜를 나타낼 수 있다는 확신을 보여주신다. 우리가 이러한 일에 실패한다면 손실이 얼마나 큰가!

그리스도인의 삶은 놀라운 역설(逆說, Paradox: 어떤 주의나 주장에 반대되는 이론-역주) 이다. 당신이 박해를 받고 괴롭힘을 당하고 그리고 불합리한 대우를 받으면 받을수록, 당신은 더욱더 하나님 앞에서 행복해진다.

죄는 사람을 사로잡는 힘이다. 우리는 그 힘을 파괴하거나 죽일 수 없지만 주님께서는 우리에게서 그것을 제거하실 수 있다. 그렇기 때문에 하나님의 말씀은 우리가 죄에서 해방될 수 있다고 말씀하지만 죄를 극복하라고 말씀하지는 않는다.

사람은 자신의 의지를 행사함으로써 죄로부터 해방될 수 없다. 이는 사람이 자신의 의지력을 사용할 때, 그는 죄에서 해방되기 위한 하나님의 방법을 신뢰할 수 없기 때문이다. 그러므로 하나님께서는 자신의 완전한 무능력을 고백하고 하나님의 능력에 완전히 복종할 수 있는 그 날을 기다리셔야 한다. 그가 자신의 힘으로 노력하는 것을 멈추는 단계에 도달했을 때만 하나님께서는 그를 위해 승리를 주실 수 있는 기회를 가지고 계신다.

죄를 극복하기 위해서는 적은 힘도 필요하지 않다. 이는 그것은 율법의 일이기 때문이다. 내가 노력하지 않아도 나를 죄짓게 하는 법이 있는 것처럼 나를 죄에서 해방시켜 주는 또 다른 법이 있다. 그리고 노력이 필요 없는 승리만이 진정한 승리이다.

죄로부터 해방되는 방법은 단계별로 학습할 수 있다. 첫 번째 단계는 죄가 당신에게 법이라는 것을 보는 것이다. 두 번째는 의지로 법을 극복할 수 없다는 것을 확인하는 것이다. 세 번째는 죄의 법을 능가하는 다른 법이 있음을 보는 것이다(롬 8:2).

성경에 따르면 주님과 우리의 관계는 어떠해야 하는가? 주된 관계는 그리스도께서 우리의 생명이 되셔야 한다는 것이다(골 3:4). 그리스도께서 우리의 생명이 되시면 우리는 그분을 본받을 수 있다. 그리스도께서 우리의 생명이시다는 사실을 모르면 이 세상에서 주님의 생명을 체험할 수 없다. 이것만이 길이며 승리이기 때문이다.

생명의 비밀은 무엇인가? 그리스도께서 죽음에서 우리의 역할을 대신하신 것처럼 그분은 삶에서도 우리의 역할을 대신하셔서 사신다. 우리가 죽을 필요가 없다는 것이 좋은 소식인 것처럼 우리가 살 필요가 없다는 것도 좋은 소식이다.

그리스도인이 그리스도인의 삶을 살려고 시도하는 것은 잘못된 일이다. 그리고 우리는 그렇게 하도록 요청받지 않았다. 주님의 말씀은 "이제 내가 사는 것이 아니요 오직 내 안에 그리스도께서 사시는 것이라"(갈 2:20)고 말씀하신다. 이것이 그리스도인의 삶을 사는 비결이다.

당신은 그리스도인답게 살려고 애쓰다가 지친 성도들을 발견했을 때, 훨씬 더 좋은 것이 있다는 것을 알려줘야 한다. 그런 다음 그들은 복음을 듣고 죽을 필요가 없다는 것을 들었을 때 하나님께 감사했던 것처럼, 이제는 살 필요가 없는 말씀을 듣고 하나님께 감사할 수 있다. 이것은 지치고 소모적인 그리스도인의 삶에서 이 얼마나 큰 해방인가!

패배는 일을 덜 해서 생기는 것이 아니라 일을 너무 많이 해서 생기는 것이다. 우리가 일할 때 하나님의 은혜가 우리에게 올 수 없다. 마찬가지로 우리가 일을 너무 많이 하면 주님의 생명이 우리 안에 나타날 수 없다.

23

하나님의 영광을 위하여 모든 것을 하라

당신이 당신에게서 태어난 사람을 잃어버리면 어떻게 복음이 온 땅에 전파될 수 있겠는가? 그렇기 때문에 당신은 당신의 자녀들을 되찾기 위해 힘써야 한다. 이런 말을 하는 나를 용서하라. 내 자신의 말이지만 교회에서 가장 큰 실패는 부모들이다.

당신의 자녀들을 하나님께 인도하려면, 당신 자신이 먼저 하나님과 동행해야 한다.

많은 그리스도인의 가정들이 실패하는 한 가지 이유는 부모들은 자녀들이 자신들보다 더 낫기를 기대하기 때문이다. 그들은 자녀들이 세상을 사랑하는 것이 아니라 주님과 함께 가기를 기대한다. 하지만 그들 자신은 뒤에 머물러 있다.

당신이 영적인 것에서 따르는 기준이 결국 당신의 자녀들의 기준이 될 것이다.

당신의 자녀들은 당신이 사랑하는 것을 사랑하고 당신이 싫어하는 것을 싫어하는 법을 배울 것이다. 그들은 당신이 소중히 여기는 것을 소중히 여기고 당신이 정죄하는 것을 정죄할 것이다.

세상에서 가장 비겁한 사람은 연약한 사람과 신분이 낮은 사람을 학대하는 사람이다.

주님을 위해 고난받는 것이 고귀하고 순교자가 되는 것이 영광이라는 것을 자녀들의 마음에 심어주기를 바란다.

승리에 부풀어 있는 것은 그리스도인답지 않다. 진정한 마음으로 패배를 인정하는 것은 미덕이다.

나는 주님께서 교회에 은혜를 베푸신다면, 교회에 추가된 사람들의 절반은 그리스도인 부모의 자녀가 되고, 나머지 절반은 세상에서 구원을 받을 것이라고 믿는다. 교회는 그리스도인 부모의 자녀가 아니라 세상으로부터만 증가한다면 강해질 수 없다.

죄를 지을 용기가 있는 사람은 처벌을 받아들일 용기가 있어야 한다.

새 그리스도인이 친구를 바꾸지 않으면 그의 영적 미래는 깊이가 없고 약할 수밖에 없다.

그리스도인이 진정으로 주님을 사랑하고 그분을 신실하게 섬긴다면 세상적인 친구들을 많이 갖는 것은 불가능하다.

당신이 불신자와 부적절한 교제를 할 때마다 손실이 발생한다.

주 예수님께서는 죄인의 친구가 아니라, 죄인들의 친구이시다. 그분께서는 죄인들과 함께하시기 위해서 오신 것이 아니라, 허물과 죄로 죽었던 사람들을 찾아서 구원하시기 위해서 오셨다(눅 19:10).

사람의 말은 그 사람의 마음을 나타낸다. 마음은 거기에 있는 것을 드러낸다(마 12:34). 사람의 행동이 항상 그 사람을 나타내는 것은 아니지만, 그의 말은 종종 그렇게 나타난다.

나무의 열매로 그 나무를 알게 되고, 그의 말로 그 사람이 드러난다.

자신의 말을 절제할 줄 모르는 사람은 남을 가르치려는 열망으로 쉽게 드러난다.

사람이 스스로 재갈을 씌울 수 있느냐 없느냐는 그의 말을 재갈을 씌울 수 있느냐에 달려 있다. 그가 자기 절제에 성령의 열매가 있는지 판단하려면 그가 자신의 말을 어떻게 다스리는지 관찰하면 된다.

교회에 부적절한 말이 많은 이유는 너무나 많은 사람들이 그 말을 듣고 싶어하기 때문이다. 그런 욕망이 있기에 그런 공급원이 있다(딤후 4:3).

오늘날에는 들으려는 탐욕, 부적절한 말을 듣고자 하는 탐욕이 있다.

세상은 소득으로 얼마나 많은 것을 줄 것인지를 측정한다. 그리스도인은 자신의 기부로 자신의 수입이 얼마인지 측정한다. 그리고 우리가 주는 헤아림은 우리가 받는 헤아림이 될 것이다(눅 6:38).

오늘날 많은 사람들이 빌립보서 4장 19절 "나의 하나님께서 그리스도 예수님을 통해 영광 가운데서 그분 자신의 부요하심에 따라 너희 모든 쓸 것을 공급하시라"(KJV)는 말씀을 붙잡으려고 노력한다. 하지만 하나님께서는 구하는 사람이 아니라 주는 사람에게 공급하신다는 사실을 알고 있는가? 주는 사람만이 이 구절을 사용할 권리가 있다. 주지 않는 사람에게는 이 특권이 부여되지 않는다.

24

서로 사랑하라

성경에는 네 종류의 용서가 있다. 첫째, 영원한 용서(Eternal forgive-ness), 둘째, 차용한 용서(Borrowed forgiveness), 셋째, 교제적 용서(Communional forgiveness), 그리고 넷째, 치리적 용서(Governmental forgiveness)이다. 영원한 용서는 우리가 구원을 받을 때, 받는 것이다(요 3:16). 차용한 용서는 교회를 통해서 선언되는 하나님의 용서이다(요 20:22-23). 교제적 용서는 죄를 고백한 후에 받는 것이다. 이 용서는 하나님의 영과 우리의 교제 생활을 회복시킨다(요일 1:7-9). 치리적 용서는 하나님께서 우리에게서 징계의 손을 거두시고 우리가 아직 그분께 복종하는 법을 배우지 않았을 때와 다른 방식으로 우리를 대하실 때이다(마 6:14-15).

하나님께 징계를 받는 것은 영광스러운 경험이다.

하나님의 모든 징계는 교육적이다. 그분께서는 "우리의 유익을 위하여"(히 12:10) 우리를 징계하신다. 거룩함은 하나님의 본성이기 때문에 이것은 참으로 영광스러운 일이다.

히브리서 12장 10절에서 말씀하는 거룩은 하나님께서 친히 징계를 통해 점진적으로 우리 안에 역사하시거나 천천히 우리 안에 집어넣으신다.

신약의 구원의 가장 큰 특징은 하나님께서 우리에게 구원을 주셨을 뿐만 아니라, 구원을 주신 후에는 끊임없는 일을 통해 우리 안에 구원을 세우기 시작하신다는 것이다. 우리가 완전한 구원을 보는 것은 이 두 과정의 결합에 의한 것이다. 하나는 그리스도께 오는 선물이다. 다른 하나는 성령의 훈련을 통해 통합된다.

그리스도인이 하나님 앞에서 잘 행하려면 사탄을 대적하는 법을 배워야 한다. 그리고 그러기 위해서는 먼저 사탄이 하는 일이 무엇인지 분별해야 한다.

사탄이 하는 일의 특별한 영역은 사람의 마음이나 생각의 삶에서 발견된다. 그는 사람을 요새로 둘러싸서 그리스도께 순종하는 것을 막는다.

사탄의 시험이 먼저 마음을 침범하면 상대하기가 상대적으로 쉽다. 하지만 일단 마음에 실제가 되면 제거하기가 아주 어렵게 된다.

사람이 생각에 집중하면 그의 눈은 주님께 초점을 맞추지 않을 것이다.

어떤 생각이 먼저 거부된 후에, 당신은 그 문제가 종결되었다고 생각해야 한다. 그 생각이 두 번째로 나타난다면, 그것은 이제 진실이 아니라 거짓으로 다가온다. 당신은 그것을 무시할 수 있는 충분한 여유가 있고, 만약 그렇게 한다면, 그것은 곧 사라질 것이다. 그래서 기본적인 원칙은 다음과 같다. 첫 번째는 저항하고, 두 번째는 무시하라.

동일한 시험에 대해 두 번째로 사탄에게 저항하는 것은 첫 번째 저항을 불신하는 것이고, 세 번째로 저항하는 것은 첫 번째와 두 번째 저항을 반박하는 것이다. 각각의 새로운 저항은 당신의 이전 저항에 대해 한 번 더 불신하는 것을 의미한다.

많은 사람들은 성령의 책망일지도 모른다는 두려움 때문에 사탄을 격퇴하지 않는다. 그들은 사탄의 참소(讒訴: 남을 헐뜯어서 없는 죄를 있는 듯이 꾸며 고해 바치는 일-역주)와 성령의 책망을 구별할 수 없다. 그러므로 그들은 사탄의 참소를 성령의 책망으로 받아들인다. 우리가 어떻게 그 차이를 구별할 수 있는가? 사탄의 참소는 전혀 분명하거나 뚜렷하지 않다. 반면에 성령을 통한 하나님의 계시는 항상 뚜렷하고 요점이 있다.

우리는 그리스도인으로서 사탄의 일차적인 영역이 마음과 몸뿐 아니라 양심에도 있음을 이해해야 한다.

사탄은 육적인 그리스도인들을 죄에 빠지게 함으로써 싸움에서 끌어 내리고, 참소를 사용하여 성숙한 그리스도인들을 싸움에서 벗어나게 한다. 그러므로 그는 죄로 육적인 그리스도인을 무력화시키고 참소로 영적인 그리스도인을 무장 해제시킨다.

많은 하나님의 자녀들은 성령의 훈련에 복종하지도 않고, 사탄의 공격에 저항하지도 않는다. 한편으로는 복종하지 않고, 다른 한편으로는 저항하지 않는 것이다.

우리 주변의 거의 모든 상황은 우리가 그것들에게서 교훈을 배우고 그것들에 의해 세워질 수 있도록 주님께서 우리에게 주신 것이다. 안타까운 것은 그 상황에서 배우고 그리스도의 장성한 분량에 이르는 사람이 적다는 것이다.

두려움은 사탄의 노크다. 노크에 응답하면 그의 방문을 받게 될 것이다. 두려움이 받아들여지면 곧 일이 일어날 것이고, 거절당하면 아무 일도 일어나지 않을 것이다.

부활이란 무엇인가? 죽음의 고비를 초월한 영역이다. 그리고 사탄은 자신이 이 부활 생명에 대해 아무것도 할 수 없음을 잘 알고 있다.

교회와 사탄의 싸움은 주님의 승리를 보여주려는 것이지, 이기기 위함이 아니다. 주님께서는 이미 우리를 위해 이기시고 승리를 쟁취하셨다!

하나님의 은혜 체계는 사람의 불순종과 그분의 통치 체제 아래의 반역으로 인해 추가되었다. 그러므로 은혜는 순종하지 않고 반역한 자들을 구속하고 회복시켜 그들이 다시 한번 하나님의 통치 체제 아래 놓이게 하기 위한 것이다.

하나님의 은혜는 결코 하나님의 통치를 무효로 만들 수 없으며 오히려 하나님의 은혜는 사람들로 하여금 하나님의 통치에 순종하게 한다. 겸손한 사람일수록 그는 하나님의 통치 체계에서 더욱 진전을 보인다.

그리스도의 몸(교회-역주)의 일치는 죄를 버리는 것에 기초한다. 그러므로 오늘날 하나님의 자녀들이 이렇게 분열된 이유는 그들의 죄가 많기 때문이다. 몸의 연합이 있는 곳에는 죄를 버리는 것이 있다. 교제는 죄를 처리하고 버리는 것에 기초하기 때문이다(요일 1:7).

하나님 앞에 귀히 쓰이는 그릇이 되기 위해서, 우리는 더러운 그릇에서 자신을 깨끗하게 해야 한다.

세상의 사람들은 두 집단으로 나뉜다. 하나님의 자녀와 마귀의 자녀이다. 이와 같이 두 아버지가 있을 뿐이다. 하나님께서는 그분의 자녀들의 아버지이시고 마귀는 그의 자녀들의 아버지이다.

우리가 눈물을 흘리지 않고 동료 그리스도인들을 판단한다면 형제애에 대한 지식이 없다. 고통 없는 정죄가 있다면 형제애에 대한 이해가 없다. 그리고 비난과 비판 외에 아무것도 없다면 사랑이 없다는 것은 분명하다.

당신이 동료 그리스도인들을 사랑하는 것은 그들을 섬기고 온전하게 하기 위해 그들 모두를 위해 당신 자신을 희생하는 것이다.

하나님에 대한 사랑을 자랑하지 말고, 그리스도 안에서 형제자매를 사랑하는 법을 배우라. 사랑을 자랑하는 것은 공허하지만 하나님의 사랑은 형제자매의 사랑을 통해 나타난다.

당신이 그리스도인이 되었을 때, 당신의 직업은 완전히 바뀌었다. 그리스도인들은 오직 한 가지 직업만을 가지고 있으며, 그것은 하나님을 섬기는 것이다. 나는 겉으로는 여러 가지 일에 바쁘겠지만 속으로는 하나님 앞에서 그분을 섬기고 있다.

은혜로 구원받는 것은 비교적 간단하지만 은혜로 봉사하는 것은 훨씬 더 높다. 그것은 우리가 하나님을 섬길 수 있게 해주는 은혜이다. 하나님께서 우리에게 주신 가장 풍성한 은혜이다.

하나님께서는 아담에게서 취하신 것으로 하와를 세우신 것처럼, 그리스도께 취하신 것으로 교회를 세우신다. 그리스도께서는 그분 자신의 능력, 은혜, 본성, 의지뿐만 아니라 그분 자신의 몸도 우리에게 주셨다. 그분은 그분의 뼈와 살을 우리에게 주셨다. 아담이 자신의 뼈를 하와에게 준 것처럼 그분은 그분 자신을 우리에게 주셨다.

그리스도의 몸(교회-역주)에는 두 가지 기본 원칙이 있다. 첫째, 그리스도께 나오지 않으면 그리스도의 몸이 아니다. 둘째, 성령의 역사가 없으면 그리스도의 몸이 아니다. 우리는 성령으로 세례를 받고 성령으로 충만해야 하나가 된다.

교회는 순종을 유지하기 위한 목적으로 존재한다. 순종은 생명을 가져다 주기 때문이다. 그리고 어떤 죄도 불순종보다 더 심각한 것은 없다. 이는 불순종은 교회의 존재 이유와 모순되기 때문이다.

그리스도인의 특징은 일이 아니라 순종이다. 그리고 장성한 그리스도인의 두드러진 특징은 자기를 인도해야 할 사람들을 알아보는 능력이다.

25

이기는 생명

이기는 생명은 성취되는 것이 아니라 얻는 것이다. 변화된 생명이 아니라 오히려 대체된 생명이다. 이 생명은 억제가 아니라 표현에 불과하다.

그리스도의 능력을 체험하는 비결은 자신을 버리고 그리스도께서 당신 대신 사시게 하는 것이다. 이를 위해서는 어린아이와 같은 믿음이 필요하다. 그래야만 당신은 당신을 사랑하시는 분으로 말미암아 이기는 자가 된다(롬 8:37).

우리는 하나님 앞에서 겸손해야 우리의 부족함을 보고 그분의 풍성한 은혜를 받을 수 있다.

옛 언약에서는 백성들이 하나님께 10분의 1을 바치도록 되어 있었지만, 새 언약에서는 10분의 10을 바치도록 명령을 받았다.

사람들이 삶이 비참하고 슬프고 무너지고 있다고 말할 때, 우리가 똑같은 상황을 인정한다면, 우리는 생수의 강이 아니라 습기를 말리고 식물을 죽게 하는 불모의 사막이다.

승리는 그리스도인의 정상적인 경험이 되어야 하고, 패배는 비정상적이어야 한다. 성경의 기준에 의하면, 성경은 당신이 이기지 못한다면, 이상한 일로 간주하고, 이길 때는 일반적인 일로 간주한다.

당신의 경험이 성경에 기록된 것과 다르다면, 당신은 완전한 구원이 필요하다. 당신이 구원을 받은 것은 사실이지만, 충만하게 구원을 얻은 것은 아니다.

승리는 사실 구원의 보충적인 측면이다. 우리가 구원을 받을 당시에 무엇인가 빠진 것이 있었다. 그러나 하나님의 편이 아니었다. 이는 하나님께서는 우리가 방황하는 삶을 살 수 있게 하는 구원을 결코 주지 않으셨기 때문이다. 그분은 우리가 완전한 구원을 받기를 원하신다. 그분은 우리가 삶에서 그분의 승리를 경험하기를 바라신다. 따라서 구원의 보충적인 측면은 승리의 경험이다.

그리스도인에게 죄를 짓는 것은 불가피하다고 생각하여 자신을 속이지 않기를 바란다. 이런 태도보다 우리 주님을 더 아프게 하는 것은 없다고 생각한다.

승리는 그리스도 자신이시며 당신이나 나와는 아무런 관련이 없음을 항상 기억하라.

승리는 선물이지 보상이 아니다. 선물이란 무엇인가 당신에게 무료로 주어지는 것이다. 일을 통해 얻는 것이 보상이다(고전 15:57, 참조).

자신의 행위가 헛되고 자신의 인생이 실패했음을 깨달을 때에만 이미 그리스도 안에서 그분의 승리를 받아들일 준비가 되어 있다.

율법에 따르면 하나님께서는 사람이 그분을 위해 일할 것을 요구하신다. 그렇다면 은혜 아래 있다는 것은 무엇인가? 사람을 위해 일하시는 하나님을 의미한다. 우리가 하나님을 위해 일하면 죄가 우리를 지배할 것이다. 그러나 우리가 그분이 우리를 위해 일하시도록 하면 우리는 그분의 승리 안에서 안식한다.

그리스도인의 행보에서 진정한 승리는 억제된 삶이 아니라 표현된 삶이다. 표현된 삶은 이미 얻은 것을 보여준다.

우리는 어떻게 그리스도를 우리의 승리로 얻을 수 있는가? 그것은 경험이다. 뺄셈 측면에서, "사는 것은 더 이상 내가 아니다"(갈 2:20, KJV). 덧셈 측면에서, "그리스도께서 내 안에 사신다"(갈 2:20, KJV).

십자가는 사람에 대한 하나님의 절망을 표현한다는 것임을 깨닫자. 십자가는 인간에 대한 그분의 절망을 말해 준다. 그것은 하나님께서 우리를 고치지도 개선하지도 못하시고 십자가에 못 박으실 뿐이라고 말씀하시는 방법이다. 놀라운 것은, 우리가 우리의 전적인 타락의 이 사실을 이미 알고 있지만, 그럼에도 불구하고 우리는 계속해서 우리가 그렇게 나쁘지 않다고 주장한다는 것이다.

한 형제가 나에게 어떻게 하면 승리에 들어갈 수 있느냐고 물었다. 승리는 하나님의 일이지 우리의 일이 아니다. 우리의 일은 하나님께서 이미 하신 일을 단순히 경험하는 것이다.

수학을 이용하여 우리는 승리하는 삶을 사는 방법을 설명할 수 있다. 둘 빼기 하나는 하나이다. 나에게서 아담을 빼면 남는 것은 분명히 그리스도이시다. 이것이 하나이며 이것이 승리이다. 그러나 하나 이상이면 아담의 모든 것이 제거되지 않은 것이다.

당신이 자신을 포기하고 내어드림으로써 승리의 조건을 성취할 때, 당신은 즉시 당신에게 이기는 생명이 계심을 믿어야 한다. 이는 아들께서는 당신 안에서 그분의 승리를 사시기 위해 기다리고 계시기 때문이다.

내가 느낀다면, 그것은 내가 살고 있는 것이다. 그러나 내가 믿는다면 살아 계신 분은 하나님의 아들이시다.

고대부터 지금까지 온 우주에는 오직 한 분의 승리하시는 분만이 계신다. 주님을 찬양하라, 이는 그분께서는 승리이시기 때문이다!

이기는 삶을 얻는 유일한 조건은 당신 자신이 놓아주는 것이다. 당신이 붙잡은 것을 당신의 손에서 놓으면, 주님께서 이기실 것이다.

당신의 승리에 대해 하나님께 감사하는 것은 좋지만, 당신의 약함에 대해서도 감사해야 한다. 이는 그리스도의 능력은 우리가 약할 때만 나타나기 때문이다.

믿음은 하나님께서 이미 약속하신 것을 구하는 것이 아니라 하나님의 약속을 믿는 것이다.

감정은 어떤 다른 일에는 유용할 수 있지만, 주님을 알면 감정은 쓸모없고 신뢰할 수 없다. 영적인 문제에서 그것을 증명하는 데 필요한 것은 감정이 아니라 믿음이다.

오늘날 하나님의 자녀들의 가장 큰 문제는 그들이 그분의 말씀을 믿지 않는 것이다. 이 불신은 마치 하나님께서 거짓말을 하고 계시는 처럼 비춰진다. 하나님께서는 우리가 그분의 생명이 살아서 흐르는 가지라고 말씀하셨다(요 15:5). 우리는 하나님을 믿어야 한다.

성경은 승리가 하나님의 말씀을 믿음으로 온다는 것을 우리에게 보여준다. 하나님께서는 그분의 아들이 우리의 생명, 머리, 승리, 성화 (Sanctification: 성령의 역사이다. 성화나 거룩은 본질적으로 같다. 거룩의 근본 의미는 "분리"이다-역주), 능력이시라고 말씀하셨다. 이런 면에서 하나님을 경험한 사람들은 그분이 모든 우리의 짐을 지시고, 우리의 모든 책임을 떠맡으시고, 우리에게 인내와 온유함을 주시고, 우리 안에서 우리를 지원하신다는 것을 안다.

하나님의 말씀과 우리의 경험 중 어느 것이 더 신뢰할 수 있는가? 물론, 하나님의 말씀이다! 그럼에도 불구하고 우리는 우리의 경험을 믿고 하나님의 말씀이 거짓이라고 생각하기 쉽다.

산과 신앙은 공존할 수 없다. 산이 제거되거나 신앙이 제거된다. 그리고 하나님께서 우리에게 주시는 모든 시험은 산을 제거하도록 훈련시키기 위하신 것이다.

참된 믿음은 우리의 감정, 경험, 주변 환경이 다르게 말해도 하나님을 믿는 것이다. 우리가 이 믿음을 굳게 붙잡고 있으면 우리의 감정, 경험, 주변 환경이 우리의 믿음이 있는 곳을 따라갈 것이다.

작은 믿음만이 시험을 받을 때 숨는다. 큰 믿음은 시험에 저항한다. 시험에 빠지는 것은 거짓된 믿음이고 시험을 겪는 동안에도 이겨내는 것은 참된 믿음이다. 그러므로 참된 믿음이 있으면 어떤 시험도 헤쳐 나가고 이겨낼 수 있다.

대부분의 그리스도인들은 믿는 즉시 그들의 믿음의 결과를 보기를 기대한다. 그들은 그들이 믿는 바로 그 순간에 승리를 경험하기를 원한다. 그러나 믿음의 진정한 시험은 승리가 나타나기 훨씬 전에 하나님을 믿는 사람들에게서 발견된다. 세 시간, 삼일, 삼 개월 동안 얼마나 하나님을 믿을 수 있는가? 그렇지 않다면, 당신의 믿음은 어디에 있는가?

믿음의 시련이 올 때마다 시험을 받는 것은 우리가 아니라 주님임을 이해해야 한다. 우리의 믿음이 입증(立證)될 때, 실제로 입증되시는 분은 하나님의 아들이시다. 시험을 받는 것은 당신이 아니라 하나님의 신실하심이다. 어떤 시련이 당신에게 닥치든 그것은 그리스도께서 당신을 위해 하실 수 있는 일을 시험하는 것이다.

당신의 믿음이 시험을 받고 입증된 후에야 다른 사람들을 돕고 유익을 줄 수 있다. 그리고 그 과정에서 하나님의 마음이 만족되시고 그분의 이름이 영광을 받으실 것이다. 이것이 "금보다 더 귀한"(벧전 1:7) 믿음이다.

당신은 승리를 얻기 위해서 싸우는가 또는 승리에 근거하여 싸우는가? 당신이 승리를 얻기 위해서 싸운다면, 당신은 결코 성공하지 못할 것이다. 그러나 당신이 승리에 근거(根據: 결론에 대한 전제나 결과에 대한 원인을 이른다-역주)하여 싸운다면, 결코 패배할 수 없다.

당신이 마음, 감정, 자아에 의해 지배될 때마다 당신은 즉시 아담 안에 살게 된다. 당신이 믿음의 지배를 받을 때마다 당신은 즉시 그리스도 안에 거하게 된다. 그리고 당신이 그리스도 안에 살 때 그분 안에 있는 모든 것이 당신의 경험이 된다.

불행히도 우리가 승리하는 법을 배우기 전에 우리는 실패해야 한다. 하나님, 우리가 비참하게 실패하도록 허락하셔서 우리가 실제로 얼마나 무력하고 약한지를 알게 해주소서.

옛 언약 아래 있는 하나님의 백성은 실패했다. 그들에게는 진리가 있었지만 은혜가 없었다. 그들에게는 율법이 있었지만 율법을 지킬 능력이 없었다. 오늘날 우리는 진리가 드러났을 뿐만 아니라 그것을 지킬 수 있도록 우리에게 공급하시는 그분의 은혜의 능력도 가지고 있다. 이것이 새롭고 더 나은 언약의 결과이자 혜택이다.

시련 중에 약함을 자랑할 때마다 그리스도의 능력이 당신을 덮을 것이다(고후 12:9).

은혜 안에서 성장하는 것은 무엇을 의미하는가? 그것은 진리가 와서 당신이 전에 보지 못했던 것, 즉 당신의 죄를 보게 하고, 은혜가 당신에게 그 죄를 극복할 수 있는 힘을 공급할 때이다(요 1:17, 참조).

그리스도의 승리의 본질은 절대적이며 향상될 수 없지만, 사람들이 그리스도께서 승리를 나타내시도록 허용함에 따라 그분의 승리의 범위는 점점 확대되고 있다.

승리와 승리의 개가(凱歌: 이기거나 큰 성과가 있을 때의 환성-역주)의 차이를 알고 있는가? 첫 번째는 전적으로 그리스도께서 하신 일이다. 반면 두 번째는 우리가 수행하는 것이다. 승리는 그리스도의 일이다. 승리를 쟁취하는 것은 우리의 일이다. 승리는 우선하는 일이다. 승리의 개가는 승리가 확보된 후 그리스도 안에서 우리가 가진 큰 함성이다.

당신은 나에게 "승리가 어디 있느냐?"라고 묻는다. 나는 당신에게 "할렐루야(הַלְלוּיָהּ: '찬양하다', '영광스럽게 하다', '부르다'라는 뜻의 히브리어 동사 힐렐[הָלַל: 원래 '찬미하다, 칭송하다, 칭찬하다'는 뜻]의 2인칭 복수 명령형인 '할렐루[הַלְלוּ]'와 '야웨[יָהּ]'의 축약형인 야웨[יָהּ: 하나님]의 합성어이다. "야웨를 찬양하라"로 직역할 수 있다)는 어디에 있는가?"라고 묻는다. 이는 "할렐루야"는 승리의 어조(語調: 말을 할 때 표현을 더욱 적극적으로 하면서 자연스럽게, 효과적으로 말할 수 있게 해 주며 어조의 변화로써 말하는 이의 감정과 기분을 함께 전달할 수 있다-역주)이기 때문이다! 올바른 어조는 진정한 승리를 나타낸다.

당신이 계속해서 자신만을 바라보게 되면 찬양을 할 수 없게 된다. 그러나 당신이 그리스도를 바라보면 즉시 "할렐루야"와 "주님을 찬양하라"로 하늘을 채울 수 있다.

당신은 패배를 인정하기 위해 실제로 패배하고 더럽혀지고 심각한 죄를 지을 때까지 기다릴 필요가 없다. 아니다, 감사와 찬양의 곡조를 잃을 때마다 이미 승리를 잃은 것이다. 그러니 실패를 고백하고 다시 승리를 향해 나아가라!

우리가 세상이 울 때 울고, 세상이 웃을 때 웃는다면, 우리의 승리는 어디에 있는가? 더 중요한 것은 하나님의 승리가 어디에 있느냐는 것이다. 우리는 시련과 고난 속에서도 말할 수 없는 기쁨과 능력을 가지고 있다는 것을 세상에 보여주어야 한다. 우리가 하나님께 계속해서 찬양과 감사를 드린다면, 세상이 우리를 미친 사람으로 볼지라도, 그들은 우리를 그렇게 보이게 하는 우리 안에 계시는 그리스도를 찬양하지 않을 수 없다.

우리가 이렇게 살고 있다면, 주님께서 우리에게 주시는 승리는 대단히 커서 누가 우리의 오른뺨을 치더라도 왼뺨도 돌려대며, 속옷을 원하는 사람에게는 겉옷까지도 내어 주며, 누가 오 리를 가자고 하면 십 리를 가는 것을 알게 될 것이다(마 5:39-41). 남은 것이 있는 승리는 진정 하나님의 승리이다. 간신히 이기는 것은 인간 자신의 노력의 결과이다.

하나님께서는 우리가 그분의 뜻에 순종하기 위해서뿐만 아니라 그분의 뜻을 알 수 있도록 승리하는 생명을 우리에게 주신다. 승리하는 생명이 죄를 짓지 않는 문제일 뿐이라고 생각하지 말라. 긍정적으로 말하면, 그것은 또한 우리가 하나님과 교제하고 그분의 뜻에 순종하는 것처럼 그분을 경험할 수 있게 해준다. 다시 말하지만, 하나님께서는 우리의 목적을 이루시기 위해서가 아니라, 오히려 우리가 그분의 목적을 이루기 위해서 이 생명을 주신다.

우리가 순전한 향유를 그분께 부을 때까지(막 14:3), 그분은 기뻐하지 않으신다. 우리가 가진 모든 것을 그분의 발 앞에 내려놓을 때까지(막 12:44), 그분께서는 만족하지 않으신다. 우리는 우리가 가진 모든 것을 그분께 바쳐야 한다.

26

영의 해방

하나님의 뜻은 사람의 영이 그분의 거처가 되고, 성령과 함께—인간의 영과 연합하여—혼을 다스리시는 것이다. 따라서 우리의 영과 혼은 육을 하나님의 표현 수단으로 사용할 것이다.

파괴되어야 할 것은 우리 혼의 독립적인 행동이다. 혼은 독립적으로 기능하는 대신 영이 사용하는 기관이나 그릇이 되어야 한다.

혼의 자강(自强: 스스로 힘써 몸과 마음을 가다듬음-역주)과 자치(自治: 스스로 힘을 다하여 자기 일을 다스림-역주)는 그리스도의 죽으심으로 치명상을 입었다. 이것은 천사가 넓적다리 우묵한 곳을 손을 댄 후 절뚝거리며 삶을 마감한 야곱의 경험과 비슷하다(창 32:24-31, KIV 참조).

혼은 힘을 잃기 전까지는 주인이 되고 싶어한다. 하지만 십자가를 통해 깨질 수 있고 매우 유용한 종이 될 수 있다. 우리가 주님의 멍에, 즉 연합과 섬김의 상징에 복종한다면, 우리는 혼이 다스림보다는 섬김에서 가장 큰 가치를 발견하는 방법을 제대로 인식할 수 있다.

하나님을 섬기는 사람은 조만간 자신이 주님을 위한 일을 하는 데 가장 큰 장애물이 다른 사람이 아니라 자기 자신이라는 사실을 알게 될 것이다.

많은 하나님의 종들은 가장 기본적인 일조차 할 수 없다. 일반적으로 그들의 영은 그들이 하나님의 말씀을 알고, 다른 사람의 영적 상태를 분별하고, 기름 부음 아래서 하나님의 메시지를 전하고, 하나님의 계시를 받을 수 있어야 한다. 그러나 그들의 겉사람(육신의 욕심과 본능을 좇는 사람 고유이 부패한 본성. 시간이 갈수록 쇠락해가는 육체. 특히, 그리스도 안에서 중생하여 거듭난 '속사람'과 대조되는 표현이다(고후 4:16)-역주)이 결코 다루어진 적이 없기 때문에 부흥집회와 열심과 간구와 활동은 시간 낭비이다. 사람이 하나님 앞에서 유용하게 쓰일 수 있는 단 하나의 기본적인 처리가 있는데, 그것은 바로 깨어짐이다.

주님께서는 사람의 내면의 영이 빠져나갈 수 있도록 사람의 외면의 혼을 깨뜨리시기를 원하신다. 왜? 내면의 영이 풀어져야만 불신자나 그리스도인이 다 축복을 받기 때문이다.

주님의 생명이 있는 사람들 사이에는 주로 두 가지 뚜렷한 조건이 있다. 그분의 생명이 제한되고, 한정되고, 묶여 나올 수 없는 사람들이 있다. 또 그분의 생명이 그들을 통해 흘러나올 수 있도록 그분께서 길을 만드신 사람들이 있다.

겉사람이 깨어지지 않고는 속 사람(하나님의 영으로 거듭난 사람의 영-역주)이 나와서 다른 사람을 축복할 수 없다. 이는 그리스도의 생명이 우리에 의해서 갇혀 있기 때문이다. 주님께서 교회를 축복하실 수 없으시다는 것이 아니라 주님의 생명이 우리 안에 너무 제한되어 있어서 흘러나오지 않는다는 것이다. 겉사람이 깨지지 않고 남아 있다면 우리는 결코 그분의 교회에 축복이 될 수 없으며 하나님의 말씀이 우리를 통해 그분의 축복을 받을 것이라고 기대할 수 없다!

주님께서는 그분께 속한 사람들을 통해서 세상을 축복하시기를 열망하신다. 깨어짐은 바로 축복의 길이며, 향기의 길이며, 그리고 열매 맺는 길이다. 그러나 깨어짐은 또한 피로 뿌려진 길이다.

우리 삶에 있는 하나님의 모든 명령 뒤에 있는 동기는 겉사람을 깨트리는 것이다. 우리의 매일의 시련과 시험은 우리의 최대 이익을 위한 것이다. 슬프게도 주님께서 손가락 하나 까딱하시기도 전에 이미 많은 사람들이 화를 내고 있다. 우리는 주님께서 보내신 모든 경험, 고난, 시련이 우리의 최고의 유익을 위한 것임을 인식하기 시작해야 한다. 하나님께서 우리에게 주시는 모든 것이 우리에게 가장 좋은 것이므로 우리의 겉사람이 깨어져야 그분의 영이 나오실 수 있다.

그리스도와 마찬가지로, 우리의 겉사람이 상처를 받고, 처리되고, 그리고 많은 시련을 겪은 후, 우리는 그분의 영이 나오도록 하는 우리의 상처가 있다.

주님을 위한 우리의 노력에는 두 가지 가능성이 있을 수 있는데, 어느 것도 하나님께서 바라시는 결과를 가져오지 않는다. 한 가지 가능성은 겉사람이 깨지지 않고 남아 있기 때문에 사람의 영이 자력으로

제 기능을 할 수 없게 된다는 것이다. 이런 상황에서 영리한 사람은 그의 마음이 그의 일을 지배한다. 그가 동정심 많은 사람이라면 그의 감정이 그의 행동을 지배한다. 표면적으로는 그러한 노력이 성공적인 것처럼 보일 수 있지만 그러한 노력의 결과는 사람들을 하나님께로 인도할 수 없다. 또 다른 가능성은 그 사람의 영이 그 사람의 생각이나 감정을 입고 나올 수 있다는 것이다. 이 경우 결과는 혼합되고 불순하며, 그리고 그러한 일은 사람들로 하여금 그리스도를 혼합되고 불순한 경험으로 접촉하게 한다. 따라서 이 두 가지 조건 중 어느 쪽이라도 하나님께 대한 우리의 섬김을 약화시킨다.

생명을 주시는 분은 오직 성령이시다(요 6:63). 성령께서 역사하시면 죄인이 새로 태어나고 성도가 세워질 수 있다. 생명이 영의 통로를 통해 전달될 때 그것을 받는 사람은 새롭게 태어난다. 성령을 통해 그리스도인에게 생명이 공급될 때 그리스도인이 확고하게 설 수 있다. 성령께서 안 계시면 중생도 없고 확고하게 설 수도 없다.

하나님께서 우리를 겉사람이 완전히 깨어지는 곳으로 데려가시기를 기원한다. 이 상태, 즉 깨어진 상태가 우세한 조건이 될 때, 우리는 우리 내면에서 움직이지 않는 한, 우리 외면에서 작용하지 않을 것이기 때문이다. 우리는 내면에서 울고 있는 동안에 외면에서 마음을 가라앉히지 않을 것이다. 우리는 우리의 내면에 풍부한 생각이 있는 한 외면에서 침묵하지 않을 것이다. 우리가 생각이 부족하지는 않겠지만, 우리는 두 마디로 말할 수 있는 것을 표현하기 위해 스무 마디를 사용하지는 않을 것이다. 그리고 우리의 생각은 우리의 영을 방해하기보다는 도울 것이다.

겉사람이 깨어지면 육신과 세상의 일이 외부에 머물게 되어 속사람으로 하여금 하나님 앞에서 항상 살게 하는 것이다. 이 일이 일어나면 겉사람은 대화에 참여하지만 속사람은 하나님과 교통한다. 그러나 하나님의 자비로우신 일에 복종한 사람만이 이와 같이 겉사람과 속사람이 분리되어 겉사람에 영향을 미치는 모든 것이 속사람에게 이르지 못하게 막는다.

"율법의 의(義)의 요구"는 "성령을 따라"(롬 8:4, KJV) 행하는 사람들에게서 성취된다. 다시 말해, "생명의 성령의 법"(2절, KJV)은 영적인 사람들, 즉 성령의 일에 마음을 두는 사람들에게만 효과적으로 작용한다. 그들은 어떤 사람인가? 육신의 일에 그들의 마음을 두지 않는 사람들이다(5절).

육적인 것에 관심을 두지 않는 사람들만이 영적인 것에 주의를 기울일 것이다. 영적인 것들을 지향하는 사람들은 성령에 의해서 생명의 법칙의 영향력의 관할 하에 들어가게 된다.

하나님께서 사람을 대하실 때 하나님의 영은 결코 사람의 영을 무시하지 않으신다. 더욱이 우리의 영은 겉사람을 무시하거나 우회할 수 없다. 다른 사람의 생명을 만지기 위해서는 우리의 영이 겉사람을 통과해야 한다. 이렇게 하려면 속사람이 겉사람과 협력해야 한다.

우리의 삶에서 주님께서 사용하시기에 적합한 그릇으로 변화될 수 있도록 성령의 역사에 복종하는 것은 우리의 책임이다(딤후 2:21). 그러나 이것은 겉사람이 깨어짐으로만 성취될 수 있다. 이것이 성취되지 않으면 그의 나귀는 주님의 사자를 볼 수 있었으나 그는 볼 수 없었던 자칭 옛 선지자 발람과 같이 될 것이다(민 22:21-35, 참조).

하나님의 손이 당신을 깨뜨리고자 하실 때 그것은 당신의 뜻이 아니라 그분의 뜻에 의한 것이다. 당신의 생각이 아니라 그분의 생각에 의한 것이다. 당신의 결정이 아니라 그분의 결정에 의한 것이다. 이것은 바로 우리 안에 작용하는 불변의 하나님의 법칙이다. 하나님의 구체적인 목적은 우리의 단단한 외피를 깨뜨리고 자유로운 활동을 위해 우리의 영을 풀어주는 것이다.

영적인 일은 하나님께서 우리의 깨어짐을 통해 나오심으로 성취된다. 이것이 하나님께서 정하신 유일한 방법이다.

우리는 철저한 훈련과 엄격한 규율을 받아야 한다. 이는 우리 안에 있는 하나님의 손길이 닿지 않은 것은 우리가 사역하는 동안 다른 사람들에게 그대로 남아 있을 것이기 때문이다. 그러므로 우리는 우리 자신이 하나님 앞에서 배우지 못한 교훈을 다른 사람들에게 가르칠 수 없다. 우리의 훈련이 주님 앞에서 더욱 철저해질수록 하나님께 대한 우리의 효용성은 그분의 사역 안에서 더욱 커질 것이다.

우리가 우리 자신 안에 있는 것들을 덮었다면, 우리는 다른 사람들 속에서 그것을 발견할 수 없다. 사역자는 먼저 환자이다. 그는 다른 사람들을 치료하기 전에 치료받아야 한다. 그는 보지 못한 것을 보여줄 수도 없고, 배우지 못한 것을 가르칠 수도 없다.

속사람(영)과 겉사람(혼)이 나뉘지 아니할 때(히 4:12) 우리의 속사람은 무엇이든지 우리의 겉사람이 깨어지지 않고 그대로 있는 것을 입게 될 것이다. 그러므로 속사람(영)의 상태는 겉사람(혼)의 상태가 된다.

다른 사람을 진정으로 아는 비결은 그의 영을 접촉하고 그의 영이 어떤 표현을 하는지 감지하는 것이다. 이것이 다른 사람을 아는 기본 원칙, 즉 그의 영을 감지하거나 접촉하는 것이라는 것을 반복적으로 강조하겠다.

성령의 징계 조치는 하나님이 주신 교훈이며, 그 교훈에 따라 우리는 조금씩 깨어진다. 더욱이, 우리가 다른 사람들을 접촉할 수 있는 것은 주님에 의해 깨어진 특정한 영역에서만 가능하다.

이것은 불변의 영적 사실이다! 우리의 영혼은 오직 우리의 깨어짐의 정도에 따라 풀려난다. 우리가 우리 자신을 구원하고 하나님으로부터 특정 영역을 막고자 하는 곳이면 어디든지, 바로 그 영역에서 우리는 영적으로 쓸모가 없다. 우리의 봉사의 정도는 우리의 규율과 깨어진 정도에 의해 결정된다. 우리가 하나님께 더 많이 다루어질수록, 다른 사람들에 대한 우리의 인식은 더 깊어진다. 따라서 우리가 더 많이 배울수록 더 많이 분별할 수 있고 더 많이 줄 수 있다.

우리 시대의 그리스도인들 사이에 영적 이해가 없는 것은 영적 배움이 부족하기 때문이다. 그러므로 우리가 하나님께 더 많이 다루어질수록 다른 사람들의 필요를 공급할 수 있는 능력도 더 많이 갖추게 될 것임을 깨닫자. 실수하지 마라. 경험의 폭을 넓히는 것 외에는 봉사의 영역을 넓힐 방법이 없다.

우리 시대에 하나님께서는 교회에 그분 자신을 맡기신다. 그분의 능력과 그분의 일은 교회에 있다. 복음서에서 우리가 아들에게 주어진 하나님의 모든 사역을 발견하는 것처럼, 오늘날 하나님께서는 그분의 모든 사역을 교회에 맡기셨고, 교회와 별개로 일하지 않으실 것이다.

복음서의 기본적인 가르침은 한 사람(그리스도-역주) 안에 계시는 하나님의 실재하심이다. 한편, 서신서의 기본적인 가르침은 교회 안에 계시는 하나님의 실재하심이다.

은혜의 복음과 왕국의 복음이 함께 결합되어야 한다. 복음서에서 이 둘은 결코 분리되지 않았다. 나중에 은혜의 복음을 들었던 사람들은 분명히 왕국 복음에 대해 거의 또는 전혀 알지 못했다. 그리하여 두 복음은 시간이 지남에 따라 분리되었다. 그러나 이제는 사람들이 철저히 구원받고 모든 것을 버리고 주님께 전적으로 헌신할 수 있도록 재결합할 때가 되었다.

헌신은 하나님의 손에 있기를 원하는 우리의 의지의 표현일 뿐이다. 단 몇 분만에 일어날 수 있다. 우리가 하나님께 우리 자신을 온전히 바칠 의향이 있다 하더라도, 우리는 정말로 영적인 행로를 막 시작하고 있는 것이다. 헌신 후에는 성령의 훈련이 있어야 하기 때문이다. 우리를 주님께서 사용하시기에 적합한 그릇으로 만들기 위해서는 헌신과 성령의 훈련이 필요하다(딤후 2:21).

우리는 우리의 모든 외적 상황이 하나님의 명령임을 확신할 수 있다. 아무 것도 우연은 없다. 성령께서 그들의 유익을 위하여 헤아려 주신 모든 것에 대하여 입으로 원망하고 마음으로 거역하는 사람들은 얼마나 어리석은 사람들인가. 기억하라. 우리에게 무슨 일이 일어나든 우리의 최상의 유익을 위해 하나님의 손에 의해 측정된다는 것을 기억하라.

덕성 함양의 가장 큰 수단은 그것이 우리를 회복시키기는 하지만 그것은 기도가 아니다; 그것이 우리를 새롭게 하지만 그것은 말씀을 읽는 것이 아니다; 그것은 우리를 위로하고 격려해 주기는 하지만 그것은 집회에 참석하고 메시지를 듣는 것이 아니라는 것을 기억하자. 덕을 세우는 가장 큰 방법은 우리 삶에 대한 성령의 훈련이다. 다른 것과 마찬가지로 이것은 우리가 다른 사람들에게 봉사할 수 있는 힘을 키워 줄 것이다.

의지가 강한 사람들은 자신의 감정, 방식, 판단이 항상 옳다고 확신한다. 그러나 바울은 빌립보서에서 "너희 육신을 신뢰하지 말라"고 했다(빌 3:3, 참조) 우리는 감히 우리 자신의 판단을 신뢰할 수 없는 그런 곳으로 하나님의 인도하심을 받아야 한다. 겉사람 파멸의 시작은 더 이상 감히 자신을 신뢰하지 못할 때이다.

전에는 내 육신이 아직 깨어지지 아니하여 겉사람과 속사람이 손을 잡을 수 없었다. 그러나 이제는 깨어진 후에 겉사람은 두려움과 떨림으로 하나님 앞에서 온유하게 기다린다.

하나님께서는 우리의 단단한 겉껍질을 깨뜨리시면서 동시에 우리를 연단하신다. 따라서 우리는 그분께서 우리를 두 가지 방식으로 다루시는 것을 본다. 즉, 겉사람(혼-역주)을 깨뜨리시고 겉사람을 영으로부터 분리시키시는 것이다. 첫 번째는 성령의 훈련을 통해 이루어지고, 후자는 성령의 계시를 통해 이루어진다.

아버지의 훈련이 그 목적을 성취하는 날은 당신이 진리를 진정으로 보고 그 실체 안으로 들어가는 날이다. 성령의 역사는 한편으로는 당신의 육신을 깨뜨리시고, 다른 한편으로는 성령 안에서 당신을 세우시려는 것이다.

바울의 경우와 같이 주님께서 깨우치시면 그분은 해방하신다. 깨달음은 해방이고 보는 것은 자유이다. 그러한 깨달음, 그러한 자기혐오, 그러한 수치와 굴욕, 그러한 회개는 우리를 오랜 세월의 속박에서 구해 준다. 그래야만 육신이 작용을 멈추고 겉껍질이 깨진다.

그래서 종종 주님께서 우리를 다루실 때 우리는 사람의 손만 본다. 유감스럽게도 많은 성도들에게 성령의 징계하시는 일이 수년이 지난 후에도 눈에 띄는 효과는 나타나지 않았다. 주님께서는 여러 번 치셨지만 그들은 여전히 그 의미를 모르고 있다. 따라서 징계는 많은 사람의 삶에 넘쳐나지만, 그 징계에 대한 주님의 손길과 그분의 목적을 인식하는 것은 참으로 드물다.

깨우침을 받고 훈련을 받은 사람들을 특징짓는 한 가지 공통적인 특징이 있다. 그들은 온순해진다. 온유함은 깨어짐의 표징이다. 하나님께 깨어진 사람은 모두 온유함이 그 특징이다. 예전에는 우리가 많은 기둥으로 잘 지탱된 집과 같았기 때문에 고집을 부릴 여유가 있었다. 그러나 하나님께서 기둥을 하나씩 제거하시자 곧 그 집은 무너질 수밖에 없었다. 그러다가 외부의 지지대가 모두 허물어진 후 자아는 무너져야 했었다.

온유함이 없으면 그리스도인들은 그리스도의 몸(교회-역주)의 공동체 생활과 표현에 참여할 준비가 거의 되어 있지 않다. 이는 깨어진 사람들만이 몸에 대한 진정한 감각이 있기 때문이다. 슬프게도, 많은 그리스도인들은 깨어지기를 거부하기 때문에 하나님께서 교회에 주신 공급을 놓치고 있다. 깨어짐의 가장 큰 장점은 우리가 모든 몸의 공급을 받을 수 있다는 것이다.

깨어진 사람에게는 아주 놀라운 것이 있다. 만일 당신이 참으로 깨어진 사람이라면, 당신이 베푸는 일에도 도움이 된다는 것을 알게 될 것이다. 더욱이 당신은 영적인 접촉을 할 때마다 도움을 받을 수 있다. 잠시 후, 당신은 몸(교회-역주)이 당신에게 지체(성도-역주)를 공급하고 있다는 사실에 놀라기 시작한다.

27

균형 잡힌 그리스도인의 삶

신약성경을 읽으면서 당신은 그리스도 안에 있는 모든 것이 이미 당신의 것이라는 것을 알아야 한다. 당신이 아무것도 소유하지 않았다면 그것은 신앙의 위기를 경험하지 않았기 때문이다. 가나안의 승리 속에서 살기 위해서는 요단강의 위기나 문턱을 통과해야 한다. 믿음의 문턱을 통과하지 않고서는 결코 믿음의 길을 횡단할 수 없을 것이며, 영적인 삶은 거의 진전되지 않을 것이다.

하나님께서 그리스도 안에 있는 그분의 풍성하심을 당신에게 보여 주시는 것은 믿음의 위기를 통과할 때이다. 그리고 믿음의 위기를 통과하면 당신은 그리스도 안에 있는 은혜를 점점 더 많이 체험하게 될 것이다.

오늘날 마귀는 그 시대의 가나안 사람들처럼 완고하다는 것을 내가 당신에게 깨닫게 하기를 바란다. 마귀는 당신의 모든 단계에서 당신에게 저항할 것이다. 당신은 그리스도의 승리 안에 서지 않으면 패배를 보게 될 것이다.

요단강을 건넜지만 여리고 성을 돌지 않는 것은 믿음으로 행하지 않고 믿음의 문으로 들어가는 것과 같다. 이번에는 여리고 성을 돌지 않고 요단강만 건너는 것은 결코 성벽이 무너지지 않을 것이다. 믿음으로 행하지 않고 믿음의 문에 들어가는 것은 그 결과 영적인 발전이 없을 것이다. 그러므로, 우리에게 믿음이 주어질 때마다, 실제로 우리의 경험에 승리를 가져다 주는 것은 그 믿음의 지속이다. 그래서 벽이 무너지는 것이다.

여리고(Jericho: 길갈에서 서북쪽으로 3km 지점으로 이스라엘이 출애굽시 요단강을 건너서 첫 번째로 함락시킨 비옥한 도시이다-역주)의 승리 후, 이스라엘 자손은 아이(Ai: 벧엘의 동남쪽 3km지점에 있어 가나안의 요새지로 여호수아는 아간의 범죄로 정복하는데 실패하고 아간을 징벌한 후 두 번째 전투에서 정복했다-역주)에서 패배했다. 이것이 우리의 본래의 성향이다. 그리스도 안에서 놀라운 승리를 경험하자마자 우리는 다시 우리 자신을 신뢰하고 실패하기 시작한다. 이것은 이제 막 승리의 삶을 살기 시작한 사람의 전형이다.

의인들의 행로는 빛나는 광채 같아서, 점점 더 빛나 완전한 낮에 이르게 된다(잠 4:18, KJV).

하나님께서는 그분의 아들을 세상에 보내셔서 사람들이 그분에 의해 구원받을 수 있도록 하신다. 그분은 성령을 믿는 사람들에게 보내셔서 그들이 이길 수 있는 능력을 갖게 하신다. 내 밖에서 성취된 것들, 아들을 통해서 성취된 것들은 객관적 진리들이다. 내 안에서 성취된 것들, 성령을 통해서 성취된 것들은 주관적 진리들이다. 그러므로 성령께서는 주님께서 우리 밖에서 성취하신 것들의 실제를 우리 안에 역사하신다.

믿음은 혼의 닻과 같다(히 6:19, KJV). 그러나 닻은 그것이 던져질 때에만 효력을 발휘한다. 믿음은 그리스도 안에 던져지기 전에는 효력이 없다.

십자가에 못 박힌 것은 그리스도 안에서 이미 행해진 것이다. 따라서 실행하는 일 즉, 육신의 행실을 죽이는 것은 여전히 성령에 의해서 행해지는 것이다.

하나님께서 나에게 맡기신 모든 일에 내가 기꺼이 순종할 때 성령께서 하나님의 구원을 이루사 나로 하여금 그 구원을 하나하나 이루게 하신다(빌 2:12-13).

당신이 당신 밖에 있는 진리를 믿는 법을 배울 때, 성령께서는 당신 안에서 그것을 작용하게 만드신다. 당신이 갈보리의 완성된 사역을 믿는 것처럼, 성령께서는 당신 안에서 그것을 실제적인 것으로 만드실 것이다.

하나님께서는 우리가 부활에 대해 다음과 같은 사실을 알아차리기를 원하신다. 객관적인 면에서는 그리스도께서 이미 부활하셨기 때문에 이미 부활이 있다. 그러나 주관적인 측면에서는 여전히 우리 삶에서 부활의 능력을 경험할 필요가 있다. 그리고 하나님께서는 우리가 그분을 알 뿐만 아니라 그리스도의 부활의 능력도 알기를 원하신다

(빌 3:10). 그러나 이것은 많은 그리스인의 삶에서 유감스럽게도 놓치고 있는 요소이다.

믿음은 그리스도의 완성된 일에 기반을 두고 있는 반면, 순종은 현재 우리 삶에서 성령께서 역사하시는 일에 기반을 두고 있다.

당신의 생명이 그리스도 안에 감추어져 있다면(골 3:3), 당신은 영적인 삶에서 죽음과 부활과 승천의 측면을 경험하지 않을 수 없다. 마찬가지로, 당신이 그분 안에 감추어져 있지 않다면, 당신은 이것들 중 어떤 것도 경험하지 못할 것이다.

그리스도께서 성취하신 것은 우리에게 지위를 준다. 성령께서 명하시는 것은 우리로 하여금 경험하게 한다. 그리스도께서 성취하신 것은 받아들여야만 하는 사실이다. 성령께서 우리를 인도하시는 것은 순종을 요구하시는 원칙이다.

기독교인이 주님을 기쁘시게 하기 위해 사는지 아닌지는 객관적인 면과 주관적인 면 간에 균형이 잘 잡혀 있느냐에 달려 있다. 일부 그리스도인은 객관적인 면을 더 강조하지만 많은 그리스도인은 주관적인 면을 더 강조한다. 그러나 성경의 원칙에 따르면 순서는 먼저 객관성, 그 다음이 주관성이다. 먼저 그리스도의 실제에 이른다. 그 다음 성령의 인도하심을 따른다. 그리고 이 적절한 균형의 최종 결과는 많은 열매를 맺는 것이다.

성경은 구원의 문제를 세 시기로 나누고 있다. 첫째는 하나님께서 우리를 죄의 형벌에서 구원하신 과거이다. 두 번째는 현재이며, 하나님께서는 우리의 일상생활에서 죄의 권세로부터 우리를 구원하신다. 셋째는 우리가 그리스도와 함께 통치할 때 하나님께서 그분의 왕국에서 죄의 현존으로부터 우리를 구원하실 미래이다. 그렇다 하더라도 성숙한 그리스도인들은 이 세 가지 영역 모두에서 경험이 있는 사람이다 (딤후 1:9; 히 7:25; 9:28, 각각 참조).

우리는 구원받지 못한 사람들에게 지옥의 형벌로부터 구원받을 수 있도록 그리스도를 믿으라고 말해야 한다. 우리는 구원받은 사람들에게 그들의 삶에 죄의 권세에 대한 승리가 있을 수 있다는 것을 상기시켜야 한다. 그리고 우리는 주님과 함께 순종하는 행실을 통해 왕국을 통치하는 영광을 추구하도록 격려해야 한다.

우리 육신 중에 하나님을 가장 대적하는 것이 세 가지가 있는데, 육신의 지혜, 육신의 완강함, 육신의 허영이다. 이들이 십자가에 못 박히지 않았다면 우리는 주님을 위해 많은 일을 할 수 없을 것이다.

하나님의 일을 하는 자격은 열심, 신학 공부, 혼의 사랑에 있지 않다. 그것은 하나님께 그 사람이 완전히 붙잡혀 있느냐의 여부에 달려 있다. 하나님께서는 십자가의 죽음을 직접 경험한 사람을 필요로 하신다.

오늘날 하나님께서 찾으시는 것은 자신에 대한 확신이 없는 사람들이다. 그들은 자립심도 없고 의지도 없어 전적으로 그분을 신뢰할 수 있다(빌 3:3).

하나님께서는 단지 사람들이 자신을 신뢰하지 않는 정도에 따라 사용하실 수 있다.

하나님께서는 성령의 능력과 권세만을 사용하셔서 그분의 일을 이루실 것이다. 그리고 이 능력과 권세는 어리석은 자와 약한 자를 통해서만 나타난다(고전 1:27-28; 15:42-43).

자원하는 사람들이 하나님의 일에 너무나 많은 피해를 입힌다. 이 사람들은 그분께서 보내신 사람들이 아니다. 그러나 그들은 하나님께서는 보내심을 받지 않고 그분을 위해 일하러 가는 사람들을 승인하지 않으신다는 것을 알지 못하고 간다. 하나님께서는 사람들의 주제넘는 행동에 기뻐하지 않으신다. 추정 죄(推定罪: 미루어 생각하여 판단하는 죄. 우리 말 성경은 고의로 짓는 죄로 번역됨-역주)는 반역죄와 같기 때문이다(시 19:13; 신 1:43).

보냄을 받거나 명령을 받지 않고 무엇이든 하는 것은 금도금이나 모래 위에 집을 짓는 것과 같다. 잠시 반짝일 수도 있고 일시적으로 서 있을 수도 있지만 그리스도의 심판대에서 멸망할 것이다.

십자가의 생명뿐만 아니라 십자가의 경험과 십자가의 영(sprit: 신앙적으로 깊이 깨친 이치. 또는 그런 경지-역주)를 경험하지 않고 십자가를 전파하는 것은 십자가의 원칙을 고수하지 않고 십자가를 전파하는 것이다.

오늘날 교회에 있는 많은 사람들은 지식과 교리를 전파하는 방법만 알고 있다. 그들은 신성(神聖, Divine: 함부로 가까이할 수 없을 만큼 고결하고 거룩함-역주)한 생명을 공급할 수 없다.

영적으로 가난한 사람의 가장 큰 문제는 자신의 가난을 쉽게 인식하지 못한다는 것이다. 아무것도 가지고 있지 않은 사람은 자신의 무가치함을 쉽게 고백할 것이다. 따라서 하나님께서는 이 사람에 의해서 쉽게 발견되실 수 있다. 그러나 영적으로 가난한 사람은 하나님을 만나기가 어렵다. 이는 영적 가난은 실명(失明: 시력을 잃어 앞을 못 보게 됨-역주)과 밀접한 관련이 있기 때문이다. 영적으로 가난한 사람은 영적인 것을 볼 수 없다. 이는 그는 볼 수 있다고 생각하지만 실제로는 시각 장애인이기 때문이다(고전 2:14).

풍성한 삶은 성숙한 삶이다. 그것은 단순히 가졌느냐 안 가졌느냐의 문제가 아니다. 그것은 주로 우리가 무엇을 가지고 있고 얼마나 많이 가지고 있느냐의 문제이다. 풍성함은 하나님께서 실제에 대한 신성한 시각으로 인도하셔서 경험으로 영적 영역으로 들어가는 경우이다.

이상하게도 우리는 하나님께 깨우침을 받으면 실제로 우리는 증가한다. 그러나 우리는 그렇게 느끼지 않는다. 우리는 우리의 관점에서 볼 때 증가하지 않고 감소한 것처럼 느껴진다.

하나님의 풍성하심을 경험하는 것은 무엇인가? 그분께서 더 많이 주실 때마다 우리는 마치 우리가 무엇인가를 받은 것이 처음인 것처럼 느낀다. 이것이 이상해 보이지만 사실이다.

그리스도인의 삶과 일에서 영적 진보를 가장 방해하는 것은 육신이다. 하나님께서 자신의 온 육신을 부인하라고 부르시는 것을 알지 못하거나, 육신의 힘을 이기지 못했거나 둘 중 하나이다.

영적 생명의 가장 높은 표현은 육신을 부정하는 것이다. 길갈에서 출발하지 않은 사람들(육신을 부정하는 사람들)은 영적 여정을 시작한 적이 없다(수 5:2-9 참조).

많은 사람들은 영과 육의 싸움만을 알고 있을 뿐, 그리스도인들과 악령들 사이에서 일어나는 영적 갈등을 인식하지 못한다. 이 싸움은 오직 성숙한 그리스도인들만이 참여한다.

28

하나님의 일꾼의 자격

당신이 속이고, 죄를 짓고, 타락한 사람을 만난다고 가정해 보자. 그리스도인으로서 그에 대한 당신의 태도는 어떠해야 하는가? 대답하기 전에 이것을 고려하라. 당신이 하나님의 은혜를 받기 전의 날들을 기억하라. 하나님의 은혜를 제외하고 당신은 그보다 더 나았는가? 하나님의 은혜를 제외하고, 당신은 그보다 더 강했는가? 하나님의 은혜를 제외하고, 당신은 그보다 더 깨끗했는가? 하나님의 은혜를 제외하고, 당신은 그보다 더 거룩하였는가? 우리가 받은 은혜와 별개로 우리 자신을 바라볼 때, 우리는 다르지 않다. 우리를 다르게 만드는 유일한 것은 우리가 이미 하나님으로부터 받은 은혜이다.

고난받을 마음을 갖는다는 것은 무엇인가? 그것은 하나님 앞에서 고난을 받을 준비가 되어 있음을 말한다. 나는 기꺼이 시련을 겪으며 고난의 길을 택한다. 내 길에 고난을 주실 것인지 아닌지는 주님께 달려 있다. 그러나 고난이 오든 그렇지 않든, 나는 항상 고난에 대해 준비되어 있다.

주님을 섬기는 가장 효과적인 방법은 죽기까지 기꺼이 섬기는 것이다. 당신이 이 입장에 더 확실히 서 있을수록 적들은 당신을 그들의 마음대로 하지 못할 것이다. 아아, 얼마나 많은 사람들이 자기 자신을 사랑하는가! 하나님의 일꾼들의 실패는 바로 여기서 명백하게 이해될 수 있다. 그들은 자신들의 삶을 너무 사랑한다.

고난받고자 하는 무한한 마음만이 축복의 범위가 무한하다.

경주를 하는 것은 일상적인 일이 아니라 훈련이다. 종은 그의 몸이 더 이상 반항하지 않고 반응하는 정도까지 훈련이 필요하다(고전 9:27). 그렇다면 그는 진정으로 주님을 위해 준비된 종이다.

하나님께 크게 쓰임 받는 사람은 하나님의 통제 아래 있을 뿐만 아니라 절제하는 사람이다. 우리가 세속적인 몸을 통제하지 못한다면 특별한 요구가 있을 때 반드시 넘어질 것이다

사람들이 자신의 삶을 바꾸는 데 있어서 주님의 일에 복종할 때 어떤 일이 일어나는가? 게으른 사람은 부지런해지고, 말이 많은 사람은 조용해지고, 이기적인 사람은 이타적이 되고, 교만한 사람은 겸손해진다. 고난을 두려워하는 사람들은 고난받는 마음을 키우고 통제되지 않는 사람들은 잘 통제된다. 약하고, 불안정하고, 흔들리는 것은 강해지고, 확고해지고, 움직이지 않게 된다. 그리고 이전에 이 세상의 방식으로 바빴던 사람들은 앞으로 올 세상의 방식에 사로잡힌다.

하나님께서는 모든 것을 알고 있다고 생각하는 사람들을 사용하실 수 없다. 그들은 성령의 부드럽고 온화한 인도하심에 열려 있지 않

다. 이는 그들의 육신적인 자아가 결코 깨지지 않았기 때문이다. 그들은 또한 주님의 손이 움직이시기도 전에 그분의 눈이 이미 움직이셨다는 것을 알아차릴 수 없다(시 32:8). 이것을 아는 것에 얼마나 속수무책인가!

주님의 뜻을 구하는 사람은 누구든지 자신을 무시해야 한다. 주님의 뜻을 행하는 사람은 자기 자신을 버려야 한다.

사람들이 당신의 말을 들을수록 당신의 책임은 더 커진다. 그러나 우리가 잘못 말하고 사람들이 그것을 들을 때 그것은 얼마나 큰 책임인가! 그러므로 우리는 주님과 다른 사람들 앞에서 조심하는 법을 배워야 한다.

하나님을 진정으로 아는 사람의 한 가지 특징은 다음과 같다. 사람들이 그의 말을 듣거나 그를 따르도록 강요할 생각이 없다.

아는 체하는 사람은 사람들을 통제하는 것을 좋아하는 사람이다. 그는 자기 주장을 고집하는 것을 좋아하고 명령을 내리는 것을 즐긴다. 그는 각 상태와 상황에서 무엇을 해야 하는지 알고 있으며 차이를 용납하지 않는다. 그는 일을 자신의 손에 쥐고 스스로를 리더로 세우는 경향이 있다. 그는 다른 사람을 위해 결정을 내리고 모든 것을 통제하는 것을 좋아하기 때문에 아주 작은 일에도 항상 다른 사람의 일에 간섭한다. 그는 모든 것을 돌봐야 한다고 느끼기 때문에 세상에서 가장 바쁜 사람이다. 크든 작든 모든 문제에 있어서 그는 자신만의 생각, 자신만의 의견, 자신만의 방식을 가지고 있다. 그러므로 그는 하나님의 바른 길을 갈 수 없다.

그리스도인들이 돈을 관리하는 방식과 세상이 돈을 관리하는 방식은 얼마나 다른가! 세상은 저축으로 돈을 늘리지만 그리스도인은 기부로 돈을 늘린다. 더 많이 받으려면 더 많이 주어야 한다. 더 많이 줄수록 더 많이 받게 된다. 우리는 가난해 보일지라도 그렇지 않으며 많은 사람을 부요하게 만든다. 이것은 하나님의 말씀 전체에서 찾아볼 수 있는 영적인 원리이다.

29

그리스도-모든 영적인 것들의 합(合)

방법만 아는 사람에게는 구원이 없지만 주님을 아는 사람에게는 완전한 구원이 있다.

우리 안에 그리스도께서 사시지 않으면 무엇이든 죽은 것이다. 심지어 모든 영적인 것들도 그리스도 밖에서는 죽은 것이다.

일은 그리스도의 생명이 아니다. 이는 생명은 힘들이지 않기 때문이다. 그리스도는 생명이시다.

그리스도께서 우리의 생명이 아니시라면 우리는 일을 해야 한다. 그러나 그리스도께서 우리의 생명이 되셨다면 우리는 노력할 필요가 없다.

그리스도외에는 길도, 진리도, 그리고 생명도 없다. 이는 그분은 이 모든 영적인 것들의 총체이시기 때문이다(요 14:6).

나사로의 부활은 주 예수님을 부활로 아는 것과 비교할 때 거창한 현상이 아니라 매우 중요한 문제이다. 많은 사람들이 주 예수님을 생명을 주시는 분으로 믿을 수 있지만 그분을 생명 자체로 믿는 것은 전혀 다른 문제이다.

그리스도는 부활의 주님이시며 부활 그 자체이시다.

많은 그리스도인들은 좋은 감정을 생명으로 생각한다. 다른 그리스도인들은 고귀한 생각을 생명으로 생각한다. 그러나 영적인 문제를 배우고 경험한 사람들은 생명이 느낌이나 생각보다 더 깊다는 것을 알려줄 것이다. 오직 그리스도만이 생명이시다. 이 생명은 감정보다 깊고 생각보다 깊다.

죽음을 당하고 살아남은 것을 부활이라고 한다. 부활은 죽음을 극복한 것이다. 그리고 죽음에 들어갔다가 나오신 분은 오직 한 분뿐이다.

죽음의 흔적이 있지만 살아 있는 생명은 부활의 생명이다. 우리가 삶에서 지니고 있는 것 중 죽음의 흔적이 남지 않는 것은 그러므로 부활과 관련된 것으로 지정할 수 없다.

우리 자신에게서 나오는 것들은 십자가를 거치고 나면 다시 일어날 수 없다. 이는 그것은 죽음에서 파멸되었기 때문이다.

아담의 모든 것은 죽은 후에 살 수 없지만, 우리 주님의 생명은 죽음을 통과하고 다시 나올 수 있는 것 이상이시다.

사람들은 종종 하나님의 부활 생명 대신에 선천적인 생명으로 하나님을 섬긴다. 많은 사람들이 열정을 가지고 있지만, 부활의 열정을 가지고 있는 사람은 거의 없다.

무덤에 들어가서 남아 있는 것이 무엇이든 죽은 것이다. 그러나 무덤의 다른 쪽으로 나오는 것은 십자가의 흔적을 지닌 부활이다.

우리는 겸손하게 주님께 자비를 베풀어 주시기를 구해야 한다. 그리하여 우리 안에 있는 선천적인 생명은 점차적으로 줄어들고 그분의 부활하신 생명은 점점 더 나타나게 될 것이다.

예수님께서는 우리에게 의(義)를 주신 것이 아니라 우리의 의(義)이시다. 그리스도께서는 우리를 성화(聖化, Sanctify: 죄악된 옛 본성을 벗고 죄와 더러움에서 분리되어 하나님을 향하여 거룩하게 되어 가는 것-역주)시키시고 거룩하게 만드시는 권능이라는 것을 우리에게 주신 것이 아니다. 우리의 거룩이시다. 그리스도께서는 우리에게 구원을 주신 것이 아니다. 그분은 우리의 구원이시다. 그리스도께서는 우리에게 새로운 길을 열어주신 것이 아니다. 그리스도께서는 길이시다. 그리스도께서는 우리에게 새로운 진리를 주지 않으셨다. 그분은 진리이시다. 그리스도께서는 우리에게 생명이라 불리는 것을 주지 않으셨다. 그분은 우리의 생명이시다. 그리스도께서는 모든 영적인 것들의 합이시다!

우리가 주 예수님께서 주시는 것과 그분이 어떤 분이신가, 곧 선물과 선물을 주시는 분을 잘못 구별한다면, 우리의 영적인 생명과 성장은 크게 저해될 것이다. 이는 선물과 선물을 주시는 분은 한 분이시며 같은 분이시기 때문이다.

우리가 생명을 진정으로 접촉할 때마다 우리는 즉시 만족을 얻는다.

영적인 일에서 우리는 일할 때마다 충만함을 느껴야 한다. 우리가 굶주린다면 뭔가 잘못된 것이다. 이는 우리가 하나님의 뜻 밖에서 수행하는 일만이 우리를 굶주리게 하기 때문이다. 그러므로 우리가 만족하기 위해서는 그분의 뜻을 행해야 한다.

영적 경험에서는 먹을 수 있는 사람은 여유로운 사람이 아니다. 반대로 더 많이 먹는 사람은 바쁘게 사는 사람이다. 우리가 하나님의 뜻을 따라 행하고 있다면, 우리는 바쁠수록 더 많이 먹는다. 게다가, 우리는 많은 수고로 지치거나 공허함을 느끼지 않을 것이다.

종종 우리는 주님의 마음을 알지 못하고 선하고 영적이라고 생각하는 일을 한다. 결과적으로 우리는 나중에 공허함을 느낀다. 주님의 말씀에 순종한 후에야 우리는 만족감이나 충만함을 느낄 수 있다.

참 빛은 단순한 지식이 아니다. 그것은 다름 아닌 주님 자신이시다.

우리가 정말로 빛을 보았다면 땅에 엎드러질 것이다(행 22:6-7). 빛은 깨달음을 줄 뿐만 아니라 죽이기도 한다.

독선적이고 자만심이 강한 사람들은 빛을 결코 알지 못했다. 그들이 소유하고 있는 것은 교리와 지식뿐이다. 만일 그들이 참 빛을 보았더라면, 그들은 이렇게 고백하였을 것이다, "주여, 내가 무엇을 알겠나이까? 내가 아는 것은 아무것도 없나이다!" 이는 계시(啓示: 사람의 지혜로써는 알 수 없는 진리를 하나님께서 가르쳐 알게 하심-역주)가 클수록 실명이 깊어지고, 빛이 강할수록 타격이 심해지기 때문이다. 바울이 그 빛을 보았을 때, 그는 땅에 엎드러졌고, 사흘 동안 그의 눈으로는 아무것도 볼 수 없었다.

하나님의 목적은 무엇인가? 그리스도께서 우리 삶의 모든 영역에서 첫째 자리 또는 으뜸이 되게 하시는 것이다(골 1:18).

많은 사람들이 주 예수 그리스도께 소망을 둔다. 그러나 말씀은 그분이 우리의 소망이라고 한다(딤전 1:1).

오늘날 하나님의 자녀들에게는 엄청난 문제가 있다. 그들이 알고 있는 기독교는 상당히 단편적이다. 당신은 약간의 은혜를 얻고 나는 약간의 은사를 받고, 그는 방언을 조금 한다. 이 사람은 그의 행동에 어떤 변화를 경험한다. 저 사람은 그분의 사랑이 어느 정도 있다. 이 사람은 인내심이 있고, 저 사람은 겸손함이 있다. 이것이 일반적으로 기독교로 알려진 것이다. 하지만 이것이 기독교인가? 그렇지 않다! 이는 기독교는 작은 것이 아니기 때문이다. 또한 기독교는 많지 않다. 기독교는 다름 아닌 그리스도 자신이시다!

하나님께서는 우리에게 겸손과 오래 참음과 온유함을 주시지 않으셨다. 그분께서는 그리스도 전체를 우리에게 주신다. 우리의 겸손, 인내, 온유함이 되시는 분은 우리 안에 그리고 우리를 통해 사시는 그리스도이시다. 살아 계신 주님이신 그리스도이시다. 이것이 진정한 기독교이다!

하나님의 자녀들 중 많은 이들이 패배 속에서 삶을 살고 있다. 이것은 그들이 하나님 앞에서 얻는 것이 그리스도 대신에 선물이라는 사실 때문이다. 그들은 하나님으로부터 많은 단편적인 것들을 받았지만 하나님이신 그리스도를 얻지 못했다. 그들은 물건과 소유물을 가지고 있지만, 그리스도를 얻지 못했다.

우리가 구원받기 전에, 세속적인 물건들과 일들이 우리의 삶에서 그리스도의 자리를 빼앗았다. 그리고 우리가 구원받은 후에, 영적인 사물들과 일들이 그리스도의 자리였어야 할 것들을 차지하기 시작했다. 그러나 하나님의 목적은 우리가 그리스도께서 우리의 삶에서 지니셔야 할 자리, 즉 "그리스도께서는 우리의 더없이 소중한 분이시다"라는 것을 보도록 인도하는 것이다. 이것이 그분의 지당한(至當) 자리이다.

주 예수님을 당신의 구세주로 알고 있는가 아니면 구원으로 알고 있는가? 당신의 구속자로 알고 있는가 아니면 구속으로 알고 있는가? 당신의 해방자로 알고 있는가 아니면 해방으로 알고 있는가? 당신의 성화자로 알고 있는가 아니면 성화로 알고 있는가? 당신의 칭의자로 알고 있는가 아니면 당신의 칭의(稱義: 의롭게 된다. 즉, 죄인이 자기에게 전가된 예수 그리스도의 의를 신뢰할 때 하나님께서 그를 의롭다고 '선언'하시는 하나님의 법률 행위를 말한다-역주)로 알고 있는가? 그분을 당신의 "행위를 하시는 분"으로 아는 것이 기본 지식이다. 그분을 당신의 "행위 자체"로 아는 것은 더 깊고 더 깊은 지식이다.

생명의 법이란 무엇인가? 그것은 다름 아닌 그리스도께서 우리의 생명의 전체가 되시는 것이다.

그의 필요에 관한 사람의 개념은 항상 부족하거나 부족한 문제이다. 결과적으로, 그는 보통 하나님께 특별한 공급을 요구한다. 우리가 보통 공급처인 우리의 표준을 하늘을 바라보는 눈을 갖기보다는 공급을 찾기 위해 우리 주위를 둘러보는 것에 더 관심이 있다는 것이 얼마나 슬픈 일인가?

많은 하나님의 백성은 그들 자신의 삶 외에 다른 모든 곳에 있는 것처럼 보이는 사랑, 인내, 겸손과 같은 것을 찾고 있다. 그들은 그리스도만을 바라보는 것이 아니라 세상에 존재하는 것처럼 그것을 찾는다. 거기에 참 기독교와 잘못된 기독교의 근본적인 차이가 있다.

우리가 처음 구원받았을 때 우리에게 필요한 것은 행위가 아니라 그리스도라는 것이 보였다. 우리는 우리 자신의 노력이 아니라 그리스도를 통해 구원을 받았다. 그러나 우리가 처음 믿었을 때, 많은 문제가 우리의 삶 속에서 제거되었던 방식으로, 또한 우리는 성화의 과정에서 계속 제거되어야만 하는 더 많은 문제들이 있다. 차이점은 우리가 처음 구원을 받았을 때 파멸된 것은 우리의 죄였고, 지금 파멸되고 있는 것은 소위 영적인 것들이다. 처음에, 파멸된 것은 우리의 교만, 시기, 자만심, 나쁜 성미 그리고 그 밖의 죄들이었다. 오늘날, 그리스도께서 우리의 생명이시며 모든 것 되신다는 것을 알기 위해서 파멸되어야만 하는 것은 우리의 인내, 겸손 그리고 자칭 청렴결백이다.

기독교는 그리스도다! 그리고 그리스도인의 생명 또한 그리스도다!

하나님의 자녀들에게는 두 종류의 생명이 있다. 한 종류는 사물로 가득 찬 생명이고 다른 종류는 그리스도로 충만한 생명이다.

왜 당신은 가끔 아멘으로 응답하는가? 이는 당신은 생명을 접촉했기 때문이다. 한 형제, 그가 기도하고 있을 때, 그가 당신의 생명을 접촉했다. 그러므로 당신은 즉흥적으로 아멘이라고 말한다. 그러나 다른 사람의 기도는 간절하고 호소력 있게 들릴지 모르지만 당신의 내면에 소름 끼치는 효과를 낳는다. 당신은 그가 기도를 중단하기를 갈망한다. 이는 그의 기도는 그의 성격과 다르지 않기 때문이다. 그는 무언가를 가지고 있다. 다만 무언가는 죽음을 접촉한 그의 육신이다. 그리고 그것은 그 사람뿐만 아니라 다른 사람들에게도 죽음을 재현한다. 그것에는 영적인 가치가 전혀 없다. 이는 그것은 사람에 의해 행해지기 때문이다.

우리가 진정으로 하나님의 인도하심을 받는다면, 그분께서 우리의 죄를 미워하시는 만큼 우리의 육신에서 나오는 수고와 노력을 미워하신다는 것을 분명히 알게 될 것이다.

하나님께서는 우리의 죄를 거절하신 것처럼 우리의 행위를 거절하신다. 사실, 그분이 받아들이시는 것은 오직 한 가지가 있다. 그것은 그분의 아들 예수 그리스도이시다.

30

최고급 밀

(제1권)

진정한 교회란 무엇인가? 그것은 그리스도께로부터 떼어낸 부분이지 흙으로 자연적으로 만들어진 것이 아니다. 교회는 그리스도를 재료로 하여 하나님께서 세우신 새사람이다. 자연적인 것은 무엇이든 교회 밖에 있다. 이는 그리스도께로부터 나오는 것이 교회이기 때문이다. 사람의 능력, 개념, 권력, 사람에게 속한 모든 것은 교회 밖에 있다. 그리스도께로부터 나오는 것이 교회이다.

교회가 되기 위해 필요하고 요구되는 두 가지 단계가 있다. 하나는 그리스도의 분배이고, 다른 하나는 개인주의의 파괴이다. 그리스도의 분배는 중생 때에 일어난다. 개인주의의 파괴는 성화에서 우리의 구원 이후에 일어난다. 주님께서 우리의 삶에서 매일 일하실 때, 우리는 결국 하나님을 기쁘시게 하기 위해서는 우리 자신의 개인주의적인 자아에 근거하여 아무것도 할 수 없다는 것을 깨닫는 시점에 도달한다. 그런 다음 이 시점부터 우리는 그리스도의 몸의 상호 덕을 세우는 원리에 따라 모든 일을 한다. 교회가 이 상태에 도달했을 때 비로소 교회는 자신을 위한 하나님의 목적을 달성한다.

그리스도의 피는 우리의 죄를 처리하기 위한 것이고, 그분의 옆구리에서 흐르는 물은 그분의 생명을 우리에게 주시기 위한 것이다.

영적으로 말하면 그리스도께로부터 나오는 것만이 그리스도께로 돌아갈 수 있다. 그분께로부터 나오지 않는 것은 결코 그분께로 돌아갈 수 없다. 말하자면 천국에서 온 것만이 언젠가는 천국으로 돌아갈 것이다.

오직 그리스도에게서 나오는 것만이 교회 안에 있고 영적인 쓸모가 있다. 하나님께서는 새로운 피조물을 창조하시기 위해 옛 피조물을 사용하지 않으셨고 사용하지도 않으실 것이다. 그분께서는 타락한 사람에게서 나오는 것을 결코 그분의 것을 짓는 데 사용하지 않으실 것이다. 다시 말해서, 그분은 영적인 것을 생산하시기 위해 결코 육신을 사용하지 않으실 것이다. 그 문제는 전적으로 근원의 문제이다.

그리스도인의 삶에는 개인으로서 전쟁에서 저항하는 것이 극히 어려울 때가 많지만, 교회가 일어나면 사탄은 쉽게 패배한다. 오직 교회 안에서만 무한하고 풍성한 축복이 있다. 그리고 단합된 집단으로서 교회의 힘을 알고 경험하는 사람들만이 계속 성장하여 머리(교회-역주)의 풍성이 자신의 풍성임을 알고 경험한다.

우리는 교회에서 권위를 사용하여 동료 신자들을 통제하는 것이 아니라 섬기는 데 사용해야 한다. 권위는 통제를 위한 것이 아니라 공급을 위한 것이다.

기독교는 당신의 삶의 모든 상황에 대해 당신에게 말하는 당신 안에 계시는 생명이다. 하나님의 영이 당신 안에서 움직일 때 비로소 당신은 진정으로 옳고 하나님을 기쁘시게 하는 것이 무엇인지 알 수 있다. 당신은 당신 안에 계시는 영이 당신에게 하라고 허용하시는 것만 해야 한다. 그러므로 문제는 옳고 그름의 문제가 아니다. 오히려 그것은 당신 안의 생명이 찬성하는지 반대하는지의 문제이다.

우리는 하나님 앞에서 옳고 그름의 기준을 넘어서는 법을 배워야 한다. 내가 옳고 그름의 기준이 좋지 않다는 것을 제시하고자 하는 것이 아님을 이해해 달라. 그것은 그 목적에 부합하고 좋은 것이다. 그러나 그리스도인에게 있어서는 그 생활 원칙만으로는 충분하지 않다. 이는 참된 그리스도인의 삶은 옳고 그름의 원칙보다 높기 때문이다. 우리가 하나님의 생명으로 살면, 하나님께서 우리에게 요구하시는 것이 율법의 요구보다 더 높다는 것을 알게 될 것이다.

영적인 것들은 하늘 영역에서만 분별되며, 세상 것들은 하늘의 통찰력으로만 분명해진다. 그러므로 하늘만이 유일하게 가치 있는 전망점이다.

영적 전쟁에서 유지해야 할 두 가지 필수 요소가 있다. 위치와 통찰력이다. 위치가 없으면 적을 볼 수 없다. 영적 통찰력 없이는 적의 계략을 알아볼 수 없다. 이 두 가지 필수 요소가 없으면 우리는 적과 교전할 수도 없고 그에 맞서 좋은 싸움을 싸울 수도 없다.

31

최고급 밀

(제2권)

어떤 사람이 주님께 크게 쓰임을 받기 위해서는 그는 하나님께서 필요로 하신 것을 그가 아는 곳으로 이끌림을 받아야 한다. 그러면 그는 이 땅에서의 우리의 삶이 우리 자신의 인간적 요구에만 집중되는 것이 아니라 하나님의 요구에 집중되어야 한다는 것을 이해할 것이다. 혼을 주님께로 돌아오게 하는 것은 사람들의 유익을 위한 것이며, 주님께서 사탄을 다루기 위해 사용하시는 것은 하나님의 유익을 위한 것이다. 혼을 얻는 것은 사람의 필요를 해결하는 것이고, 사탄을 다루는 것은 하나님의 필요를 충족시켜드리는 것이다.

하나님은 땅을 다스릴 수 있는 사람을 얻기를 원하신다. 그러나 우리의 모든 사역이 복음을 전파하고 혼을 구원하는 일에만 국한되어 있다면, 사탄은 치명적인 타격을 입지 않았고, 사람은 그를 향하신 하나님의 가장 높은 목적을 달성하지 못했다.

첫 사람(아담)은 하나님의 목적을 이루지 못했다. 그는 땅을 되찾지 못했을 뿐만 아니라 죄에 빠져 사탄에게 사로잡혔다. 따라서 그 시점부터 그는 통치할 수 없었을 뿐만 아니라 이제 사탄의 지배와 권세 아래 있게 되었다. 게다가 사탄의 먹이가 되었다. 그러나 하나님께서는 첫 사람에게서 얻지 못하신 것을 둘째 사람(그리스도) 안에서 얻으셨다. 그리고 전적으로 그리스도 안에 있는 모든 사람은 첫 사람의 패배로 인해 상실되었던 것을 둘째 사람의 승리를 통해 되찾았다.

하나님께서 오랫동안 기다리셨고 필요로 하셨던 것은 그분의 소원을 충족시켜드리고 사탄을 물리칠 수 있는 사람이었다. 이 세상의 모든 사람들 중에서 진정으로 하나님을 찾은 사람은 단 한 사람뿐이셨다. "…세상의 통치자는…나에 대한 권리가 없다."(요 14:30, KJV)고 말하실 수 있는 사람은 오직 한 사람뿐이셨다. 그리고 주 예수 그리스도께서 바로 그 사람이시다!

창조는 하나님의 영원한 목적을 드러낸다. 그것은 우리에게 하나님께서 진정으로 추구하시는 것이 무엇인지 말해 준다. 하나님께서는 그분의 일을 하는 사람들이 있기를 원하시며, 그들을 통해 땅을 다스리기를 원하신다.

성숙한 그리스도인은 구속의 은혜를 받고 하나님의 창조목적에 도달한 사람이다. 구속(救贖, Redemption: 그리스도를 통해 인류를 죄악으로부터 건져내어 하나님의 은혜 속에 있게 하려는 섭리적인 행위. 구약에서는 히브리어 가알[גאל], 파다[פדה]로 '용서' '해방' '화해'와 같은 뜻이다. 이 두 낱말은 재산·동물·인간의 법적인 자유가 금전 지불로 본래의 소유주에게로 돌아가는 과정을 의미한다-역주) 없이는 하나님과의 관계도 있을 수 없다. 그러나 구속을 받은 우리는 사람을 창조하신 그분의 원래 목적이 성취될 수 있도록 우리 자신을 하나님께 바칠 필요가 있다.

교회의 사명은 그리스도의 구원과 그리스도의 승리를 증거하는 것이다. 그러므로 우리 앞에 놓인 과제는 세 가지, 즉 영적인 권세를 행사하는 법, 마귀의 권세를 무너뜨리는 법, 하나님의 사랑과 권세를 선포하는 것이다. 이렇게 하면 사람은 유익을 얻고 사탄은 패배를 당하고 하나님의 마음의 소원은 이루어질 것이다.

안식일의 의미는 더 적은 것을 사거나 더 적은 거리를 걷는 것에 있지 않다. 오히려 그것은 하나님께서는 원래 생각하시고 찾으셨던 것을 소유하셨기 때문에 하나님께서 지금 쉬고 계신다고 선언하는 것이다. 그것은 하나님께서 바라시고 찾으셨던 단 하나의 것이 이제 얻으셨음을 의미하며, 이 때문에 안식이 있다.

기독교는 연약함을 제거하는 것도 아니고 주님만의 능력도 아니다. 그것은 사람의 연약함 속에 나타난 주님의 능력이다(고후 12:9).

구약과 신약 성경 전체에서 하나님의 세 가지 속성, 즉 거룩하심, 의로우심, 영광이다. 하나님의 거룩하심은 그분의 본성을 말하고, 그분의 의로우심은 그분의 길을 말하고, 그분의 영광은 그분 자신을 말한다. 즉, 하나님의 본성은 거룩하시고, 그분의 사역은 의로우시고, 그분 자신은 형언할 수 없다.

갈보리에서 주님의 피 흘리심은 모든 선천적인 생명이 쏟아지는 것을 의미했다. 그분은 죽기까지 그분의 혼을 쏟으셨다(마 26:38). 따라서 피를 흘린다는 것은 선천적 생명 또는 혼에 속한 모든 것을 제거하는 것을 의미한다.

우리의 선척적인 생명과 관련된 모든 것은 하나님께 반하는 것이며 하나님을 기쁘시게 할 수 없다. 하지만 선천적인 생명의 일부는 무엇인가? 그것은 태어날 때 우리에게 오는 모든 것이고 죽음과 함께 사라질 모든 것이다. 이 모든 것은 선천적인 생명에 속한다.

주님을 진정으로 사랑하는 사람들이 유지하는 두 가지 입장, 즉 죽음과 부활이 있다. 옛 창조에서 비롯된 모든 것이 버림받은 죽음이다. 그리고 부활을 통해 우리는 그분 앞에 서서 그분을 기다리며 그분의 명령에 귀를 기울임으로써 우리 안에서 역사하신 그리스도와 함께 하나님을 섬기는 법을 배운다.

32

주님의 생명의 영광

용서는 목욕하는 것과 같고, 의(義: 하나님의 거룩하신 본성으로서의 의 (義)를 가리키는 동시에 하나님께 속한 의로움에 근거해 죄인을 의롭다 칭하시는 '칭의'[Justification]와 거룩하게 하시는 '성화'[Sanctification]의 개념도 포함한 말이다-역주)는 옷을 입는 것과 같다.

하나님께서 우리의 눈을 여셔서 우리가 구원받기 전이나 구원받은 후에 우리의 행위나 일에 의존하지 않는 것을 보게 하시기를 바란다.

우리가 모든 불의에 대처하는 법을 배우는 것은 의(義)를 배우는 데 있다.

우리가 다른 사람의 불의를 발견하면 그들을 위해 기도해야 한다. 하지만 한 가지 문제는 이것이다. 우리가 의롭다고 할 때 우리는 다른 사람들의 불의를 보고 불평하고 화를 내는 경향이 있다는 것이다.

하나님께서는 우리 안에서 그분의 일을 어디에서 시작하시는가? 그분의 첫 단계는 그리스도의 생명을 우리 안에 두시지 않으시는 것이다. 대신, 그분은 우리를 그리스도 안에 두신다. 그분이 우리 안에 그리스도를 두시기 전에, 그분은 우리를 그리스도 안에 두셔야 하신다.

하나님께서는 어리석은 사람을 지혜롭게 하지 않으신다. 그분은 그리스도를 어리석은 사람의 지혜로 만드신다. 이것이 진정한 구원이다!

하나님의 말씀은 결코 우리가 거룩해질 수 있다고 말씀하지 않으며, 그리스도께서 우리에게 거룩해질 수 있는 능력을 주신다고도 말씀하지 않지만, 그리스도께서 친히 우리의 거룩함이 되신다고 말씀하신다. 그리고 모든 미덕에 대해서도 마찬가지이다. 그리스도인의 미덕 중 어느 것도 자신의 일이 아니다. 그것은 그 안에 계시는 그리스도의 나타나심이다. 이전에 나는 그리스도인이 되기 위해 나 자신에게 의존했고, 나는 틀렸다. 이제 나는 그리스도께서 나를 통해 그분의 생명을 사시도록 허용한다.

모든 그리스도인들은 그들 안에 그리스도의 생명이 있지만, 소수만이 그들의 죽을 육신에 나타난 예수님의 생명을 더 깊이 체험하고자 한다. 그 차이는 엄청나다.

모든 사람이 율법에서 해방될 수 있지만 모든 사람이 해방되는 것은 아니다. 문제는 하나님 편에 있는 것이 아니라 사람 편에 있다. 모든 사람이 그러한 해방을 원하는 것은 아니며 대가를 치르려고 하지도 않기 때문이다.

당신의 삶에 영적 향상이 있을 때마다 항상 당신의 현재 상태에 대한 불만족이 선행된다는 것을 기억하라. 모든 영적 발전은 불만족에서 시작된다.

각 승리의 출발점은 패배를 싫어하기 시작하는 순간이다. 율법에서 해방을 원하는 사람은 그들의 인내의 한계 이상으로 압박을 받을 필요가 있다. 왜? 그런 사람들만이 주님의 해방에 열려 있기 때문이다.

왜 사도는 우리가 율법에서 벗어나기 위해 율법에 대하여 죽어야 한다고 요구했는가(롬 7:4)? 이는 우리가 우리의 죄 많은 삶을 더 이상 연장시키기 보다는 기꺼이 죽을 정도로, 죄의 패배 속에서 사는 것을 미워할 때, 우리는 죄의 속박으로부터 벗어나기 때문이다.

유일한 해방은 당신이 당신 자신을 완전히 절망적이라고 볼 때이다.

하나님께서는 그리스도 안에서 우리를 십자가에 못 박으신 것은 우리가 여전히 무력하고 가망이 없음을 보셨기 때문이다. 하나님께서 그리스도와 함께 우리를 십자가에 못 박으셨다는 사실은 우리에 대한 그분의 평가를 드러낸다(갈 2:20, 참조).

우리가 살아 있는 한, 율법은 우리에게 요구한다. 그러나 우리가 죽으면 우리에 대한 율법의 영향력이 그치고 더 이상 요구하지 않는다. 그러므로 죽음 외에는 율법에서 해방될 방법은 없다.

세상에는 놀라운 두 가지 영적 경험이 있다. 하나는 하나님께서 당신을 위해 계획하신 것을 보는 것이다. 즉, 하나님께서 당신에게 사형을 선고하셨다. 다른 하나는 하나님께서 그리스도 안에서 당신을 위해 하신 모든 것을 보는 것이다. 이 두 가지 영적 사실은 매우 중요하다.

승리의 비결은 결코 그리스도 밖에서 우리 자신을 바라보지 않는 것이다. 이것이 그분 안에 거한다는 의미이다(요 15:1-11).

사람들은 항상 결심을 하는 것이 삶에서 가장 좋은 것이라고 생각한다. 그것이 적을 이겨낼 수 없고 하나님 앞에서 아무 쓸모가 없는 갈대와 같다는 것을 알지 못한다.

당신이 그리스도 밖에서 당신의 존재를 받아들일 때마다, 당신은 즉시 쓰러진다. 당신은 오직 그리스도 안에서만 당신 자신을 보아야 한다. 그분 안에서 당신은 두 가지 사실, 즉 죽었다가 부활했다는 사실을 소유하고 있기 때문이다.

불행하게도 사람은 언제나 생명 나무의 열매 대신 선악을 알게 하는 나무의 열매를 그 자신에게 더할 것이다.

부활은 죽음의 감옥에서 우리를 벗어나게 한다. 성령의 능력은 부활의 능력이다. 성령을 만나는 사람은 부활을 만난다.

우리는 하나님께서 믿는 사람들 안에서 역사하시는 능력이 어떤 것인지를 듣는다. 그것은 하나님께서 그리스도를 죽은 자 가운데서 살리실 때 그 안에서 역사하신 것과 같은 능력이다(엡 1:18-20).

우리는 그리스도의 부활의 능력을 체험할 수 있도록 지혜와 계시의 영을 하나님께 구해야 한다. 교회는 세상에서 하나님의 부활의 능력을 누려야 하기 때문이다.

33

혼의 구원

혼의 구원은 우리가 일반적으로 알고 있는 영의 구원과는 사뭇 다르다. 영은 믿음으로 말미암아 구원을 받는다. 우리가 일단 믿으면 영의 구원은 영원히 확정된다. 혼은 다음에 말하는 것을 근거로 구원받는다. 그것은 평생의 문제이며 완성되어야 할 과정이다. 그리스도께서 나를 위해 목숨을 버리셨기 때문에 영이 구원을 받는다. 내가 나를 부인하고 주님을 따르므로 혼이 구원을 받는다.

혼은 우리의 자연스러운 욕망의 자리이다. 그것은 우리가 느끼고 즐길 수 있게 해준다. 이 혼의 생명의 욕망은 충족되기를 요구한다. 그러나 사람들이 이 시대에 이런 것에 만족을 추구한다면 그들은 앞으로 올 시대에 만족을 잃게 될 것이다. 이 시대의 혼을 즐기는 사람은 이미 육신에서 오는 즐거움을 얻었다. 그러므로 그는 다가올 시대에 이러한 즐거움을 잃게 될 것이다(마 16:25-26, 참조).

주님께서는 우리를 금욕주의자로 훈련시키지 않으신다. 그분은 이 세상의 것들에 사로잡히지 않도록 우리를 납득시키기를 원하신다. 우리가 이러한 일에 과도하게 탐닉하기 시작하면 우리는 길을 잃은 것이다. 그것이 의복이든 음식이든 주거이든 우리는 자신의 즐거움을 추구해서는 안 된다.

하나님께서는 죄인들에게 천국 또는 지옥을 두신다. 이와 같은 방식으로, 하나님께서는 각 그리스도인들에게 세상 또는 그분의 왕국을 두신다.

죄를 이기는 사람은 천국에 들어간다. 이것은 용서다! 세상을 이기는 사람은 왕국에 들어간다. 이것은 보상이다.

영의 구원을 받는 것은 믿음의 시작이고 혼의 구원을 받는 것은 우리의 믿음의 결말이다(벧전 1:9).

하나님께서는 그분만이 그분께서 친히 정하신 기준에 따라 사실 수 있다는 것을 그리스도를 통해서 보여주신다. 그러므로 하나님께서는 그리스도를 우리를 위해 갈보리에서 죽게 하셨을 뿐 아니라 오늘날 그분을 우리의 생명이 되게 하셨다.

하나님의 구원은 주 예수님을 우리 안에 사시게 하시고, 우리를 위해 갈보리에서 죽으시게 하신다. 그분은 우리의 모든 죄의 빚을 갚으실 뿐만 아니라, 우리가 다시는 빚지지 않도록 우리 안에 사신다. 당신이 이 구원의 절반만 받았다면 틀림없이 비참할 것이며 구원의 완전한 기쁨을 경험하지 못할 것이다.

사실 하나님께서는 당신에게 단 한 가지만 하라고 요구하신다. 그것은 한 마디로 요약될 수 있다. "양도"(讓渡, Surrender: 권리나 재산, 법률에서의 지위 따위를 남에게 넘겨줌-역주).

우리의 모든 환경 중에서 가장 친밀한 것은 우리의 감정적인 존재이다. 당신이 감정을 정복할 수 있다면, 당신은 다른 환경에서도 승리할 것이다. 환경을 극복하지 못하는 사람은 감정을 극복하지 못한 사람이다. 환경을 극복하는 사람은 자신의 감정을 먼저 극복한 것이다.

34

복음의 영

하나님의 사랑은 세상이 결코 알지 못하는 것이다. 그리스도께서 인류를 구원하시기 위해 죽으셨다는 것 또한 세상이 이해할 수 없는 것이다.

자기 자신을 사랑하는 사람은 자기 자신에 대한 모든 감정을 다 써 버린 것이다. 우리는 복음에 대한 감정을 따로 남겨두는 법을 배워야 한다.

그리스도인의 사역을 억누르는 가장 근본적인 문제는 은혜의 범위에 있지 않고, 십자가의 능력에 있지도 않다. 이는 "다 이루었기"(요 19:30) 때문이다. 오히려 그것은 복음의 흐름을 막는 우리에게 있다.

믿음은 얻는 것이다. 믿음은 하나님께서 사람에게 주시는 것이다. 믿음은 하나님의 은혜의 주요한 부분이다.

성령께서는 그리스도의 완성된 사역을 우리에게 적용하시기 위해서 오신다. 그래서 그것이 우리의 주관적인 경험이 되게 하신다. 즉,

성령의 역사는 목적을 주관적인 것으로 옮기고 교리를 삶의 경험으로 바꾸는 것이다.

지혜로운 자는 혼들을 얻는다(잠 11:30, KJV). 혼들을 얻으려면 지혜가 필요하다.*

주님을 위하는 사람은 세상에 아무도 없으며 오직 주님만이 사람을 위하신다. 이것이 바로 은혜이다. 이것이 복음이다!

우상 숭배자들이 추구하는 것은 축복이다. 그들은 하나님을 찾지 않고 하나님께서 가지고 계신 것을 찾는다. 하나님께서 찾으시는 것은 우리가 가지고 있는 것이 아니라, 바로 우리다.

휘장을 찢으신 분은 하나님이시다(막 15:38). 그러므로 하나님께로 가는 길은 오직 하나님만이 여실 수 있다.

하나님께 몸을 바치는 목적은 무엇인가? 구약에서는 율법에 따라 희생제물의 육체를 죽여 제단 위에 올려놓았다. 오늘날 하나님께서는 우리의 살아 있는 몸을 희생제물로 바치도록 우리를 부르신다. 이것은 마치 우리가 죽은 것처럼 우리의 삶을 의미한다. 그리고 우리는 우리 자신에 대하여는 죽고 하나님께는 살아 있는 자로 자신을 희생제물로 드려야 한다. 이것은 하나님께 받아들여질 뿐만 아니라 우리가 받은 자비로 말미암은 우리의 합당한 섬김이기도 하다(롬 12:1-2,

---

* 한글 개역개정(4판)은 '혼들'을 '사람'으로 번역했음—역주.

KJV).

하나님께서는 이미 우리 안에 자리를 확보하셨기 때문에 이제 우리에게 우리의 외적인 삶을 그분께 바치라고 요구하신다. 그분으로 말미암아 우리가 생명을 얻었는데 그분께서 우리가 그분을 위해 살기를 기대하신다는 사실에 놀라야 하는가?

모든 객관적인 진리는 그리스도 안에 있다. 그리고 그리스도 안에 있는 모든 것은 이미 성취되었다. 모든 주관적인 진리는 성령 안에 있다. 우리가 복종한다면, 성령 안에 있는 모든 것은 우리 안에 계시는 성령을 통해서 성취되기를 기다린다.

구속은 거의 2천 년 전에 이루어진 것이다. 구원은 주님께서 우리의 믿음으로 이루신 일을 체험하는 현실에 들어가는 날에 이루어지는 것이다. 그것은 우리가 믿을 때마다 우리 날에 계속된다.

믿음은 하나님의 말씀을 사실로 바꾸는 것이 아니라 하나님의 말씀의 사실에 근거한다.

당신의 삶에서 이삭이 그야말로 하나님께 바쳐져야만 당신은 하나님께서 준비하신 것(숫양)을 볼 수 있다(창 22:13).

믿음 없는 순종은 능력이 없고 순종 없는 믿음은 이론에 불과하다. 하나님께 쓰임 받은 사람은 십자가에 못 박혀 순종의 문턱을 넘지 못한 사람이 없다.

하나님 앞에서 영적으로 가난한 사람은 성경의 페이지를 넘겨서 말씀을 읽을 수는 있지만, 하나님의 말씀이 말씀하는 것을 접촉하지 못한다. 그가 하나님과 접촉이 없고 생명을 찾지 못하는 것이 그가 영적으로 가난한 이유다.

그리스도인들은 성경을 읽기 위해 조금 더 일찍 일어나야 한다. 이는 햇볕이 뜨거우면, 만나(Manna: 모세의 지도 아래, 애굽을 탈출한 이스라엘 백성이 광야에 이르러 굶주릴 때 하나님께서 내려주신 신비로운 양식-역주)는 사라졌기 때문이다(출 16:21).

어떤 그리스도인들은 이른 아침 시간에 하나님의 말씀을 먹어본 적이 없다. 그들이 그렇게 약한 것은 당연하다!

참으로 하나님을 믿는 사람에게는 기이한 일이 아주 흔하다. 오직 하나님께 멀리 떨어져 있는 사람들만이 그것들을 특별하다고 여긴다.

기적은 우리의 노력을 필요로 하지 않는다. 기적은 하나님의 능력이 우리 삶에 나타날 때 저절로 일어난다.

우리가 그리스도인이 된 지 오래될수록, 우리의 삶은 단순해져야 한다. 삶이 더 복잡해지는 사람들은 곁길로 가고 있다. 우리가 하나님께 가까이 갈수록 우리의 삶은 더 단순해진다.

35

노래 중의 노래

우리는 이미 그리스도의 부활 생명의 모든 유익을 소유하고 있다. 그러나 아담에게서 나온 문제는 그리스도께 속한 즐거움과 표현을 방해한다. 그러므로 중요한 문제는 우리가 그리스도를 얼마나 소유하고 있느냐가 아니라, 아담을 얼마나 잃었느냐 하는 것이다.

그리스도인의 경험의 첫 단계는 십자가에 달리신 주님을 아는 것이다. 영적 체험을 발전시키는 두 번째 단계는 내주(內住: 우리 안에 사심-역주)하시는 실체로서 그리스도를 소유하는 것이다.

빛 안에 거하면 거할수록 어둠을 더 많이 인식하게 된다. 완벽한 사람일수록 불완전함을 더 의식하게 된다. 마찬가지로 그리스도인이 성숙할수록 그는 자신의 미성숙함을 더 많이 느끼게 될 것이다.

사람은 더 높은 영적 안정을 성취하기 위해 손을 뻗기 위해 현재의 성취의 근거를 떠나는 것을 항상 꺼린다.

우리의 모든 영적인 경험과 훈련은 그리스도께 이끌림 받은 결과이다. 주 예수 그리스도 그분 자신에 대한 새로운 계시와 탄원을 먼저 보는 것을 제외하고는 자기만족의 상태에서 구원이 불가능하다.

36

창조의 신비

주 예수님의 죽으심을 통해 우리는 선천적인 아담에게 속한 모든 것에서 해방되었다. 그분의 부활로 우리는 초자연적인 그리스도께 속한 모든 것으로 들어갈 수 있다.

하나님의 구속 계획은 옛사람을 교정하거나 개선하는 것이 아니다. 그것은 우리를 재창조하는 것이다. 그분은 옛사람을 폐기하신다.

부활의 경험(셋째 날의 일)은 완전한 죽음의 경험(둘째 날의 일) 이후에 온다. 그런데 그것은 중생의 경험(첫째 날의 일) 이후에 온다.

중생(重生, Regeneration: 죄로 인해 영원히 죽게 된 사람이 그리스도의 보혈의 공로를 믿음으로 영생을 얻게 되는 거듭남의 도(道)를 말한다. 이 일은 일순간에 이루어지며 전 인격적인 변화를 가져오고 지속적이다(요 3:1-17)-역주)은 우리에게 생명을 준다. 부활은 우리에게 생명을 더 풍성하게 한다. 그리스도인이 중생에서 멈추었다면 죄를 이길 수 없었을 것이다. 그가 죽음의 단계에 머물렀다면 그는 의(義)를 행할 힘이 없었을 것이다. 그러므로 우리는 우리의 삶에서 그분의 부활의 능력을 나타낼 때까지 그리스도에 대한 우리의 경험을 발전시킬 필요가 있다. 이것이 하나님께서 우리를 위해 만드신 완전한 공급의 성취이다.

하나님께서는 우리가 그분의 아들을 위한 몸이 되기를 원하신다. 즉, 그분은 머리(그리스도)가 우리를 위해 성취하신 모든 것, 즉 그분의 몸을 경험하기를 원하신다. 그리하여 우리는 옛 피조물로부터 구원을 받고 하나님께서 정하신 새 피조물이 될 것이다.

하나님께서는 결코 우리의 능력을 요구하지 않으신다. 그분은 우리의 무능력만을 요구하신다. 그분은 우리에게 능력을 요구하지 않으시고 우리의 연약함을 찾으신다. 우리에 대한 그분의 요구는 가득 차는 것이 아니라 비어 있는 것이다. 더욱이 그분은 우리의 저항을 받아들이지 않으시고 오히려 우리의 복종을 기다리신다(고전 1:27-29).

열매를 맺는 것은 자신을 온전하게 유지한 결과가 아니다. 그것은 자신이 망가져서 겸손하고, 약해져서 무력하고 절망적으로 하나님을 의지한 결과이다.

우리가 타고난 능력, 지혜, 미덕을 가진 우리의 혼의 생명을 미워하지 않는 한, 우리는 많은 열매를 맺을 수 없다. 그것은 우리가 육신에서 오는 자연적인 힘을 버리고 상한 마음으로 하나님의 손길을 받아들인 후에야 많은 열매를 맺을 수 있다.

우리 자신이 약하고 비어 있고 토기장이의 손에 진흙처럼 완전히 굴복할 때만 그리스도께서 우리 안에서 그분의 생명을 살기 시작하실 수 있다. 그리고 나서 그분의 능력이 우리를 통해 나타나기 시작한다.

우리가 진정으로 그리스도와 함께 살리심을 받고 그분의 부활의 생명에 연합한다면, 우리는 자연스럽게 이 세상에서 열매를 맺을 것이며, 우리의 영적 생명은 하늘로 올라갈 것이다.

이전에 우리는 죽음과 부활로 육신과 죄와 세상을 이겼을 뿐이고, 이제 승천 안에서 우리는 모든 권세와 주권과 통치자와 흑암의 권세와의 싸움과 승리를 경험해야 한다.

새로운 그리스도인은 일반적으로 영적 전쟁에 대해 모호하며 악마의 계획, 공격, 유혹 및 모조에 대한 명확한 통찰력이 부족하다. 그들이 하늘에서 그리스도와 함께 승천한 지위를 체험하기 시작할 때에야 비로소 그들은 그들 주위에 있는 어둠의 권세들의 실체를 감지하기 시작하고, 그들과 싸우기 시작하며, 어린 양의 피와 그들의 증거의 말씀으로 그들을 이기기 시작한다(계 12:11).

승천한 그리스도인들이 자주 사탄을 그들의 발 아래 상하게 하는 경험을 하는 것은 그들이 통치하는 지위를 유지하기 때문이다(롬 16:20).

구원받기 위해서는 단순히 사람이 주 예수를 믿기만 하면 되지만 그리스도와 함께 통치하려면 신실함, 고난, 승리가 필요하다. 십자가는 면류관으로 가는 길이다.

주님을 위해 기꺼이 이 세상에서 손실을 감수하는 사람들만이 다가

올 세상에서 얻을 것이다.

성경이 말씀하는 천년 통치는 미래에 시작되지 않는다. 사실, 비록 천년 통치의 완전한 실현과 물리적인 표현이 미래에 있더라도. 우리는 지금 생명 안에서 통치할 수 있다(롬 5:17). 우리는 우리 시대에 악한 영을 정복하고 그들의 일을 멈추는 법을 얼마나 잘 배웠는지에 따라, 주님의 시대에 그분과 함께 통치하는 왕노릇하는 우리의 가치를 보여준다.

죄 많은 사람의 이상한 현상 중 하나는 자신의 행위가 하나님을 기쁘시게 하며 주 예수님의 생명이 결코 자기의 생명보다 우월하지 않다고 생각하는 것이다!

오직 살아 계신 그리스도께서는 인간을 하나님께로부터 멀어지게 하시지만, 또한 찢기시고 죽으신 그리스도께서는 그분을 따르는 모든 사람을 가장 거룩한 곳(지성소)으로 데려오신다.

부활의 목적은 바로 열매를 맺는 것이다. 이것은 부활의 자연스러운 결과이다(민 17:8, 참조).

죽음이 없으면 부활도 없다. 부활이 없으면 열매도 없다. 주 예수님과 함께 죽고 다시 살아나야 하나님께 열매를 맺을 수 있다.

승천은 죽음과 부활을 기반으로 하기 때문에 그리스도께서 사탄의 왕국에 속한 모든 것을 이기셨다는 사실을 의미한다. 그러므로 그리스도의 승천은 그분의 지상 사역을 끝맺으시는 것이다.

　인간의 본성에 따르면 누구도 은혜를 좋아하지 않는다. 사람들은 오히려 자신들이 선하고 유능하다고 생각할 것이다. 즉 그들은 죄가 없으며 그들의 선한 일로 구원받을 수 있다고 간주할 것이다. 그러므로 하나님께서는 사람들이 진정으로 얼마나 무력한지 고백하기 전에 사람들이 진정으로 자신을 알게 하셔야 한다.

　율법의 체제 아래서 하나님의 율법을 지키며 선을 행할 자가 없음을 세상에 증명하는 데는 1500년 이상이 걸렸다(시 14:3).

37

혼의 잠재된 힘

우리 시대에 악마의 일은 사람의 혼을 자극하고 영적 힘에 대한 속임수로 그 안에 잠재된 힘을 풀어주는 것이다.

기독교와 다른 종교의 한 가지 차이점은 우리의 모든 기적이 성령을 통해 이루어진다는 것이다. 반면에 다른 믿음 체계는 사탄이 사람의 혼의 힘을 사용하여 자신의 힘을 나타내도록 한다.

사탄의 의도는 그가 에덴 동산에서 시작한 일을 완수하는 것이다. 그는 그 당시에 사람의 혼을 통제하려고 시도하는 일을 시작했지만 완전히 성공하지는 못했다. 왜? 이는 타락 이후, 인간의 혼에 있는 힘을 포함한 모든 존재가 사람 자신의 육신의 지배를 받게 되었기 때문이다. 우리 시대에 사탄은 이전에 미완성된 일을 완성할 준비를 하고 있다. 일단 그가 인류를 완전히 속이고 나면, 그는 사람의 잠재된 모든 힘을 풀어주려고 한다. 이 날은 사람들이 사탄에게 전적으로 자신을 바치고 그에게 경배하는 날이 될 것이다.

성령의 모든 역사는 사람의 영을 통해 이루어지는 반면, 적의 역사는 모두 사람의 혼을 통해 이루어진다.

기독교에서 가장 높은 성취는 무엇인가? 하나님과 완전한 결합과 자아의 완전한 상실이다.

오늘날 교회에는 많은 결함이 있다. 많은 그리스도인들은 성경을 설명하는 것 외에는 관심이 없다. 그들의 지식은 훌륭하지만, 그들은 그들 안에 있는 영적 생명의 성장을 돌보지도 않고 추구하지도 않는다.

대부분의 사람들은 그들 주변의 상황을 보고 그 상황에 영향을 받는다. 그러나 우리가 영적 삶에서 성숙하고 성령께 굴복한다면, 그분을 통해 우리는 그러한 상황으로 주의를 돌리게 하는 영향력에 승리할 수 있는 능력을 갖게 될 것이다.

영에서 무슨 일이 일어나든 혼은 복제할 수 있다. 그리고 혼에 의해 복사되는 것은 영을 위조하는 것 외에는 다른 목적이 없다.

하나님께서는 그분 자신의 힘으로 일하신다. 결과적으로 우리는 그분께 우리의 혼의 생명을 묶어달라고 요청해야 한다.

성령의 역사는 특별하다. 결과적으로 그분은 그분의 일에 사람의 손이 개입하는 것을 결코 용납하지 않으신다.

주 예수님께서는 완전하셨지만, 그런데도 그분의 모든 삶은 하나님께 무기력하고 절망적으로 의존하는 삶이셨다(요 5:19). 그분이 우리에게 길을 보여주셨다면, 우리는 따라야 하지 않겠는가?

38

그리스도의 몸-실재

생명의 가장 두드러진 표현은 생명의 의식이다. 의식이 없다면 아마도 생명도 없을 것이다.

그리스도의 몸의 생명을 아는 모든 사람은 그리스도의 몸에 대한 의식이 있을 것이다.

하나님의 생명을 가진 사람들에게 특별한 것은 그들이 겉으로 거짓말을 하면 속으로 기분이 나쁘다는 것이다. 그들은 거짓말이 잘못된 것을 교리적으로 알기 때문이 아니라 속으로 불편함을 느끼기 때문이다. 이것이 그리스도인이라는 것이 진정으로 의미하는 것이다.

그리스도인은 그가 외부에 사람들로부터 들은 것에 따라 행동해서는 안된다. 오히려 그는 내부에서 들었던 것에 동기를 부여받아야 한다.

하나님의 사랑이 사람 안에 있으면 믿는 자들의 사랑이 거기에 있는 것이다. 하나님의 사랑이 없다면 형제의 사랑도 없는 것이다.

그리스도의 몸을 보았고 몸의 의식을 소유한 사람은 그가 하나님의 자녀들을 분열시키거나 분리시키는 어떤 일을 할 때 내면에서 참을 수 없는 마음을 느낀다.

그리스도의 몸을 진정으로 체험했다면 당신이 개인주의를 보일 때마다 뭔가 잘못된 것을 의식하게 될 것이다.

몸은 하나이기 때문에, 일을 당신이 하든 다른 사람이 하든 아무런 차이가 없다. 이는 몸은 모든 지체의 기능을 인식하기 때문이다.

교제는 사회적 교제 안에서 외적인 활동이 아니다. 교제는 몸의 자발적인 요구이다.

당신이 실제로 그리스도의 몸을 본다면 하나님의 자녀의 사랑스러움, 분열의 오류, 교제의 필요성, 그리스도의 몸의 지체로서의 책임을 의식하고 있는 것이다. 이러한 인식의 모든 측면은 모의 의식 때문에 발생한다.

주님께서 우리의 눈을 여겨서 몸을 인식하게 하셨다면, 우리는 권위를 인식하게 될 것이다. 몸을 아는 사람은 소수의 사람들만 모여 있어도 그들 가운데 누가 권위를 가지고 있는지를 분별할 수 있다.

우리가 진정으로 주님의 다루심을 받았다면, 즉 우리의 육신이 자연적인 생명의 중추가 부서질 정도의 다루심을 받았다면, 우리는 하나님께서 그리스도의 몸에 두신 권위에 복종하는 것 이상을 할 수 없다.

우리가 그리스도의 몸의 생명을 이어가기를 원한다면, 우리는 우리 자신의 머리를 덮어야 한다. 즉, 우리는 개인적인 의견, 이기적인 의지, 이기적인 생각을 가져서는 안 된다.

당신이 머리(그리스도-역주)와 좋은 관계를 유지하면 몸(교회-역주)과 좋은 관계를 갖게 될 것이다. 당신은 백성을 그들의 머리, 다윗에게서 분리시킨 압살롬과 같지 않을 것이다(삼하 15:1-14).

몸의 대립은 개인이다. 몸의 실재로 들어가려면 우리는 개인주의에서 벗어나야 한다.

하나님께서 나를 먼저 두시든 마지막에 두시든 상관없다. 둘 다 나에게 똑같이 받아들여질 수 있다. 오직 그리스도의 몸을 보고, 알고, 체험하지 않는 사람들만이 교만과 질투의 감정을 마음에 품는다.

몸의 지체 중 한 지체의 패배는 교회 전체에 영향을 미친다.

우리는 교리를 검토하고 분석하고 연구하는 데 너무 많은 시간을 할애해서는 안 된다. 왜? 교리는 실생활의 어려움에 직면했을 때 당신을 지원하지 않는 갈대와 같기 때문이다. 오직 하나님만이 교리가 아닌 이것들을 통해 당신을 인도하실 수 있다.

보는 지체의 눈이 진정으로 볼 때 온몸이 볼 수 있다. 즉, 영적 사물에 대한 통찰력을 가진 그리스도의 몸의 지체는 몸의 눈이 되어 몸에 시력을 공급한다.

생명이 없는 사람은 그 사람이 아멘이라고만 해도 모임에 죽음을 가져 온다. 그러나 생명을 가진 사람은 그 사람이 아멘이라고만 해도 모임에 생명을 공급할 수 있다.

주님을 위해 살고 자아로부터 구원받은 사람에게 그의 외적인 삶에서 가장 중요한 부분은 교회에서 자신의 기능을 나타낼 수 있다는 것이다.

그리스도의 생명과 능력은 몸을 통해 가장 풍성하게 나타난다. 이 때문에 사탄은 그리스도의 몸을 분열시키려고 애쓰는 것이다.

사탄은 우리의 타락한 육체, 우리의 완고한 자아, 그리고 우리가 탐내는 세상을 이용하여 그의 파괴 계획을 실행한다. 이러한 요소들이 우리의 삶에 남아 있도록 허용된다면, 우리는 사탄에게 그가 분열하는 일에 참여하는 데 필요한 도구를 주는 것이다.

우리에게 필요한 것은 한 가지뿐이다. 내면으로는 하나님께로 향하고 그분께서 십자가와 성령의 거룩하게 하심을 통해서 우리를 정결케 하시고 정화시키심으로 사탄이 우리에게 섞은 모든 더러운 것에서 우리를 깨끗케 하시는 것뿐이다.

하나님께서 찾으시는 그릇은 개인이 아니라 몸이다.
몸의 어느 부분이 불순종하든 그 부분은 마비를 경험한다.

생명이 충만한 사람은 모두 권위에 복종했다.

39

영적인 실재 또는 망상(妄想)

오직 성령 안에 있는 것만이 영적으로 참된 것이다. 이는 모든 영적인 것들은 성령에 의해 가르쳐 길들여지기 때문이다. 무언가가 성령 밖에 있으면 죽은 문자, 형식 및 교리로 변한다. 영적인 것들은 성령 안에 있을 때만 실재적이고, 살아 있고, 생명이 충만하다.

아무도 물질적 세계에 고정된 눈으로 영적인 것을 인식할 수 없는 것처럼, 마찬가지로 누구도 그의 두뇌로 영적인 영역까지 생각할 수 없다.

당신이 실재를 접촉한 후에 놀라운 일이 일어난다. 그러나 당신이 실재를 접촉하지도, 실재에 들어가지도 않은 사람을 만날 때마다 바로 느껴진다.

성경이 '진리'라고 말씀하는 것이 있다. 그것은 다름 아닌 실재이다. 이 진리, 이 실재와 관련하여 인간은 교리, 서신, 인간의 생각, 인간의 방법으로부터 해방된다.

우리는 영과 진리로 경배해야 한다(요 4:24, KJV). 영에 속한 것은 실재하고 영에 속하지 않은 것은 실재하지 않는다. 영이 하나님과 접촉하면 진리가 있고, 그렇지 않으면 진리가 없다.

사람이 성령의 실재와 접촉할 때, 그는 생명을 접촉한다. 그가 접촉하는 것이 단지 교리라면, 그는 생명을 얻지 못할 것이다.

계시가 없으면 사람이 주님을 알 수 없다. 계시를 통해서만 그리스도를 분별할 수 있기 때문이다. 우리는 그리스도를 시각, 청각, 촉각과 같은 외적인 감각으로 알 수 없다는 것을 기억해야 한다. 그리스도를 아는 것은 성령이 하시는 일이다. 성령 없이는 아무도 그리스도의 실재를 인식할 수 없다.

많은 그리스도인들은 그들의 믿음이 역사하지 않는 것 같아서 낙심한다. 그들은 수년 동안 말씀을 들었지만 그들이 알고 있는 모든 것이 여전히 효과가 없다고 불평한다. 왜? 육신의 손으로 그리스도를 만지는 것은 결코 효과가 없기 때문이다.

믿음이 효과가 있는지 없는지의 여부는 그것이 실재에 닿았는지 여부에 달려 있다.

우리는 육신 안에 계신 그리스도는 육신의 손과 눈과 귀로 접촉할 수 있고, 볼 수 있고, 들을 수 있다는 것을 이해해야 한다. 그러나 성령 안에 계시는 그리스도는 우리가 성령 안에 있을 때만 닿을 수 있다.

우리는 우리의 진정한 모습에 따라 하나님 앞에서 사는 법을 배워야 한다. 따라서 우리는 영적으로 실재적인 것과 접촉하게 해 달라고 그분께 간구해야 한다.

분별력은 우리가 이미 본 것에서 나온다. 만일 우리가 어떤 문제의 영적 실재에 접촉했다면, 아무도 그 특정한 문제에서 우리를 속일 수 없다. 마찬가지로, 어떤 문제의 영적 실재를 접촉한 사람은 그것이 나타나자마자 자연스럽게 가짜를 감지하지만, 다른 사람들은 속을 것이다.

자기를 기만하는 사람은 다른 사람에게 속는 경향이 있다. 우리가 자신에게서 무언가를 보지 못한다면 어떻게 다른 사람에게서 그것을 볼 것이라고 기대할 수 있겠는가?

영적 분별력은 우리 자신이 현실에 접촉한 후에만 온다. 실재를 접촉하지 않은 사람은 두 사람, 즉 자신과 영적으로 같은 범주에 있는 사람을 속인다. 그러나 그는 성령 안에서 살고, 성령을 따라 살고 있고 성령이 어떤 분인지 아는 사람들을 속일 수 없다.

죄는 쉽게 인식되지만 자아에서 나오는 선(善-역주)은 그렇게 쉽게 감지되지 않는다.

우리가 실재를 만날 때, 결과는 생명이다. 다른 모든 만남은 죽음을 초래한다.

실재가 없는 설교는 그리스도의 몸을 공급할 수 없기 때문에 공허하고 쓸모가 없는 것이다. 예수님의 죽으심이 우리 안에 역사한 후에야 예수님의 생명이 다른 사람들에게 나타나기 시작한다.

우리가 실재를 접촉했다면 우리는 힘들이지 않고 다른 사람들에게 그것을 공급할 것이다. 이는 우리가 개인적으로 접촉한 하나님의 실재가 교회를 위한 공급이 되기 때문이다.

계시는 모든 영적 진보의 기초이다. 그러나 계시가 기초라면 훈련은 건축이다.

성령의 모든 역사 중에서 가장 중요한 것은 두 가지, 즉 성령의 계시와 성령의 훈련이다. 첫 번째는 우리가 영적 실재를 알고 볼 수 있게 해주는 반면, 두 번째는 우리를 영적 실재의 경험으로 인도한다.

성령께서는 날마다 우리를 영적인 실재로 인도할 기회를 찾으신다. 우리가 이러한 훈련을 받아들이기를 거부한다면, 우리는 그분이 우리를 그 실재로 인도하실 기회를 거부하는 것이다. 너무 자주, 어려움이 닥치면 사람들은 쉬운 길을 선택하거나 그냥 우회한다. 따라서 어려움은 피할 수 있지만 성령께서 그들을 영적인 실재로 인도하실 기회를 잃게 된다.

주님의 영은 삶과 실재를 나누어 주실 자리가 주어지지 않았다. 따라서 이러한 영의 훈련을 회피함으로써 많은 그리스도인들이 영적 실재에 들어가지 않는다. 주님의 영은 생명과 실재를 나누어 주실 기회를 드리지 않는다. 그러므로 많은 그리스도인들이 이러한 성령의 훈련을 피함으로써 영적 실재에 들어가지 못한다. 그 결과 몸 전체가 병들고 약해진다.

다른 사람을 속이는 사람은 거짓말쟁이고, 자신을 속이는 사람은 망상(妄想 : 근거가 없는 주관적인 신념, 사실의 경험이나 논리에 의하여 정정되지 아니한 믿음-역주)에 사로잡힌 사람이다. 망상이라는 말은 자기 기만을 의미한다. 망상은 마음의 문제이기 때문에 교만한 많은 사람들은 망상에 사로잡혀 있다.

거짓말을 하는 사람은 겉으로는 딱딱한 껍데기를 가지고 있지만 속으로는 말라버린 사람을 말한다. 그는 겉으로 자신만만할수록 속으로는 공허해진다. 그러나 망상에 사로잡혀 있거나 자기 기만적인 사람은 겉과 속 모두에 자신만만하고 겉과 속 모두 굳어 있다.

그리스도인이 가장 두려워해야 하는 것은 자신이 생활 속에서 죄를 짓고 있으면서도 그 죄를 보지 못하는 것이다. 죄를 짓는 것은 더러움의 문제이지만, 죄를 보지 못하는 것은 어둠의 문제이다. 더러움은 매우 위험하지만, 그러나 더러움에 어둠을 더하는 것은 극히 위험하다.

모든 망상이나 자기 기만에는 원인이 있다. 한 가지 원인은 사람들이 빛보다는 어둠을 사랑한다는 것이다(요 3:19). 어둠은 망상의 주된 이유이다.

하나님의 빛을 아는 사람은 당신을 만나자마자 당신의 참된 성품을 분별하고 당신의 잘못을 지적할 수 있다. 그가 당신을 괴롭히려고 하는 것이 아니라, 오히려 그의 분별력은 전적으로 그의 내면의 눈의 날카로움 때문이다.

교리나 가르침을 통해 우리의 결점을 아는 것은 피상적이다. 하나님의 성령의 빛으로 우리의 잘못을 깨닫는 것이 유일하고 철저한 길이다.

40

"계시"의 보조

구원은 거저 주어지는 것이다. 그것은 얻을 수 없다(롬 6:23). 하지만 상급은 다른 문제이다. 그것은 공짜로 받은 것이 아니다. 선행을 통해 얻어야 한다. 그것은 각 성도의 행위에 따라 주어진다(고전 3:8, 14).

성경에 따르면 우리가 아직 죄인이었을 때 우리 앞에 세워진 목표는 두 가지이다. 그 목표는 구원이다. 우리가 구원받고 그리스도인이 된 후에 목표는 상급이다. 구원은 죄인들에게 제공된다. 상급은 그리스도인에게 제공된다.

사람이 구원을 받은 후 하나님께서는 그가 달릴 수 있도록 삶이라는 경주장에 두셨다. 그리고 이기면 상급을 받게 된다. 하지만 패배하면 상급은 없다. 그러나 그는 경주에서 승리하지 못할지라도 영생을 잃을 수는 없다(고전 3:14-15). 구원은 그가 이기면 선물 위에 상급이 더해지기를 바라는 마음으로 경주를 달릴 수 있는 자격을 부여한 선물이었다.

구원은 가장 쉽게 얻을 수 있는데, 이는 주 예수님께서 이미 우리를 위해 모든 것을 이루셨기 때문이다. 상급은 얻기가 다소 어렵다. 이는 우리가 주도적으로 그리스도를 통해 성취하는 일에 달려 있기 때문이다.

죄인이 선행으로 구원을 받을 수 없듯이(엡 2:8-9) 성도는 믿음으로만 상급을 받을 수 없다(마 16:27). 구원은 믿음에 근거한다. 상급은 행함을 기반으로 한다. 믿음이 없이는 구원이 없고 행함이 없이는 상급이 없으나 둘 다 믿음에 근거한 것이다.

구원이란 무엇인가? 구원은 멸망하는 것이 아니라 영생을 얻는 것이다(요 3:16). 그러나 이것이 우리의 영광의 위치를 결정하는 것은 아니다. 이는 실제로 상급에 의해 결정되기 때문이다(마 10:40-42, 실례 참조). 상급이란 무엇인가? 상급은 천년 왕국에서 그리스도와 함께 통치하는 것이다(계 20:4-6). 모든 성도에게는 영생이 있지만 모든 성도에게 그리스도와 함께 통치할 권리가 있는 것은 아니다.

구원은 하나님의 은혜를 나타내는데, 그 이유는 하나님께서 우리의 죄를 따라 갚지 아니하시고 오히려 주 예수님을 믿는 모든 사람을 구원하시기 때문이다(딤후 1:9). 반면에 상급은 하나님의 의를 표현한다. 이는 그분은 성도들의 선행에 따라 갚으시기 때문이다. 죄인을 구원하시는 것은 그분의 은혜로운 행위이다. 성도들에게 상급을 주시는 것은 그분의 의로운 행위이다. 그분을 충실히 섬기는 사람은 상급을 받을 것이다.

성경의 마지막 책인 요한계시록은 성도들의 구원 문제에 대해서는 거의 다루지 않고 오히려 그들의 상급 문제에 중점을 둔다.

마지막 날이 오기 전에 일어날 한 가지 사건은 이기는 성도들의 휴거이다. 십자가가 자신의 삶에 깊이 작용한 모든 사람은 휴거될 것이다. 그러나 구원을 받고도 세상과 섞이고 죄와 타협하는 사람들은 땅에 남아 큰 환난을 통과할 것이다. 승리하고 깨어 있는 성도들만이 그분이 오실 때 영접할 준비가 되어 있을 것이다.

41

하나님의 일

우리가 하나님의 일을 할 수는 없지만, 하나님의 일은 절대적으로, 전적으로 그분의 것이기 때문에 우리는 그분의 영을 통하여 동역자가 될 수 있고 협력자로 초청받을 수 있다. 이것이 우리를 구원하시는 하나님의 목적, 즉 우리가 그분과 동역자가 되는 것이다.

하나님의 동역자는 누구인가? 하나님께서 그분 자신의 영원한 목적 안에서 하라고 명하신 일을 하는 사람, 그 일만 하는 사람이다.

내가 하나님과 함께 일하고 있는지 어떻게 알 수 있는가? 이것은 쉽게 대답할 수 있다. 당신은 당신이 하고 있는 일에 만족하는가? 당신이 하나님의 마음을 만족시켜드리지 못하면 당신은 당신 자신도 만족할 수 없을 것이다.

천국의 입구에는 십자가가 서 있다. 그 안에 들어가는 것은 그리스도뿐이시다. 우리 중(육신) 어떤 것도 들어가지 못한다. 즉, 우리 안에 있는 그리스도의 혼합되지 않은 생명은 무엇이든지 하나님께서 언제나 인정하시고 그분과 관련이 있는 모든 것이다.

하나님께서 교회에 명하신 직무는 "성도들을 온전케 하는 것이다"(엡 4:12, KJV). 몸의 지체는 몸을 위한 것이고, 몸의 지체들에게 주어진 은 사는 몸을 위한 것이다. 둘 다 몸을 세우기 위한 목적이다.

몸의 목적은 믿음의 일치를 이루는 것이다(엡 4:13). 세월이 흐를수록 우리는 단결하라는 부름을 받은 사람들 사이에서 점점 더 많은 분열과 분파를 보게 된다는 것이 얼마나 슬픈 일인가!

몸의 생명은 우리가 배울 수 있는 것이 아니다. 몸의 생명은 매우 자연스럽고 자발적인 것이다. 몸의 생명은 우리의 머리로서, 우리, 곧 그분의 몸을 통해서 사시는 그리스도의 생명을 표현하는 것이다.

하나님의 영원하신 목적은 결코 마음으로 이해되거나 파악될 수 없다. 그것은 계시에 의해 와야 한다. 모든 영적인 일은 계시에서 나오며 계시와 별개인 영적인 일은 없다.

우리가 붙잡은 것이 단지 교리 또는 가르침이라면 그것은 잠시 후에 우리를 떠날 것이다. 그러나 우리가 깨달은 것이 빛 또는 계시라면 그것은 생명이다. 우리는 그것에서 벗어날 수 없을 것이다.

우리가 진정으로 계시로 무엇인가를 보았다면, 우리는 우리가 본 것을 우리가 본 것이다. 그것은 결코 우리를 떠나지 않을 것이다. 그리고 우리는 항상 볼 것이다.

우리가 소유하고 있는 모든 영적인 것은 계시를 통해서 온다. 그것은 (1) 빛, (2) 계시, (3) 생명, 즉 하나님의 생명, (4) 그분의 부요(그분의 모든 것)이다.

하나님과 함께 일하는 자가 되려면 계시가 있어야 한다. 그렇지 않으면 우리는 그분의 영원한 목적을 위해 일하고 있는 것이 아니다. 더욱이 우리가 하나님의 영원한 목적을 보지 못한다면 우리는 하나님께서 우리에게 하라고 하신 일의 세부사항을 결코 보지 못할 것이다.

계시가 있어야 하는 이유는 무엇인가? 하나님의 이 빛은 그분께 속하지 않은 모든 것, 즉 사람에게서 나온 모든 것을 소멸시키기 때문이다.

우리의 일이 단지 사람들을 구원하기 위한 것이라면, 인간은 그것의 성취에 꽤 중요한 역할을 하는 것처럼 보일 것이다. 그러나 우리의 일이 몸을 세우려는 목적을 가지고 있다면, 사람은 완전히 배제되어야 한다. 이는 몸은 그리스도이기 때문에 모든 것이 그리스도를 위한 것이다. 그러므로 사람의 어떤 것도 들어갈 수 없다.

실제로 몸을 가장 잘 세우고 돕는 것은 은사가 아니다. 또한 하나님께서 주신 은사를 가진 자의 말이 아니다. 몸을 진정으로 세우고 가장 도움이 되는 것은 우리가 접촉하는 십자가를 깊이 아는 사람들, 즉 내면의 십자가를 알고 날마다 그것을 짊어지는 사람들 안에 존재하는 생명이다.

은사로 자체를 세우려고 하는 교회는 항상 세속적인 교회로 귀결

될 것이다. 은사는 보육 단계에서 교회를 세우기 위한 것이기 때문이다. 왜 그런가? 은사는 속사람을 바꾸지 않기 때문이다. 오직 십자가만이 이 일을 한다!

불행히도 오늘날 교회에서 관심의 초점은 사람이 말하는 것이나 사람이 하는 일에 있다. 사람이 무엇인지에 대해서는 거의 강조하지 않는다.

당신이 다른 사람들에게 제공해야 하는 도움은 항상 당신이 지불한 가격에 비례할 것이다. 가격이 높을수록 당신이 더 많이 제공해야 하고, 가격이 낮을수록 당신이 더 적게 제공해야 한다.

하나님께서 교회에 주신 은사에는 두 가지가 있다. 하나는 기적, 병 고침, 방언 등의 은사이다. 다른 하나는 선지자, 교사, 목사, 전도자와 같이 사역할 사람들의 은사이다. 전자는 우리 안에 그리스도의 생명을 더 많이 주지 않는다. 이 은사들은 단순히 하나님의 말씀을 실증한다. 후자는 하나님의 말씀의 사역과 관련이 있다. 이 은사들은 교회의 내부의 영적 생명을 증진시킴으로 우리 안에 그리스도의 생명을 더 많이 나타낸다.

흘러나온 영 아래에서 방언이나 초자연적인 말의 방법으로 올 수 있는 대언의 은사가 있다. 그러나 이것은 영적 깊이, 역사 및 성숙이 없을 때 하나님께서 교회를 세우시기 위해서 사용하실 수 있는 그분의 일시적인 방법일 뿐이다.

고난은 사역의 기초이다. 그리고 그리스도의 생명이 우리 안에 나타나려면 십자가의 흔적이 있어야 한다. 그분의 생명이 우리에게서 흘러나와 다른 사람에게로 흘러 들어갈 수 있는 것은 죽음이 우리에게 작용했을 때뿐이다.

요즈음 사역에 있어서 이처럼 끔찍하게 천박하고 가난한 이유는 무엇인가? 그것은 사역자들이 스스로 경험한 것이 거의 없다는 것이다. 영적으로 진정으로 부유한 사람들이 얼마나 적고 드문가.

당신은 옛 피조물의 어떤 것 즉, 당신의 옛 마음, 당신의 옛 재치 있는 말, 당신의 옛 영리함, 당신의 옛 설득력 또는 당신의 옛 능력도 성막(주님의 사역)으로 가져갈 수 없다. 오직 죽음을 통과한 것만이 하나님께 유용하다. 당신은 먼저 죽은 막대기를 그분 앞에 놓고 그것이 꽃을 피우도록 허용해야만 하나님을 섬기는 데 유용할 수 있다(민 17:1-8).

부활의 의미는 단 하나 즉, 사람이 죽음을 겪고 새 생명을 얻었다는 것이다.

하나님을 위해 일하는 것과 하나님을 섬기는 것은 서로 다른 것이다. 그리고 오직 하나님을 섬기는 것만이 그분께 받아들여질 수 있다.

사역에 들어가고자 하는 사람은 자신의 죽은 지팡이를 주님 앞에 놓기만 하면 주님께서 그분의 생명을 죽은 지팡이 안에 쏟으실 것이다(민 17:1-8, KJV). 그는 그런 다음 죽은 지팡이가 꽃이 필 때까지 기다려야 한다. 소멸되어야 할 생명이 죽은 지팡이 안에 남아 있지 않을 때, 지팡이가 죽으면 죽은 지팡이가 꽃을 피울 것이다.

성소 생활의 죄악은 무엇인가(민 18:1), 그것은 부활이 아닌 다른 것을 주님을 섬기기 위해서 가져오는 것이다.

옛 피조물을 신뢰하거나 옛 피조물을 주님의 일에 가져오는 것은 성소의 죄악을 야기하는 것이다.

하나님께 속한 것으로만 하나님을 섬길 수 있다. 하나님께로부터 나오는 것 외에는 아무것도 그분을 섬기는 데 사용할 수 없다.

42

하나님의 계획과 이기는 자들

우리가 능력이 없는 이유는 우리가 충분히 약하지 않기 때문이다. 그리스도의 능력은 오직 연약함 가운데서만 온전케 된다(고후 12:9). 승리하는 삶의 비결은 그리스도께서 나를 강하게 만드시는 것이 아니라 그리스도께서 나의 나약함에 힘이 되시는 것이다.

우리 안에 우리 자신의 생명이 있는 한, 우리는 그리스도의 승리를 받아들일 수 없다. 그리스도께서 우리 안에 거하실지라도, 그분은 우리 안에 통치의 자리가 주어지시지 않으셨다. 우리는 우리 자신 안에 있는 어떤 생명도 끝에 도달해야만 한다. 이는 사람의 끝은 하나님의 기회이기 때문이다.

자신의 연약함을 보지 않는 한 그 사람은 결코 십자가를 받아들이지 않고 자신의 모든 경영권을 주님께 온전히 맡길 수 없다.

이스라엘 백성이 성막과 적절한 관계를 유지하는 한 그들은 승리할 수 있었고 다른 어떤 나라도 그들을 이길 수 없었다. 하지만 이 관계에 문제가 생기면 그들은 포로로 잡혀 갔다. 때때로 그들에게 강력한 왕과 비상한 지혜가 있었지만 중요한 모든 문제는 그들이 성막의 궤를 훼손했는지 여부였다. 또한 오늘날 하나님의 백성인 우리도 마찬가지이다. 우리가 그리스도께 가장 높은 자리를 내어드리지 않으면 우리는 이길 수 없다. "우리를 사랑하시는 이로 말미암아 우리가 넉넉히 이기는 것"(롬 8:37)은 우리가 그분께 가장 높은 자리를 내어드릴 때뿐이다.

이스라엘 자손이 성막과 합당한 관계를 유지하는 한 그들은 승리하였고, 다른 어떤 민족도 그들을 이길 수 없었다. 그러나 이 관계에 문제가 생기자 그들은 포로가 되었다. 때로는 강력한 왕과 비상한 지혜가 있었음에도 불구하고 중요한 것은 그들이 성막의 궤를 더럽혔는지 여부였다. 또한 오늘날 우리에게도 하나님의 백성이 그러하다. 우리가 그리스도께 가장 높은 자리를 드리지 않는다면, 우리는 이길 수 없을 것이다. "우리가 그분을 통해서 정복자들보다 더 나은 자들"이 되는 것은 결국 하나님께 가장 높은 자리의 지위를 넘겨드릴 때뿐이다 (롬 8:37, KJV).

그리스도께서 모든 것에 으뜸이 되시도록 하는 사람들만이 모든 것 중에서 가장 거룩한 곳(지성소)에 들어갈 수 있다.

성경에 대한 지식의 확대는 영적인 성장이 아니다. 우리 안에 계시는 그리스도의 충만함만이 영적 성장이다.

계시는 하나님께서 우리에게 주시는 것 즉, 객관적으로 주시는 것이다. 빛은 하나님께서 계시로 우리에게 보게 하시는 것 즉, 주관적으로 보는 것이다. 영적인 시각은 빛과 계시를 모두 포함한다.

능력을 얻으려면 그리스도께서 자신의 삶의 보좌에 앉으시도록 허용해야 한다. 그 사람 안에서 그리스도께서 충만하실 때, 그는 능력을 얻게 될 것이다.

하나님께서는 광야에서 이스라엘 자손들을 다루셨던 것처럼, 우리가 하나님의 풍성하심을 인식할 수 있도록 이 땅에서 식량과 의복을 주지 않으심으로 종종 우리를 다루신다.

하나님을 위해 일하지만 섬기지 않는 사람이 많다. 하나님을 위해 일하는 것과 섬기는 것은 크게 다르기 때문이다. 그분을 섬기는 사람이 얼마나 적은가!

우리의 사역에서의 성공의 척도는 우리의 사역에서의 그리스도의 척도에 의해 결정된다.

우리는 주님의 손에 있는 빵이다. 사람들은 먹은 후에 빵 그 자체가 아니라 빵을 주시는 분께 감사한다.

하나님의 중심은 그리스도이시다. 그리스도는 하나님의 목적과 계획의 중심이시다. 그리스도는 만물의 중심이시다. 그러므로 우리의 중심 메시지는 항상 그리스도여야 한다.

하나님은 죄인을 구원하기 위해 복음을 전하실 뿐만 아니라 십자가에서 그리스도의 승리를 나타내기 위해 세상에 교회를 남겨두신다. 그리고 그분은 우리가 그분의 아들의 승리를 증명할 기회를 만드시기 위해 사탄이 지상에 머물도록 허용하셨다.

신약성경에는 (1) 십자가, (2) 교회, (3) 왕국의 세 가지 주요 요점이 있다. 그리스도의 십자가는 구속을 이루시고 승리를 얻었다. 교회는 세상에서 십자가의 승리를 유지하고 표현할 책임이 있다. 그리고 왕국은 그 권세와 능력의 집행을 드러낼 것이다.

이전에 우리는 모두 옛 본성을 통해 아담의 연장선이었던 것처럼 이제 우리는 새 본성을 통해 예수 그리스도의 연장선이 되어야 한다.

성경을 통해서 보면, 우리는 육신은 성령을 따라 행함으로 이긴다(갈 5:17-18)는 것을 본다. 세상은 아버지를 사랑함으로 이긴다(요일 2:15). 그리고 사탄은 그리스도를 믿음으로 이긴다는 것을 본다(요일 3:8-9).

교회가 세상에 남아 있는 이유는 모든 곳에서 사탄을 결박하여 그리스도의 십자가의 승리를 유지하고 증명하기 위함이다.

그리스도의 제자의 삶의 원칙은 이와 같아야 한다. 죽음이 내 안에서 역사했던 것처럼, 생명이 다른 사람 속에서 역사해야 한다(고후 4:12).

오늘날 교회는 요단강(죽음)의 밑바닥에 서 있는 제사장이 부족하기 때문에 승리를 위해 본토(가나안 땅-역주)로 건너 갈 수 없다(수 3:14-17, 참조).

하나님의 승리자들은 한편으로 자아와 세상과 사탄을 부인하는 데 충실해야 한다. 반면에 그들은 그리스도의 권위를 행사하는 방법을 알아야 한다.

일반적인 또는 간구하는 기도는 땅에서 하늘로 기도하는 것이다. 명령하는 또는 권위 있는 기도는 하늘에서 땅으로 기도하는 것이다.

사탄은 우리가 약하다는 것을 믿기를 원한다. 우리는 기쁨으로 이 것을 그에게 확증해야 한다. 이는 우리가 약할 때, 그리스도께서 우리 를 통해서 강하시기 때문이다. 그분의 능력은 우리의 약함을 통해서 온전해진다(고후 12:9, KJV).

43

지혜와 계시의 영

영원 전에, 하나님께서는 하나의 소원이 있으셨다. 그러나 다가오는 영원 속에서, 그분은 그것을 손에 넣으실 것이다.

은혜의 복음과 왕국의 복음은 두 개의 복음이 아니라 두 개의 다른 각도에서 본 하나의 복음이다. 사람의 관점에서 보면 그것은 은혜의 복음이다. 하나님의 관점에서 보면 그것은 왕국의 복음이다.

사람이 새로 태어날 때 하나님의 선하심의 보화를 본 것과 지금 본 것이 정확히 같다면 삶에서 영적으로 진보하지 않은 것이다.

우리가 강하냐 약하냐 하는 것은 우리가 더 많이 보느냐 적게 보느냐에 달려 있다. 보는 사람은 강해지고 보지 않는 사람은 약해진다. 그러므로 핵심은 보는 것이다. 이는 우리가 경험에 이를 수 있는 것은 오직 보는 데 있기 때문이다.

하나님의 능력이 얼마나 크신가? 그분의 능력이 그리스도 안에서 역사하신 만큼, 그분의 능력이 교회 안에서 역사하실 것이다. 우리에게 나타난 능력이 그리스도 안에서 나타난 능력보다 적다면, 우리는 우리가 보고 이해하지 못한 것이 많다는 것을 인정해야 한다.

하나님께서 우리가 이해하기를 원하시는 것은 우리가 그분께 더 얻을 것이 없다는 것이다. 우리에게 필요한 것은 우리가 이미 그분께 얻은 것이 얼마나 영광스럽고 풍부하며 위대한지를 이해하고 경험하는 것이다.

오늘날의 문제는 "하나님께서 일하실까"가 아니라 "하나님께서 이미 일하신 것을 우리가 보는가?"이다. 이 둘의 차이는 엄청나다. 우리가 이것을 이해하면 남은 것은 그분의 완성된 일을 붙잡는 것이다.

많은 사람들은 자신의 삶에서 가지고 있는 약점과 실패로부터 미래의 어느 날에 구출되기를 기대한다. 얼마나 불행한 일인가! 그들이 하나님께서 그들의 눈을 뜨게 해주시기만 하신다면, 그것은 주님께서 이미 행하신 일을 우리에게 계시하는 것이지, 그분께서 행하실 일을 계시하는 것이 아니다.

성경은 우리에게 더 큰 능력이 필요한 것이 아니라, 우리가 이미 우리 안에 있는 "그분의 능력의 지극히 크심"(엡 1:19)을 깨달을 수 있도록 "지혜와 계시의 영"이 필요하다고 말씀한다(엡 1:17).

우리를 보게 하는 것은 계시의 영이고, 우리가 보는 것을 이해하게 하는 것은 지혜의 영이다. 즉, 우리에게 통찰력을 주는 것은 계시이지만 이 통찰력에 초점을 맞추는 것은 지혜이다.

주님을 아는 것은 우리가 보고 듣고 접촉하는 것만으로는 충분하지 않다. 그분은 그보다 훨씬 크시기 때문이다. 오직 하나님께 열려 있고 하나님께로부터 계시를 받은 사람들만이 그분을 하나님의 아들로 안다.

인간의 가르침에서 오는 주 예수에 대한 지식이 있지만 주님에 관한 한 그러한 지식은 무효로 간주된다. 주 예수님에 관하여 아버지로부터 받은 지식만이 그분에 대한 참된 지식이다. 왜? 아들로 말미암지 않고는 아무도 아버지께 올 수 없고(요 14:6), 아버지께로부터 아들에 대한 계시가 없이는 아들을 알 수 없기 때문이다(요 6:44).

오늘날 교회에는 큰 문제가 있다. 그것은 그리스도에 대한 지식이 오직 가르침에서 오는 사람들로부터 비롯된다. 더욱이 그분에 대한 이러한 지식은 사람 자신의 영리함과 지혜의 산물이기 때문에 굳게 설 수 있는 반석이 아니다. 이것을 어떻게 아는가? 이는 그것이 밀리면 쉽게 쓰러지기 때문이다.

단순한 교리란 무엇인가? 그것은 하나님의 빛이나 하나님과의 직접적인 소통 없이 혈과 육으로 가르치는 것이다. 단순한 교리는 계시가 없고 영적으로 무가치하다.

구원하는 것은 그리스도에 대한 교리가 아니다. 오히려 구원하시는 분은 하나님께서 계시하신 그리스도이시다.

교회가 하나님의 계시를 받지 못한다면, 교회가 가진 모든 것은 전통이 될 것이다. 그러면 교회는 실패할 수밖에 없다.

오늘날 교회에 존재하는 많은 약점, 실패 및 불모지는 계시와 반대되는 교리를 강조하기 때문일 수 있다. 사람이 교리만 듣고 빛을 받지 못하면 얻은 것은 살아 계신 그리스도가 아니다.

우리는 신자로서 그분의 미래 왕국의 권능을 미리 맛볼 수 있는 권리를 부여받았기 때문에, 우리는 매일 그 왕국의 체험 속으로 다가갈 수 있다. 그것을 이용하는 사람이 얼마나 적은지 얼마나 슬픈가!

우리가 하나님께서 그리스도 안에서 우리에게 주신 것의 충만함을 경험하기를 기대한다면, 우리는 우리 자신의 생각과 영리함에서, 과거와 현재와 미래에 묶여 있는 우리의 세상 개념의 한계로부터, 그리고 성령 밖에 있는 우리가 가진 모든 죽은 지식으로부터 우리를 구출해 달라고 그분께 구해야 한다. 이런 일이 일어날 때, 사람은 하나님께서 그리스도 안에서 우리를 위해 행하신 모든 일뿐만 아니라 그것이 지금도 있고, 살아 있다고 보기 시작한다.

우리가 하나님의 빛이 우리의 삶에 들어와 우리를 비추도록 허용할 때만 우리는 우리의 진정한 상태와 우리 안에 있는 모든 어둠을 볼 수 있다. 이런 일이 일어나고 우리가 주님의 영광과 거룩과 심판을 마주할 때 우리는 우리 스스로를 깊이 혐오하지 않을 수 없다.

우리가 그분의 죽으심과 같은 모습으로 그분과 연합된 것은 오직 그분의 부활하심과 같은 모습으로 그분과 연합된 것이기 때문이다(롬

6:5, KJV).

그리스도는 생명의 근원이시다. 그분의 생명은 창조되지 않은 생명이시다. 그분은 생명이시다(요 11:25).

부활 생명은 죽음을 견뎌내고 다시 살아나신 생명이기 때문에 부활이 무엇인지 아는 교회나 개인은 어떠한 시련이나 환난에도 견딜 것이다.

하나님께서 성경에 말씀하신 것은 하나님의 왕국, 하나님의 집, 하나님의 가족의 순서이다. 오늘날 많은 사람들이 이러한 사실에 대해 전혀 모르고 있다는 것은 얼마나 비극적인 일인가! 왕국이란 무엇인가? 그것은 지상에 있는 하나님의 영적 영역이다. 왕국은 하나님의 주권과 통치를 보여준다. 하나님의 집이란 무엇인가? 그것은 하나님의 성품이 얼마나 영광스럽고 사랑스럽고 의로운지를 나타내는 것이다. 하나님의 가족이란 무엇인가? 그것은 하나님의 사랑과 하나님과 우리 사이의 관계를 나타내는 것이다.

우리가 하나님의 자녀가 되면 특정한 권리나 권위가 부여된다(요 1:12). 구원받는다는 것은 우리가 교회에 들어갔다는 것뿐 아니라 우리가 왕국에 들어갈 권리가 있다는 것을 의미한다. 하지만 오늘날 한 가지 문제는 바로 이것이다. 많은 사람들이 교회를 한 번 들어가면 모든 것을 얻게 되는 것처럼 교회를 헤아릴 수 없을 정도로 확대한다. 그들은 하나님의 왕국에 들어가는 것을 잊어버린다.

현재 교회의 가련한 상태는 사실 우리 모두가 스스로 만든 것이다. 우리는 자아를 모든 것의 중심으로 삼고 주님을 단지 우리를 돕는 분으로 받아들인다. 결과적으로, 우리 삶에 나타나는 왕국의 실체가 거의 없다. 그걸 어떻게 아는가? 이는 왕국을 조금이라도 쥐고 있는 사람들은 변화된 삶을 살고 있기 때문이다. 그들은 전과 같지 않다.

구원은 다름 아닌 성령의 멍에를 메는 것이다.

구원받는 것은 단지 개인적인 즐거움을 위한 것이 아니며 우리가 하고자 하는 모든 것을 할 기회를 위한 것도 아니다. 오히려 주님의 백성의 모든 생각과 모든 말과 행하는 모든 일을 하나님의 주권에 복종시키는 것이다. 이것이 왕국의 경험이다.

은혜의 복음은 주로 축복을 다루는 반면, 왕국 복음은 특히 사탄의 악마적 압제를 가리킨다.

그리스도인들이 혼의 구원을 세상에서 가장 큰 책임으로 여긴다면 하나님의 가장 높은 뜻을 이루지 못한 것이다. 그들은 혼의 구원보다 더 큰 책임이 있음을 깨달아야 한다. 그리스도인들은 하나님의 왕국에 참여하게 해서 이 세대를 끝내야 한다.

하나님의 자녀들이 하늘 왕국에 대한 "산 증거"를 전하기 위해 일어나는 곳마다 어디든지 하나님께서 그들 자신을 대신하셔서 그분 자신이 강하시다는 것을 보여주시기 위해서 일어나실 것이다(대하 16:9). 오직 충실한 증거만이 주님께서 일어나셔서 일하시게 할 수 있다.

44

심판의 영

창조의 일은 죄가 다시는 들어오지 못하도록 보장하지 않았지만, 하나님의 마지막 심판은 죄가 영원히 사라질 것임을 보장할 것이다.

우리 각자의 내면에 있는 오류는 논쟁으로가 아니라 심판으로 고쳐진다. 심판을 받으면 죄는 우리 안에서 쇠퇴한다.

죄가 들어오면 하나님께서는 심판을 사용하셔서 죄를 해결하신다. 심판보다 못한 것은 문제를 해결할 수 없다.

십자가는 죄의 문제를 해결할 뿐만 아니라, 죄, 사탄, 그리고 사탄의 세상을 이긴다.

가르침과 계시 사이에는 엄청난 차이가 있다. 가르침은 누군가가 듣고 나서 그가 해야 할 일을 보여준다. 계시는 이미 행해진 것을 보는 것이다. 빛이 들어오면 문제가 해결된다.

당신에게 어떤 것들이 당신을 짓누르고 있다면, 당신은 하나님께 그분의 강한 빛으로 당신을 깨우쳐 달라고 구해야 한다. 그러면 당신을 괴롭히는 것은 제거될 수 있다. 당신은 오늘 그분의 빛에 의해 심판을 받도록 허용해야 하며, 그래야 나중에 심판대에서 그 빛에 의해 심판을 받지 않을 것이다.

오직 하나님의 자녀들만이 하나님의 계속적인 심판을 누릴 수 있는 특권이 있다. 우리가 세상과 함께 정죄받지 않도록 주님께 판단을 받는다는 것은 얼마나 큰 특권인가(고전 11:32). 우리가 심판을 받는 것은 참으로 은혜요 기쁨이다.

언젠가 하나님께서는 죄의 권세를 완전히 파괴하실 것이지만 오늘은 그분의 자녀 안에서 죄의 권세가 먼저 파괴되기를 원하신다.

오늘날 하나님의 자녀들은 능력이 부족한 것이 아니라 깨달음이 부족하다. 하나님께서 당신을 깨우쳐 주시고 당신의 죄악을 보여주실 때, 그 죄악은 당신을 떠난다.

우리가 빛을 거부하면 징계를 받아야 한다. 어떤 문제에 대해 빛의 판단을 받아들일 때 우리는 구원을 받는다. 빛을 거부하는 사람은 징계를 받아야 한다.

많은 하나님의 자녀는 반복적인 징계를 받은 후에도 빛을 보지 못하거나 거부한다. 이것이 수많은 징계가 의도한 목적에 미치지 못하는 이유이다. 사람들은 자신의 삶에서 삐뚤어진 것과 불의를 보려고 하지 않는다.

사람들이 하나님께 가까이 가고 싶을 때, 그들은 징계를 받고, 하나님께 멀리 떨어져 있을 때, 그들은 세상의 번영을 누린다. 왜 그럴까? 이는 우리가 하나님께 가까이 가고자 할수록 더 많은 징계를 받아야 하기 때문이다(히 12:6).

하나님께서 징계 없이 자유롭게 지내도록 허락하실 때 우리는 유감스럽게 생각해야 한다. 왜? 하나님께 버림받는 것보다 그리스도인에게 더 나쁜 것은 없기 때문이다. 징계를 받는다는 것은 아들이 되는 것이다. 징계를 받지 않는 것은 사생아같이 되는 것이다(히 12:8). 누군가가 결코 징계를 받지 않는다면 나는 그를 두려워할 것이다. 징계는 하나님의 경고 역할을 하기 때문이다.

심판은 근본적인 깨달음이다. 심판으로 쓰러지면 사람은 즉시 최소한의 빛으로도 보게 된다. 이를 통해 자신의 삶뿐만 아니라 다른 사람의 삶도 올바르게 분별하고 판단하고 그들로부터 배울 수 있다. 이것이 일어날 때 영적 진보가 확실히 눈에 띄게 될 것이다. 따라서 그분의 심판의 빛에 따라 사람은 살아난다(시 119:156, KJV).

바깥뜰에는, 빛은 자연 그대로다. 성소에는, 부자연스러운 또는 사람이 만든 빛이 있다. 그러나 지성소에는, 자연광도 인공광도 없다. 단지 하나님의 영광의 빛만 있을 뿐이다. 그러므로 오직 지성소에서만 우리는 하나님의 빛으로 볼 수 있다.

교회는 이제 하나님의 심판의 대상이다. 즉, 교회는 교회의 일에서 하나님의 심판을 행사해야 한다. 그러나 개신교는 심판이라는 단어를 사용하는 것을 두려워하지만 로마 가톨릭은 그것을 악용한다. 그러나 우리는 영적 현실을 찾아야 한다.

성경에 따르면, 심판은 교회 안에 있지만, 교회는 빛이 교회에게 비치기 전까지는 심판할 수 없다. 그러므로 교회는 권위적이지 않고 슬퍼해야 한다. 교회는 먼저 자신을 심판해야 한다. 교회가 다른 사람들에게 하나님의 징계를 적절하게 행사할 능력과 가치가 있으려면 교회 자체가 회개해야 한다.

사랑은 하나님의 긍정적인 힘이시고, 인내는 하나님의 기다림의 힘이시며, 분노는 하나님의 파괴적인 힘이시다.

위로하는 것보다 책망하는 것이 더 어렵다.

꾸짖는 것과 책망하는 것은 엄연히 다르다. 약한 사람은 꾸짖을 수 있어도 책망할 수 없다. 오직 성령의 징계를 받은 사람만이 책망할 수 있다.

하나님께서는 그분의 영광을 유지하시고 죄와 그분과 반대되는 모든 것을 근절하시기 위해 심판을 사용하신다.

그리스도인들은 복음으로 세상을 접촉하는 것이 임무인 천국 시민들이다. 이를테면, 세상에 있는 동안, 우리는 참으로 법을 준수해야 하지만, 우리는 우리 자신을 세상에서 공공의 권리를 가진 시민으로 인식해서는 안 된다. 대신, 우리는 천국 시민권의 주장이 그것들보다 우선하기 때문에 세상의 권리에 대한 주장을 하는 것을 매우 주저해야 한다.

공직을 맡음으로써 그리스도인의 특성을 보존하는 것은 불가능하다. 왜? 세상은 공직자에게 사법적인 처벌을 요구하기 때문이다. 반면에 사랑과 은혜의 사역은 하나님께서 그리스도인들에게 요구하시는 것이다.

성경은 우리가 주인과 종이 되는 법에 대한 가르침이 있다. 그러나 우리가 주의해야 할 점은 성경은 공무원이 되는 법에 대한 가르침은 없다.

순종은 행동의 문제이지만, 복종은 태도의 문제이다. 하나님만이 무한한 순종을 받으실 자격이 있으시며, 하나님께서 주신 권위의 척도를 초과하는 모든 사람은 순종할 가치가 없다. 그러므로 그리스도인이 자신의 국가 또는 하나님 이외의 다른 권위에 굴복하는 것은 복종하는 것이며 절대적인 것은 아니다.

일부 신자는 세상을 개선하기 위해 노력하지만 불행히도 세상에서 더럽혀지고 만다. 왜 그런가? 우리는 세상 자체를 바꾸는 것이 아니라 세상에서 사람들을 구출하기 위해서만 부름을 받았기 때문이다. 세상은 이미 하나님 앞에서 정죄를 받고 있다.

죄인들은 그들이 구원을 받기만 하면, 그들이 어떻게 구원을 받았는가에 대해서 관심이 없다. 그러나 하나님께서는 의로우시기 때문에, 그분은 그분의 의로우신 본성을 유지하셔야만 하신다. 그러므로 하나님께서 우리를 구원하시기 위해서 사용하시는 방법은 그분의 영광과 의(義)에 못 미칠 수가 없다.

하나님의 사랑은 우리를 십자가로 인도하지만, 십자가는 우리를 의(義)로 인도한다. 하나님의 사랑은 그분이 우리에게 그분의 아들을 주시도록 하였고, 하나님의 의는 우리로 하여금 그분의 아들을 통하여 하나님께 가까이 갈 수 있게 하였다. 십자가 앞에서는 하나님의 사랑의 문제이고, 십자가 뒤에서는 하나님의 의(義)의 문제이다.

주 예수님의 의(義)가 우리를 구원한다는 것은 신약성경에서 가르치지 않는다. 성경이 말씀하는 것은 하나님의 의(義)가 우리를 구원한다는 것이다. 주 예수님의 의(義)는 단지 그분께 속해 있으며, 그것은 하나님 앞에 그분께 자리를 내어 준다. 그러나 주 예수님 자신은 우리의 의(義)의 옷이시다. 우리가 하나님께 다가갈 수 있는 것은 오직 우리가 그리스도 안에 있기 때문이지, 우리가 의롭기 때문이 아니다.

나의 죄를 처리하는 것은 그리스도의 피이고 죄인인 나를 처리하는 것은 십자가이다. 전자에는 십자가가 없고 후자에는 피가 없다.

성경에는 두 가지 종류의 빛이 있다. 하나는 거룩함이고 다른 하나는 복음이다. 만일 우리가 복음의 빛 안에서 행한다면, 하나님께서는 그분의 거룩함의 빛을 휘장 뒤에서 우리에게 드러내실 것이다. 이것은 교제의 빛 안에서 행하는 것이다(요일 1:7).

죄의 문제는 외적인 것이 아니라 내적인 것이다. 우리가 그리스도인의 삶을 시작할 때 우리는 행위가 사악하지만 마음은 선하다고 생각하는 경향이 있다. 그러나 우리가 주님에 대한 더 깊은 지식에 들어감에 따라 우리의 행위는 선할지라도 우리 마음은 죄악됨을 보기 시작한다.

그리스도인이 거듭난 후에 깨달아야 할 가장 중요한 두 가지는 거듭
남으로 얻은 것과 타고난 자질이 얼마나 남았는가이다.

성경은 결코 우리에게 죄를 위해 십자가에 못 박으라고 가르치지
않지만, 자아를 위해 십자가를 지라고 말씀한다. 이는 주님께서 자아
를 대하시는 방식과 우리의 죄를 대하시는 방식이 다르기 때문이다.

그리스도인은 순식간에 죄를 완전히 극복할 수 있지만 평생 자아를
부인해야 한다. 죄를 극복하는 것은 성취된 사실이다. 자아를 극복하
는 것은 평생의 일상적인 일이다.

그리스도의 피는 죄를 다루고, 십자가를 통해서 성령께서는 자아
를 다루신다.

안타까운 것은 많은 그리스도의 사역자들이 죄인에게 하나님의 온
전한 구원을 제시하지 않는다는 것이다. 그러므로 믿고 받는 것은 온
전한 구원의 절반에 불과하다. 사람이 중생의 순간에 하나님의 완전
한 구원을 믿고 받아들이면, 그는 그리스도인의 삶에서 죄와의 싸움
에서 더 적은 패배를 경험하고 자아와의 싸움에서 더 많은 승리를 경
험하게 될 것이다. 그러나 불행하게도 그러한 그리스도인은 드물다.

육신은 자아를 모든 것의 중심으로 삼는 반면, 영은 모든 생명을 그
리스도께 집중시킨다. 그것은 모든 믿는 자들이 자아를 이기고 승리
를 얻을 때까지 하는 격렬한 싸움이다.

하나님의 목적은 육신을 개혁하시는 것이 아니라, 육신의 생생한 핵심을 파괴하시는 것이다. 중생할 때 사람에게 그분의 생명을 주심으로 하나님께서는 우리가 육신의 자아를 파괴하기 위해 그분의 생명을 사용하기를 원하신다.

육신적인 사람은 육신의 지배를 받는 것이고, 영적인 사람은 하나님의 영의 지배를 받는 것이다.

사람은 죄와 자아에 대한 승리인 하나님의 완전한 구원을 얻지 못한다. 이는 그것이 가능하다는 것을 모르기 때문이 아니라 자신이 그것을 얻으려고 결정하지 않았기 때문이다.

자신의 의지로 죄를 이기려고 하는 모든 사람은 비참한 그리스도인이다. 왜? 이런 방식으로 얻은 모든 승리는 주님께로부터 비롯된 것이 아니기 때문이다. 더욱이 그것은 본성의 변화가 아니기 때문에 일시적일 뿐이다.

하나님께서는 우리에게 새 생명을 주실 때 "생명의 성령의 법"(롬 8:2)도 주신다. 이 법은 그리스도인이 그가 받은 새 생명의 본성을 따른다면 힘들이지 않고 선을 행할 수 있게 한다.

새는 날기는 매우 쉽지만 수영하기는 매우 어렵다고 말할 수 있다. 그리스도인은 죄를 극복하기는 매우 쉽지만 죄를 짓기는 매우 어렵다고 말할 수 있어야 한다. 아멘!

믿음은 (1) 사람 자신이 하는 일을 그만두는 것과 (2) 하나님께서 일하시기를 기다리는 두 가지 기본 원칙으로 구성되어 있다.

중생 때 하나님께서 우리에게 믿음을 주신 것과 같이, 하나님께서 우리의 일상생활을 위한 믿음도 주셔야 한다. 그러므로 모든 믿음은 하나님이 주시는 것이다. 그래서 우리는 항상 믿음을 공급받기 위해서 그분을 의지해야만 한다.

하나님께서는 우리가 우리 자신의 욕망을 충족시키도록 믿음을 주지 않으신다. 이는 우리의 합당한 곳은 죽음이기 때문이다. 하나님의 뜻에 따라 그리스도인은 오직 주님의 뜻과 영광을 위해 이 땅에서 산다. 하나님께서는 우리를 그분의 그릇으로 사용하기를 원하시지만, 이것은 우리가 자아에 대해 죽을 것을 요구한다.

하나님께서 믿음을 주시는 순간, 그리스도인은 즉시 염려하지 않고 안식하는 믿음의 역사를 보여준다. 인간적으로 만들어진 것은 믿음이 아니며 따라서 안식을 주지 않는다.

그리스도인이 영적 성장을 하지 못하는 데는 두 가지 이유가 있다. 첫째는 자신의 자아를 모르기 때문이고, 다른 하나는 주님의 부요하심을 모르기 때문이다.

성령께서 우리에게 역사하시는 첫 번째 단계는 현재 상황이나 삶에 만족하지 못하게 하는 갈망을 우리 안에 불러일으키시는 것이다. 왜? 성령께서는 채우시는 사역을 하시기 전에 먼저 비우는 사역부터 시작하셔야 하기 때문이다.

성령께서는 우리를 비우게 하시기 위해 우리가 스스로 극복할 수 없는 어려움을 겪을 수 있도록 하신다. 이것은 우리가 그분을 의지하도록 가르친다. 하나님께서는 우리를 채우기 전에 먼저 우리를 비우셔야 한다.

하나님께서는 우리의 환경을 규제하셔서 우리를 그분 자신에 대한 더 깊은 지식과 우리 자신과 우리의 공허함에 대한 더 깊은 지식으로 인도하신다. 하나님께서는 때때로 우리를 실패하게 하시기도 하시는데, 이는 우리가 우리의 공허함과 무익함을 알게 하기 위함이시다.

우리가 비워지기 위해 하나님의 성령의 역사에 복종하는 것은 우리에게 책임이 있지만 성령께서는 우리를 채우실 책임이 있으시다.

하나님께서는 일하실 때 그분과 함께 일할 사람을 찾으신다. 하나님께서는 당신이 그분의 일을 하는데 필요한 것을 공급하실 수 있도록 하시기 위해 부(富)를 주신다. 이와 관련하여 실패하면 그분은 어쩔 수 없이 다른 사람을 일으켜 세우실 것이다.

아담이 하와를 위해 창조된 것이 아니라 하와가 아담을 위해 창조되었듯이 이 땅에서 그리스도인의 가장 큰 목적은 그리스도를 위해 사는 것이다.

45

하나님의 증언

하나님의 증언은 하나님께서 그분 자신에 대해 말씀하시는 것이다. 하나님께서 말씀을 하지 않으신다면 증언은 없다. 그러므로 하나님을 증거하려면 사람이 하나님 그분 자신을 접촉해서 하나님께서 말씀하시기를 원하시는 말씀을 말할 수 있어야 한다. 사람은 하나님을 알고, 보고, 계시를 받은 후에야 비로소 말을 해야 한다.

간증은 교리가 될 수 있지만 교리는 결코 간증이 될 수 없다. 왜냐하면 간증은 주님을 접촉하는 문제이기 때문이다.

부활은 오늘날 하나님을 섬기는 유일한 조건이다.

하나님께서 자기 백성을 징계하시는 것은 그분 자신을 변호하시기 위한 것이다. 그분은 그분 자신의 거룩하심을 변호하셔야 하신다. 그분의 백성이 합당한 간증을 유지할 수 없다면, 그것은 하나님께서 그것을 변호하시기 위해 나타나셔야 하신다는 것을 의미한다.

하나님께서 우리를 징계하실 때, 그분은 사실상 그분 자신의 정당성을 입증하신다. 우리가 하나님의 징계의 손에 굴복하면 굴복할수록 하나님께서는 더 많이 정당성이 입증되시고 따라서 징계는 더 빨리 지나갈 것이다.

그리스도인들 사이의 한 가지 문제는 우리가 세상이 우리 안에 얼마나 남아 있는지 보다 우리가 세상을 떠났는지 여부에 더 관심이 있다는 것이다.

명심하라. 가장 깊고 날카롭고 가장 교묘한 마귀의 계략은 그리스도의 인성*을 공격하는 것이다.

예수님은 누구신가? 이것이 증언의 기초이다. 모든 거짓 가르침과 파괴적인 교리는 직접적으로나 간접적으로 이 중심 주제를 공격한다. 그들은 그리스도의 인성을 공격한다.

오늘날, 예수 그리스도에 대한 증언은 교회, 곧 그리스도의 몸이라고 부르는 그릇에 맡겨졌다. 그것은 다음의 방식으로 맡겨졌다. 첫째, 이 증언은 모든 계시된 진리의 총합이다. 둘째, 이 증언은 그릇에 통합된 진리의 능력이다.

우리가 구원받는 순간, 하나님께서는 우리를 그리스도 안에서 흠이

---

* 人性, Person: 하나님은 한 분이시다. 그러나 3위격으로 분명하게 구별되어 존재하신다. 위격이라는 말은 인성을 의미한다. 그리스도는 완전한 하나님이신 동시에 모든 면에서 완전한 인간이시다(사 7:14; 요 1:14; 8:39-40; 고전 15:21; 히 5:8). 그리스도는 완전한 인간이셨으나 모든 인간이 지닌 죄성(罪性)은 없으시다(히 4:15; 벧전 2:22; 요일 3:5). 물론 참신이요 참 인간이신 그리스도는 완전한 하나님이시자 완전한 인간이기는 하셨지만 양자가 모순을 일으키지 않고 통일된 인격을 가지셨다-역주.

없고 완전하다고 보신다(골 1:28). 그러나 이제 그리스도의 완전하심을 우리의 경험에 전하는 것이 성령의 역사가 된다. 그리고 우리의 믿음과 성령의 인도하심에 대한 순종을 통해 그분의 과업은 성취된다. 이렇게 하면 하나님께서 보시는 것과 우리의 경험이 현실 속에서 하나가 된다.

우리는 주 예수님께서 "우리를 위하여" 죽으셨을 뿐만 아니라 "우리와 함께" 죽으셨음을 알아야 한다.

심판이 끝난 것은 부활의 근거에서만이며, 이 근거에서만 더 이상의 정죄가 없다.

구약에서 하나님의 모든 은혜는 언약궤에서 흘러나왔다. 마찬가지로, 새 언약 기간 동안, 그것은 모두 그리스도를 통해 우리에게 주어진다.

아마도 어떤 사람들은 왜 우리가 교회에서 하나님의 심판을 보지 못하는지 물을 것이다. 특히 많은 사람들이 하나님의 뜻을 육체적인 수단으로 대체할 때 그렇다. 이는 상황을 심판할 때가 아직 오지 않았기 때문일 수 있다. 또는 성막(하나님의 임재)가 이미 중간에서 떠났을 수도 있다(시 78:60-61). 그러나 어떤 경우에도 그분의 인내와 관용 때문에 주님을 조롱하려는 유혹을 받아서는 안 된다.

영적인 일에서 가장 중요한 요소는 모든 것이 산에서 보여준 양식에 따라(히 8:5, KJV), 즉 하나님의 뜻에 따라 이루어져야 한다는 것을 아는 것이다. 성막을 짓는 데 있어서 사람의 개인적인 재량에 맡겨진 것은 아무것도 없었다. 마찬가지로, 하나님께서는 그분의 교회를 세우는 일에 대해 예정된 계획을 가지고 계신다. 그리고 모든 대체 또는 변형은 최선의 의도를 가지고 완료되더라도 거부될 것이다.

그리스도의 종의 영광은 하나님의 일을 하는 그의 기발한 재주에 있는 것이 아니라, 하나님의 뜻이라고 생각하는 것을 주의 깊게 실행하는 데 있다. 주님의 말씀을 알고, 그것을 실행하는 것은 그리스도의 충실한 종의 영광이다.

하나님께서는 그분의 종들에게 개인적인 의견을 제시할 어떠한 근거도 주지 않으셨다.

그리스도의 종에게 가장 큰 축복은 하나님의 지시를 받은 산에 도착하여 그에게 주어진 사역을 알고 그 사역의 예정된 양식을 아는 것이다.

하나님 앞에 두 종류의 죄가 있다. 반역의 죄—듣는 것을 하지 않는 죄 그리고 고의(故意)의 죄—명령을 받지 않은 일을 하는 것(시 19:13).

반역은 하나님께서 당신에게 하라고 명령하신 일을 하지 않는 것이다. 고의로 하는 것은 하나님께서 명령하시지 않은 일을 하는 것이다.

그리스도의 종에게 중요한 것은 하나님께서 그에게 원하시는 일을 아는 것뿐만 아니라 그분께서 원하시는 시간을 아는 것이다. 그분께서 그것을 성취하도록 마련하신 수단을 사용하는 것이다.

주님의 일과 관련하여, 아마도 그분께서 택한 자보다 자원하는 자가 더 많을 것이다. 많은 사람들이 "내가 왔다"라고 말할 수는 있지만 "나는 보내심을 받았다"라고 말할 수 없다. 많은 사람들이 "나를 보내소서"(사 6:8, KJV)라고 말하지만, "가라"(9절)는 말씀을 기꺼이 기다리는 사람은 거의 없다. 이 때문에 많은 소위 신성한 일이 죽음으로 가득 차 있다.

하나님께 드리는 모든 봉사는 두 가지 출처 중 하나에서 유래될 수 있다. 하나는 하나님께로부터 나온다. 다른 하나는 사람에게서 나온다.

하나는 하나님께서 원하시는 것이지만, 다른 하나는 하나님께서 원하실 수 있다고 생각하는 것이다.

주님을 피상적으로만 아는 사람들은 성경에 금지되어 있지 않은 것은 무엇이든 할 수 있다고 생각한다. 그러나 그분을 더 친밀하게 아는 사람들은 성경에 금지되어 있지 않음에도 불구하고 하나님께서 하라고 명령하지 않으신 일을 하려고 한다면 고의의 죄를 짓게 될 것임을 안다.

선천적인 생명에서 나오는 것은 동기가 얼마나 순수한지, 목표가 얼마나 선한지, 결과가 얼마나 매력적인지에 관계없이 하나님을 기쁘시게 할 수 없다. 그것이 그분의 뜻에서 나오지 않는다면 그분의 승인을 얻지 못할 것이다.

흔히 하나님의 백성들은 하나님께서는 우리에게 봉사만을 요구하시고 봉사의 방법은 우리의 재량에 맡기신다고 생각하는 실수를 하는 경우가 많다. 얼마나 슬픈 일인가!

주님께서는 그분의 백성들이 그분의 일을 돕는 것보다 그분의 명령에 순종하기를 바라신다. 주님께서는 그분 자신의 영광을 옹호할 사람이 필요하지 않으시지만, 사람 앞에서 합당한 증언을 할 사람을 찾으신다.

우리의 지혜가 심판을 받고 우리의 생각이 죽음에 넘겨지지 않는다면, 우리는 결코 신적인 일을 수행할 수 없다.

주님께 다루어지고 복종과 교제를 배운 후에, 우리는 그분께서 사용하시기에 적합한 그릇이 되는 특권을 누린다. 그러나 먼저 우리는 그분의 다루심을 받아들여야 한다.

하나님께서는 사람들 앞에 두 가지 고려할 사항을 두신다. 첫째, 하나님께서는 죄인들에게 영생을 주신다. 둘째, 하나님께서는 이미 영생을 얻은 사람들에게는 왕국을 주신다.

그리스도인에게 영생은 이미 결정된 문제이지만 왕국을 소유하는 것은 상을 받기 위해 경주를 얼마나 잘하느냐에 달려 있다(빌 3:14).

히브리서의 기자는 우리 앞에 있는 것을 경주에 비유하고 심지어 우리의 발전을 방해할 수 있는 두 가지, 즉 "죄"와 "모든 무게"(히 12:1)를 언급했다. 죄는 우리의 영적 발전을 최대한 방해한다. 그것은 사람들을 경주에서 실격 처리한다. 죄는 규칙을 위반하는 것이며 규칙을 위반하는 사람은 경주를 할 수 없다. 그는 열외로 취급받는다. 모든 무게를 버리지 않는 것은 비록 그것이 우리가 달리는 데 방해가 되지는 않겠지만 확실히 빨리 달리는 데 방해가 될 것이다.

경주에서 달리는 특권을 잃은 사람은 왕국에 들어가 그리스도와 함께 다스리는 상을 잃는다.

왜 우리는 "인내심을 가지고" 경주를 하는가(히 12:1, KJV). 이는 상은 처음에도, 중간에도 주어지지 않고 코스의 맨 마지막에만 주어지기 때문이다.

히브리서 기자는 예수님께서는 "믿음의 창시자요 완성자라고 말씀한다(히 12:2, KJV). 그러므로 우리의 믿음은 그분께로부터 시작되고 끝나므로 주님만 바라보아야 한다. 그러면 그분의 거룩하심과 승리와 의(義)가 우리 삶에 계속해서 나타날 것이다.

하나님께서 우리에게 십자가를 지게 하실 때마다, 그분은 특별한 이유가 있으시다. 각 십자가는 영적 사명이 있다. 즉, 그것은 우리 삶에서 특별한 것을 성취하기 위해 보내진다. 이 문제에 있어서 우리가 하나님의 뜻대로 견디면 우리의 타고난 생명이 더욱 다루어질 것이며, 우리는 아들의 부활 생명으로 충만해질 수 있는 더 큰 능력을 갖게 될 것이다.

많은 그리스도인들이 바람만 타고 항해한다. 그들이 주님께서 정하신 길을 가고 있는지 궁금하게 한다.

세상을 사랑하는 것은 노력을 필요로 하지 않는다. 세상을 따르는 것은 힘을 요구하지 않는다. 하나님과 동행하는 삶을 살다 보면 역풍이 불어오는 것을 느낄 수 있다.

46

영적 지식

그리스도인들은 두 종류의 지식이 있어야 한다. 하나는 성경 지식과 다른 하나는 하나님의 능력에 대한 지식이다(마 22:29).

일반적으로 주님을 진심으로 찾는 사람들 중에는 두 부류의 사람들이 있다. 한 사람은 성경을 알지만 하나님의 능력에 대해서는 거의 알지 못하고, 다른 한 사람은 하나님의 능력을 알지만 성경에 대해서는 거의 알지 못한다.

그리스도께서 탄생하셨을 때, 그분을 간절히 찾는 사람들은 성경에 대해 아는 것이 거의 없었지만, 성경에 대해 큰 지식을 가진 사람들(서기관들과 대제사장들)은 그분을 찾지 않았다. 이것으로 우리는 성경적 지식을 갖는 것이 반드시 하나님을 아는 것을 의미하지는 않는다는 것을 알 수 있다.

성경의 한 가지 원칙은 확실하다. 하나님을 알고 싶다면 하나님과 교제하는 법을 배워야 한다. 그리고 하나님께로부터 이러한 교제를 받아들이기를 거부한다면, 결코 실질적인 영적 발전을 이루지 못할 것이다.

많은 그리스도인들이 성경에 거의 관심을 기울이지 않는다. 많은 사람들이 평생 동안 한 권의 책도 숙달하지 못하는 것이 얼마나 슬픈 일인가! 그러나 더 슬픈 것은 많은 사람들이 하나님을 실제로 알지 못한다는 사실이다. 그러나 우리는 모두 하나님과의 관계를 반복하고 그분의 응답을 받을 때까지 기도해야 한다. 왜? 우리는 이러한 반복적인 교제를 통해 교훈을 배우고 이를 통해 하나님에 대한 진정한 지식에 도달하기 때문이다.

설교하는 것과 증언하는 것의 차이점은 설교하는 것은 증언하는 것만큼 다른 사람을 도울 수 없다는 것이다. 당신이 증언할 때 당신은 실제 상황을 설명하고 있는 것이다. 당신이 말을 잘하지 못하더라도 말을 틀리게 할 수는 없다. 이는 당신이 실제로 보아서 알 수 있고 그리고 만져서 알 수 있는 실제 장면을 묘사하고 있기 때문이다.

당신이 하나님의 방법을 정확하게 배우면 하나님께서 어떤 기도에 응답하실지 알 수 있다. 당신이 사람들과 함께 기도할 때, 당신은 누구의 기도가 응답되고 누구의 기도가 응답되지 않는지를 알게 될 것이다. 이것은 당신이 선지자가 되었다는 것을 의미하지 않는다. 그것은 단순히 당신 편에서 기도하는 사람들의 영적 상태에 대한 당신의 분별력을 나타낸다. 이것으로 당신은 그들의 기도의 결과를 배울 수 있다.

우리가 하나님의 뜻을 구할 때마다 우리의 자아는 반드시 그분에 의해 다루어져야 한다. 우리가 자신을 제쳐두고 모든 것을 버리지 않는다면, 그분은 그 문제에 대해 우리에게 그분 자신의 뜻을 보여주지 않으실 것이다.

오늘날 사람들의 오류는 성경에 대한 지식을 영적 지식으로 착각하고 진정한 영적 지식이 하나님으로부터 배운다는 것을 이해하지 못하는 데 있다. 누구든지 하나님께 배우고 싶어 한다면 그는 그분을 대접해야 하고 그분의 다루심을 받아야 한다.

자신을 먼저 알지 못하고 영적 삶에서 진전을 이룬 그리스도인은 한 번도 없었다.

그리스도인의 영적 삶의 필수적인 부분은 자신을 판단하고 자신의 육신을 신뢰할 수 없고 쓸모없는 것으로 간주하는 것이다. 이것이 완료된 후에야 그는 육신이 아닌 영 안에서 처신함으로써 하나님을 완전히 신뢰할 수 있다.

오직 하나님께 깨달은 사람만이 자신의 육신을 판단할 줄 안다. 오직 자신의 육신을 판단하는 사람만이 하나님께 쓰임을 받을 수 있다.

자신을 알지 못하는 사람은 성령으로 충만할 수 없다. 이는 그들이 마음에 굶주리지도 아니하고 목마르지도 아니하기 때문이다.

우리가 진정으로 자신을 살펴보고 싶다면 먼저 우리가 신뢰할 수 있는지 자문해 보아야 한다. 왜? 하나님의 말씀에 따르면 우리의 자아는 너무 부패해서 선(善)하지 않다고 여기기 때문이다. 그리고 이것이 사실이라면 우리는 어떻게 그것을 자기 성찰의 목적으로 사용할 수 있는가?

우리가 자신을 돌아볼 때마다 우리는 움직이지 못하고 앞으로 나아갈 수 없다. 그러나 우리가 하나님의 빛을 바라보면 우리는 무의식적으로 앞으로 나아갈 것이다.

승리의 길은 우리 자신을 끊임없이 비판적으로 분석하는 것이 아니라 예수님을 바라보는 것이다. 악한 생각을 회상하는 것이 아니라 선한 생각을 기억하는 것이다. 우리의 것을 제거하는 것이 아니라 그리스도께서 우리를 채우셔서 우리가 우리의 모든 것을 잊어버리게 하는 것이다. 우리 자신을 기억하는 순간, 우리는 앞으로 나아가는 것을 멈춘다.

바울은 주님의 빛이 비출 때에만 무엇이 옳고 그른지 분별할 수 있다는 것을 배웠다.

하나님의 빛이 우리를 비출 때 우리의 악이 나쁘게 보일 뿐만 아니라 우리의 선한 것도 나쁘게 보인다.

사람은 하나님께 깨우침을 받은 후에야 죄의 죄성을 온전히 깨닫게 된다. 하나님을 위해 일하는 우리는 사람들의 죄를 확신시키기 위해 우리의 주장을 사용해서는 안 된다. 대신에 우리는 성령께서 그들에게 그들의 죄를 깨닫게 달라고 간구해야 한다. 하나님의 빛만이 사람들로 하여금 하나님께서 보시는 것처럼 그들의 실제 상태를 보게 할 수 있다.

우리가 그분의 빛으로 깨달을 때만 우리는 우리 자신의 전적인 타락을 즉시 인식한다.

얕은 그리스도인은 때때로 하나님의 특별하고 간헐적인 조명(照明: 성경의 진리에 대한 지식을 나누어 주시는 성령 하나님의 사역-역주) 아래 있을 때 특정한 잘못을 알 수 있지만, 깊은 그리스도인은 지속적으로 하나님의 깨우침 아래 있으며, 부분적으로가 아니라 전체적으로 자신을 진정으로 안다(고전 13:12).

하나님의 빛이 올 때, 우리의 선(善)은 선하지 않은 것으로 나타났을 뿐만 아니라, 우리가 보통 인정하는 우리의 나쁜 면은 매우 추악해진다.

자기 분석에 의해 얻어진 자기 지식은 단지 자신에 대해 어떻게 생각하는지를 나타낼 뿐이다. 하나님의 빛을 통해 받은 자기에 대한 지식은 하나님께서 당신을 어떻게 생각하시는지를 드러낸다.

그리스도인은 빛이다(마 5:14). 그리고 그가 하나님의 빛 안에 살 때, 다른 사람들은 그를 보고 정죄함을 느끼기 때문에 그를 많이 두려워한다.

하나님과 가까이 사는 사람에게 가까이 다가갈 때, 당신은 그분의 임재를 느낀다. 그 사람은 자신이 얼마나 온유하고 겸손한지 느끼게 하지 않는다. 그는 당신에게 하나님을 이해하게 만든다.

하나님과 가까워질수록 자신의 약점을 더 잘 알게 된다. 하나님의 빛을 더 많이 받는 사람은 언제나 자신의 타락을 더 많이 본다.

조지 휫필드(George Whitefield, 1714-1770: 영국의 저명한 전도자-역주)는 이렇게 말한 적이 있다. "나는 회개조차도 회개해야 한다는 것을 고백해야 한다. 나의 눈물조차도 나의 구속주의 보배로운 피로 씻겨져야 한다. 우리의 가장 훌륭한 일은 죄를 가장 깨끗하게 하는 것이다."

죄에 대한 우리의 의식의 깊이는 우리가 받는 하나님의 빛의 정도에 따라 결정된다. 우리가 그리스도인의 삶을 시작할 때 죄가 아니라고 생각했던 많은 것들이 실제로 은혜 안에서 성장하면서 사실 죄라는 것을 알게 된다. 과거에 옳다고 여겨졌던 것이 이제는 하나님으로부터 더 많은 빛을 받았기 때문에 잘못된 것으로 이해된다.

오늘날 우리가 사역을 위해 받는 하나님의 빛은 하나님께서 그리스도의 심판대에서 우리를 심판하시기 위해 사용하실 바로 그 빛이다. 하나님의 빛이 지금 그분의 뜻과 일치하지 않는다고 정죄한 것을 미래에 그분의 빛이 정죄할 것이다. 하나님의 빛이 지금 승인한 것은 미래에 승인될 것이다. 그러므로 우리는 하나님을 기쁘시게 하고 그리스도의 심판대에서 상을 받을 수 있도록 지금 하나님의 빛이 우리를 시험하도록 그분의 빛을 구해야 한다.

많은 그리스도인들이 하나님의 뜻을 알고 싶어 한다. 그들은 그분께 간구하기까지 하지만 그분의 뜻이 무엇인지에 대한 통찰력을 얻지 못한다. 그 이유는 마음에 악한 것이 있어서 자기를 알지 못하기 때문이다. 그들이 자신을 알고 모든 장애물을 제거하기 위해서 하나님께 깨우쳐 달라고 구한다면, 하나님께서는 반드시 그들을 인도하실 것이다.

자신을 바라보는 모든 사람은 움직이지 못하게 되거나 뒤로 돌아간다. 이것은 영적인 진보에서 특히 그렇다.

그리스도인의 마음은 생각할 수 없으면 병들고, 항상 생각하면 똑같이 병든다. 어떤 사람들의 마음은 속박을 통해 너무 둔해서 아무것도 생각할 수 없는 반면, 다른 사람들의 마음은 너무 활동적이어서 끊임없는 생각을 멈출 수 없다.

많은 사람들은 이미 자신의 속이 가득 차서 하나님의 말씀을 받아들일 수 없다. 그러므로 이미 그들 속에 있는 것을 걷어내지 않으면 결코 하나님의 말씀을 이해할 수 없을 것이다.

우리 옛사람은 십자가에 못 박혀야 할 뿐만 아니라, 그것은 또한 치워야 한다. 우리 옛사람이 십자가에 못 박혔다는 것은 믿는 것이다. 그것은 믿음의 문제다. 반면에 버리는 것은 의지의 문제다. 우리가 무언가를 버리려면 의지를 행사해야 한다(엡 4:22).

하나님께서는 영광, 거룩하심, 의(義)의 세 가지 측면으로 알려져 있다. 영광은 하나님 자신을 가리키고, 거룩하심은 하나님의 성품을, 의

(義)는 하나님의 일을 하시는 방식을 나타낸다.

   죄가 무엇인지 모르는 모든 사람은 거룩함이 무엇인지 모른다. 거룩함은 죄에 대한 지식이기 때문이다.

47

성경을 자세히 살피라

하나님의 말씀은 영이기 때문에 성경은 영리함, 연구 또는 선천적인 재능으로 터득될 수 없다(요 6:63).

"살리는 것은 영이며 육은 아무것도 유익하게 하지 못하느니라. 내가 너희에게 이르는 말은 곧 영이요 생명이니라"(요 6:63, KJV). 믿는 제자들에게는 주님의 말씀이 영과 생명이었지만 믿지 않는 유대인들에게는 육과 죽은 문자가 되었다.

사람의 지혜에 따른 말은 무엇인가? 눈으로 보고, 귀로 듣고, 마음으로 생각하는 것들은 사람의 말이다. 그러나 계시는 성령께로부터 오는 것이다. 이는 그분만이 하나님의 일을 아시기 때문이다(고전 2장 참조).

영적인 사람은 속에 하나님의 영이 계실 뿐 아니라, 성령의 권능 아래 살고 성령의 원리를 따라 행하는 사람이다. 이런 사람만이 모든 것을 판단할 수 있다(고전 2:15).

빛은 정확한 법칙이 있다. 그것은 그것에 개방된 모든 사람들을 깨우친다. 그리고 개방성의 척도는 사람이 가지고 있는 조명(照明)의 양을 결정한다.

조만간 두 주인을 섬기는 사람은 이 진퇴양난에 직면하게 될 것이다. 그는 결국 하나를 사랑하고 다른 하나를 미워하게 될 것이다. 그러므로 어떤 사람이 주님께 온전히 자신을 헌신하지 않으면, 그는 결국 맘몬(재물)을 전적으로 섬길 것이다(마 6:24).

우리가 부주의하고 우리 자신의 이기적인 이익을 위해 아무리 작은 것이라도 허용할 때마다 우리가 하나님께로부터 받은 빛은 가려지게 된다.

어떻게 우리의 눈이 하나가 될 수 있는가?(마 6:22, KJV) 자신의 모든 보물을 주님의 보살핌 속에 두면, 그의 마음은 자연스럽게 주님께 끌리게 될 것이다. 그의 보물을 하늘로 보냄으로서 그리스도인은 그의 마음도 보냈다. 그러므로 그의 눈은 하나가 될 것이다.

우리의 온몸이 빛으로 충만하다는 것은 무엇을 의미하는가?(마 6:22). 그것은 우리의 발이 걷고, 우리의 손이 일하고, 우리의 생각이 생각하도록 가르칠 만큼 충분한 빛을 갖는 것을 의미한다. 즉, 모든 부분에 빛이 있는 것이다.

오직 한 부류의 사람만이 그의 앞길에 대해 불분명하다. 즉 눈이 하나가 아닌 사람이다. 사람이 진정으로 주님의 길을 걷기를 원한다면, 그는 그 앞에 뚜렷이 표시된 길을 보게 될 것이다.

하나님 앞에서 우리가 얼마나 순종하느냐에 따라 우리가 받는 빛의 양이 결정된다. 지속적으로 하나님께 순종하면 지속적으로 보게 된다. 헌신 없이는 볼 수 없다. 일관된 순종이 없이는 빛의 증가가 없을 것이다.

하나님의 뜻을 행하려는 의지는 그분의 가르침을 아는 조건이다(요 7:17). 순종은 하나님의 뜻을 아는 조건이다.

영적인 안약은 값을 주고 사는 것이다. 그것은 값없이 주어지는 것이 아니다. 모든 것을 보는 것은 값이 비싸다. 그것은 값싸게 주어지지 않는다(계 3:18).

성경은 그 독자들을 드러내는 책이다. 그 사람의 진정한 성격과 습관을 확인하려면 당신은 그에게 성경 한 장을 읽고 나서 그가 읽은 내용을 당신에게 말해주기를 요청할 필요가 있다.

하나님께서는 우리가 그분의 말씀을 연구할 때 간파하기를 원하시는 세 가지가 있다. 첫째, 성령께서는 우리가 그분의 생각에 들어가기를 원하신다. 둘째, 성령께서는 우리가 들어갈 수 있도록 성경 안에 많은 기본적인 사실들을 포함시키신다. 셋째, 성령께서는 우리가 기록된 것의 영 안으로 들어가기를 원하신다. 또한, 교육을 받고 훈련을 받은 사람만이 들어갈 수 있다.

사람이 하나님 앞에서 더 많은 가르침을 받을수록 그는 더 많은 사죄를 할 것이다. 많이 배운 사람은 다른 사람의 감정에 더 민감하고 항상 사죄한다.

말씀과 영은 분리될 수 없다. 왜? 이는 말씀의 사역은 영의 해방이기 때문이다. 누구든지 말씀의 사역자가 되기 위해 일어나는 사람은 그의 영을 해방시켜야 한다. 그렇지 않으면 그는 말씀과 하나가 될 수 없다.

성령의 훈련은 무엇인가? 우리의 영이 성경의 영과 하나가 될 때까지 우리의 모든 일상적 상황을 정리하시고 일하시는 분은 하나님의 영이시다.

성경의 특정 구절 뒤에 있는 영을 접촉하지 못하는 것은 그 구절을 이해하지 못하는 것을 의미한다. 성경의 본질은 영이기 때문이다.

일치한 영만이 성경의 영을 접촉할 수 있다. 일치하지 않는 영은 그렇게 할 수 없다. 따라서 성경 연구의 최고점에서 하나님의 말씀을 연구하는 사람의 영은 그것을 기록한 사람의 영과 하나가 되어야 한다.

우리의 영이 성경의 기록자들의 영과 하나가 되지 않았다면, 우리는 기껏해야 교사가 될 수 있지만 선지자는 전혀 될 수 없다. 왜? 우리가 접촉할 수 있는 가장 많은 것은 가르침이나 교리이지 영이 될 수 없기 때문이다.

우리가 이 책(성경)을 문자에 준하여 읽는다면, 우리는 곧 성경이 여러 해 묵은 것임을 알게 될 것이다. 마찬가지로 우리가 단지 성경을 깊이 생각하려고 한다면, 똑같을 것이다. 그러나 우리가 우리의 영으로 성경을 읽는다면, 읽을 때마다 새롭게 될 것이다.

성경 구절이 우리에게 무의미하게 보일 때마다 무의미한 것은 성경이 아니라는 사실을 깨달아야 한다. 오히려, 성경의 각 구절이 영으로 충만하기 때문에 우리의 영이 부적절하다는 것이다.

우리 영의 감수성이 풍부하고 섬세해지는 것은 많은 훈련을 받은 후에야 가능하다. 그러므로 우리가 주님과 풍성한 교제를 갖는 것은 대단히 중요하다.

성경에서 우리를 위해 행해진 것은 구원이고, 우리 안에서 행해진 것은 거룩이며, 우리를 통해 행해진 것은 사역 또는 봉사이다. 이 세 가지 측면을 명확하게 구분할 수 있다면 성경의 모든 가르침을 적절한 순서로 설정할 수 있을 것이다.

48

영적 권위

사탄은 우리가 그리스도의 말씀을 전파하는 것을 두려워하지 않지만 우리가 그리스도의 권위에 복종하는 것을 매우 두려워한다.

세상의 싸움은 누가 권위를 가질 것인가에 초점이 맞춰져 있다. 사탄과의 싸움은 우리가 권위는 하나님께 있다고 생각하는 직접적인 결과이다.

하나님께서 사람에게 요구하시는 가장 큰 요구는 사람이 십자가를 지고, 남을 섬기고, 헌금하고, 자기를 부인하는 것이 아니다. 사람에게 가장 큰 요구는 그분께 순종하는 것이다.

권위가 표현되려면 복종이 있어야 하고, 복종이 있으려면 자아가 배제되어야 한다.

하나님의 종으로서 우리에게는 할 일을 찾는 선택권이 주어지지 않는다. 오히려 우리는 하나님께 일하도록 보내심을 받아야 한다. 이것을 깨달으면 왕국의 권세의 실제를 참으로 경험할 것이다.

세상의 권위는 점차 약화되어 마침내 세상의 모든 권위가 전복되고 불법이 지배하게 될 것이다.

사탄은 반역하는 사람이 말씀을 전할 때 웃는다. 이는 그 사람 안에 사탄의 요소가 깃들어 있기 때문이다.

권위 아래 있는 사람만이 권위자가 될 수가 있다. 그러므로 우리가 어디를 가든지 우리의 첫 번째 생각은 하나님께서 우리에게 복종하기를 원하시는 사람들이 누구인지 알아내는 것이다.

우리가 처음 주님을 따르기 시작할 때, 우리는 활동에 전념하고 순종은 아주 부족하다. 그 후에 우리가 영적으로 향상될 때, 우리가 순종으로 충만할 때까지, 우리의 행동은 차츰 감소된다. 이렇게, 사람은 순종이 증가할 때, 그의 행동은 감소된다.

하나님외에는 권위가 없다. 모든 권위를 그 근원까지 거슬러 올라가 보면, 우리는 반드시 하나님으로 결말이 난다.

그리스도 안에 있는 몇 형제들이 함께 모일 때마다, 즉시 영적인 질서가 자리를 잡게 된다. 우리가 누구의 지배를 받는지 알게 된 후에야 비로소 우리는 자연스럽게 몸(교회) 속에서 자신의 위치를 찾게 된다. 아아, 오늘날 얼마나 많은 그리스도인들이 복종에 관한 가장 희미한 생각조차 갖고 있지 않은가!

타락 이후 우주에는 무질서가 만연했으며 대부분의 사람들은 우리가 하나님의 도움 없이도 선과 악을 구별하고 무엇이 옳고 그른지 판단할 수 있다고 생각한다. 우리가 하나님보다 더 잘 아는 것 같다. 이것이 타락의 어리석음이다. 우리는 그러한 미혹에서 건짐을 받아야 한다. 이것은 다름 아닌 패역이기 때문이다.

믿음이 우리가 생명을 얻는 원리인 것과 같이, 순종은 그 생명을 살아내는 원리이다.

권위를 회복하기 위해서는 복종이 먼저 회복되어야 한다. 그러나 많은 사람들은 순종을 알지 못하고 머리가 되는 습관을 키웠다.

권위에 복종하지 않는 사람은 결국 권위에 순종하는 사람의 종이 될 것이다(창 9:20-27).

이상한 불은 사람에게서 유래된 것이다(레 10:1-2, KJV). 그것은 하나님의 뜻을 알거나 하나님의 권위에 복종하는 것을 요구하지 않는다. 오직 진정한 봉사는 하나님에 의해 시작된다.

영적 권위는 사람이 노력을 통해 얻는 것이 아니다. 그것은 하나님께서 선택하신 사람에게 주신다. 영적 권위는 자연적 권위와 얼마나 다른가!

모든 죄는 죽음의 능력을 풀어 놓지만, 반항하는 죄는 그것을 최대한 풀어 놓는다. 단지 순종만이 지옥의 문을 닫고 생명을 해방할 수 있다.

이성과 시각에 따라 걷는 사람은 이성의 길을 간다. 단지 믿음으로 권위에 순종하는 사람들만이 가나안에 들어갈 수 있다. 이성을 따르는 사람은 아무도 영적인 길을 걸을 수 없다. 그것은 인간의 논리 이상이다.

권위는 외부의 가르침의 문제가 아니라 내적 계시의 문제이다.

순종하지 않고 권위를 세울 수 없기 때문에 하나님께서는 이를 위해 두 종류의 생명체를 창조하셨다. 그러나 하나님께서는 반역한 천사들과 타락한 아담 족속 모두에게 그분의 권위를 세우실 수 없었다. 결과적으로 권위가 하나님 자신의 아들의 순종으로 확립될 것이라는 신격* 내에서 완전한 합의가 이루어졌다.

아들이 영광을 버리셨을 때, 그분은 그분의 원래의 신적인 속성의 근본으로 돌아가려고 생각하지 않으셨다. 이에 반해서, 그분은 사람으로서 높아지기를 원하셨다. 예수님께서 순종하신 후, 하나님께서 그분을 높이셨다. 또한, 하나님께서는 지금 우리 안에서 이 순종의 법칙을 확인하기를 원하신다. 그리하여 우리도 다가오는 그 날에 높임을 받기에 합당하게 되기를 원하신다.

우리의 유용성은 우리가 고난을 겪었는지 아닌지에 의해 결정되는

---

* 神格, the Godhead: 하나님의 신적인 존재 양식을 나타내는 표현. 일명 '위격'(位格). 이는 신적 존재를 구별짓는 것, 즉 신적 존재를 통합하고 있는 본질적인 것을 표현한 것이다. 하나님의 신격에는 '성부, 성자, 성령' 삼위(三位)가 계신다. 그리고 이 삼위는 참되시고 영원하신 한 분 하나님이시며, 각 위의 고유성은 다를지라도 그 본질은 같으시며, 능력과 영광에 있어서는 동등하시다-역주

것이 아니라, 그 고난을 통해 얼마나 많은 순종을 배웠는가에 의해 결정된다(히 5:8).

죄를 감지하는 능력이 부족하면 신실한 그리스도인으로 사는 것을 박탈하지만, 권위를 감지할 능력이 없으면 순종할 자격이 없다. 죄악을 감지하는 것의 부족은 신실한 그리스도인으로 사는 것을 박탈하는 반면, 권위를 감지하는 능력의 부족은 복종하는 것을 박탈한다.

하나님께서는 그분 자신이 위임하신 권위를 대신하지 않으실 것이다. 오히려, 하나님께서는 그분이 위임하신 권위에 의해서 제한받으시는 쪽을 선택하셨다.

하나님의 일의 첫 단계는 그분 자신을 그리스도의 머리가 되게 하시는 것이다. 둘째 단계는 그리스도를 교회의 머리가 되게 하시는 것이다. 그리고 셋째 단계는 이 세상의 왕국을 우리 주님의 왕국이 되게 하시는 것이다. 첫 단계는 이미 성취되었다. 셋째 단계는 아직 오지 않았다. 오늘날, 우리는 중간 단계에 있다.

오늘날 교회의 문제는 모든 사람들이 모든 것을 자기 안에 갖기를 원하고 다른 지체들의 공급을 받아들이기를 거부한다는 것이다. 이것은 개인뿐만 아니라 몸으로서 교회에서도 빈곤을 불러일으킨다. 다른 사람들의 기능과 권위를 받아들일 때만 우리는 온 몸(온 교회)의 부요를 받을 수 있다. 우리가 복종함으로써 하나님께서 주신 재물을 소유하게 되는 것처럼, 빈곤이 존재한다는 것은 우리의 불복종에 의한 것이다.

우리는 흔히 권위가 우리를 억압하고, 상처를 주고, 괴롭히는 것으로 오해하지만 하나님께서는 그런 개념이 없다. 그분은 우리의 부족함을 보충하기 위해 권위를 사용하신다. 권위를 세우시려는 그분의 동기는 그분의 재물을 우리에게 주시고 약한 자들의 필요를 공급하시기 위한 것이다.

하나님께서는 교회 안에서 영적으로 앞선 형제자매를 우리보다 위에 두심으로 그들의 심판을 우리의 심판으로 받아들이게 하심으로 간접적으로 우리에게 재물을 주신다. 이를 통해 우리는 그들의 고통스러운 경험을 개인적으로 겪지 않고도 그들의 부(富)를 소유할 수 있다. 하나님께서는 교회에 많은 은혜를 넘겨주셨다. 우리가 이러한 권위를 인정함으로써 이러한 재물이 방출될 수 있다. 이렇게 되면 각 지체의 부(富)가 모두의 부(富)가 된다.

하나님의 직접적인 권위에는 귀를 기울이지만 여전히 위임된 권위를 받아들이지 않는 사람은 그럼에도 불구하고 여전히 반역의 원칙 아래 있다.

한 사람이 다른 사람에게 반대하는 말을 할 때마다 그것은 힘의 상실을 의미한다. 그리고 이 힘의 상실은 불복종이 마음속에 숨겨져 있는 것과는 반대로 말로 나타날 때 더 크다.

하나님을 아는 사람만이 자신을 진정으로 안다.

이전에, 나는 나의 많은 생각을 뒷받침하기 위해 많은 논쟁을 했다.

그러나 이제 나는 더 이상 논쟁이 없다. 이는 나는 붙잡혔기 때문이다. 포로로서 나는 자유가 없다. 이는 노예는 주인의 생각만 받아들이고 자신의 의견을 제시하지 않기 때문이다. 결과적으로, 그리스도께 사로잡힌 사람만이 하나님의 생각을 받아들이고 자기 생각을 내세우지 않는다.

이 땅에서 하나님의 권위에 진정으로 순종하는 교회가 있는 곳에는 왕국의 증거가 있다. 그리고 그곳에서 사탄은 패배한다.

과거에 우리는 우리 스스로에 의해서 삶으로 자유를 찾았다. 이제 우리는 하나님에 의해 우리의 생각을 되찾아 그리스도께 순종함으로 진정한 자유를 발견한다(고후 10:5). 우리의 자유를 잃음으로, 우리는 주님 안에서 참된 자유를 얻는다.

오직 하나님만이 한량없이 우리의 무조건적인 순종을 받으셔야 한다. 모든 사람은 자격이 있는 순종만 받을 수 있다. 또한, 우리는 하나님께로부터 권위를 위임받은 사람에게 복종해야 하지만 그분을 불쾌하게 하는 어떤 명령에도 불순종해야 한다.

순종은 행위와 관련되어 있다. 순종은 상대적이다. 복종은 마음의 자세와 관련되어 있다. 복종은 절대적이다.

사람이 권위에 순종하는지 아닌지를 어떻게 판단할 수 있는가? (1) 권위를 알고 있는 사람은 어디를 가든 자연스럽게 권위를 찾으려고 할 것이다. (2) 하나님의 권위를 만난 사람은 온화하고 여리다. 그는 잘못되는 것을 두려워한다. 따라서 그는 여리다. (3) 권위를 만난 사람은 결코 권위를 부여받는 것을 좋아하지 않는다. 진정으로 순종하는 사람은 항상 실수하는 것을 두려워한다. (4) 권위를 접촉한 사람은 그의 입을 다물고 잠자코 있다. 그의 내면에는 권위 의식이 있기 때문에 그는 함부로 말하지 않는다.

하나님의 뜻에 대한 지식의 척도는 하나님께서 위임하신 권위의 척도이다. 자신의 반역이 처리되기 전에는 아무도 권위를 행사하는 방법을 알 수 없다. 그러므로 권위 아래 있는 법을 배우기 전에는 위임된 권위자가 될 수 없다.

모든 권위는 하나님에 의해 세워졌다. 그러므로 위임된 권위는 사람들과 노력함으로써 권위를 확보할 필요가 없다. 이는 하나님께서 우리에게 더 많은 권위를 위임하실수록 우리는 다른 사람들에게 더 많은 자유를 부여하기 때문이다.

당신에게 맡겨진 위임된 권위가 시험을 받을 때 아무것도 하지 마라. 서두를 필요도, 노력할 필요도, 자신을 변론할 필요도 없다. 당신의 권위가 정말로 하나님께 온 것이라면 당신을 대적하는 사람들은 그들의 영적 행로가 막힌 것을 발견할 것이며 그들에게 더 이상 계시가 없을 것이다.

권위와 자기방어는 양립할 수 없다. 입증은 항상 하나님께로부터 나와야만 한다. 중상하는 말에 흔들리고 압도당하는 방해 받고 압도되는 사람들은 그들 스스로 위임된 권위자가 되기에 적임자가 아니라는 것을 보여주는 것이다.

싸움을 통해서 얻은 권위는 하나님께서 주신 권위가 아니다. 하나님의 왕국은 이 세상에 속한 것이 아니기 때문에, 하나님의 종들은 권위를 세우기 위해서 싸울 필요가 없다.

하나님께서 사람에게 계시를 주시면 그의 권위가 세워진다. 그러나 하나님의 계시가 철회되면 그 사람은 거절당한다. 하나님께서 기꺼이 우리에게 계시를 주시고 우리와 말씀하신다면, 우리가 하나님과 대면하여 교제한다면 아무도 우리를 무시할 수 없다.

계시는 권위의 증거이다. 만일 우리가 권위를 얻으려고 애를 쓴다면, 우리의 권위가 전적으로 세속적이고, 무지하고, 그리고 하늘에 속한 통찰력이 없음을 보여줄 뿐이다.

신실한 종은 개인적으로 거부되고 다른 사람들에게 멸시를 받더라도 많은 사람의 짐을 짊어질 것이다. 이스라엘 사람들은 모세에게 반역했지만 그는 그들의 죄를 짊어졌다. 그들은 그를 반대하고 거부했지만 여전히 그는 그들을 위해 중재했다. 우리가 자신의 감정에만 관심이 있다면 하나님의 자녀의 문제를 감당할 수 없을 것이다.

하나님께서는 한 가지 생각이 있으시다. 그것은 그분 자신의 권위를 세우시는 것이다. 우리는 우리 자신은 권위가 없다. 우리는 그분의 권위를 대표할 뿐이다. 따라서 우리는 한편으로는 하나님께 복종하는 방법을, 다른 한편으로는 그분을 대표하는 방법을 배워야 한다.

사람의 권위는 그의 사역에 기초하고 있으며, 그의 사역은 부활에 기초하고 있다. 부활이 없으면 사역이 있을 수 없고, 사역이 없으면 권위가 없다.

권위 있는 사람은 자신의 권위를 세우기 위해 다른 사람의 권위가 손상되는 것을 결코 허용해서는 안 된다.

사람이 권위자임을 알면 알수록 그는 그 권위를 유지할 수 있는 능력이 있다.

당신이 자격을 갖춘 권위자인지 어떻게 알 수 있는가? 당신이 소유한 권위를 거스를 수 없다면 당신은 권위를 가질 자격이 있다. 당신이 하나님에 의해 임명되었기 때문에 당신이 자유롭게 권한을 행사할 수 있다고 생각하지 마라. 순종하는 자만이 권위를 가질 자격이 있다.

아무도 자신을 변호하거나 대변하지 못하게 하라. 사람이 하나님 앞에 엎드려 있을수록 그분께서 그 사람을 대신하여 더 빨리 변론해 주실 것이다.

하나님께서는 자신의 무능함을 자각하는 사람들에게만 권위를 주신다. 우리가 자신을 높일 때, 우리는 하나님께 거절당한다. 사람들은 하나님 앞에 넙죽 엎드려야 한다. 그러면 그들은 하나님께 쓰임을 받을 수 있다.

장차 그리스도의 심판의 보좌에서, 겸손한 사람조차도 크게 놀랄 것이다. 이것이 사실이라면, 그날에 교만한 사람들의 공포가 얼마나 더 크겠는가! 우리는 우리의 무능함을 알아야만 한다. 이는 하나님께서는 쓸모가 없는 사람만을 사용하시기 때문이다.

권위를 가지려면 높이 올라갈 수 있고, 외로움을 두려워하지 않고, 거룩해질 수 있어야 한다.

49

하나님의 말씀 사역

간단히 말해서, 성경 전체에 걸쳐, 하나님께서 말씀을 전파하도록 사용하셨던 세 부류의 서로 다른 사람들이 있다. 구약에서, 하나님의 말씀은 선지자들에 의해서 전파되었다. 그러므로 우리는 선지자의 사역이 있다. 우리 주 예수님의 이 세상의 순례 기간에, 하나님의 말씀은 육신이 되셨다. 그러므로 우리는 주 예수님의 사역이 있다. 신약에서, 하나님의 말씀은 사도들에 의해서 전파되었다. 그 결과는 사도들의 사역이 있다.

성경은 경건의 시간을 위해서 어떤 항목을 수집해 놓은 것이 아니다. 하나님의 말씀을 행하고 살아가는 것은 사람들이다. 성경 전체를 좌우하는 원칙은 우리 안에서 육신이 되신 말씀이다. 결과적으로, 성육신(하나님께서는 아버지, 아들, 성령의 세 위격(位格)과 하나의 본체로 존재하시는데 제 2위인 아들이 인간성을 취하여 나사렛 예수라는 사람의 몸으로 태어나신 것-역주)의 참 의미를 모르는 사람은 하나님의 말씀이 무엇인지를 이해하는 것이 극히 어렵다.

오늘날 교회의 문제는 사역을 하는 사람들의 어깨에 달려 있다. 사람은 성령에 대해 말할 수 있지만 듣는 사람들은 육신의 말만 듣는다. 다른 사람들은 거룩함에 대해 말할 수 있지만 청중이 듣는 것은 단지 영의 가벼움일 뿐이다. 여전히 다른 사람들은 십자가에 대해 말할 수 있지만 그들에게 십자가의 흔적이 어디에 있는가? 많은 사람들이 주님의 사랑에 대해 설교하지만 그들이 청중에게 전달하는 인상은 그분의 사랑이 아니라 그들 자신의 성향이다. 설교는 풍부하고 말씀은 거의 없다. 왜? 진정한 말씀의 사역자는 찾기가 너무 어렵기 때문이다.

우리는 항상 하나님의 말씀을 찾으려고 노력하지만, 하나님께서는 그분이 쓰실 사람을 끊임없이 찾고 계신다. 우리는 하나님의 말씀을 찾지만, 하나님께서는 그분의 말씀을 전할 사람을 찾고 계신다.

겉사람이 깨어진다는 것은 하나님께서 또한 우리의 인간적인 요소들을 전혀 받아들이지 않으신다는 것을 의미하는 것이 아니다. 그와는 반대로, 그분은 우리의 인간적인 특성을 활용하기를 원하신다. 문제는, 우리가 어디에서 시작하고 또는 어디에서 끝나야 하는지, 곧 우리는 우리의 겉사람이 얼마나 우리의 삶 속에 유지되어야 하는지 또는 얼마나 하나님께 깨어져야 하는지를 모른다는 것이다. 단지 그분께 가르침을 받은 사람만이 말씀 사역이 분명한지 또는 명확하지 않은지를 민감하게 구별할 수 있다.

말씀의 순도 정도는 하나님께 받은 훈련의 양에 달려 있다. 누구든지 깨어지면 깨어질수록, 말씀이 더 불순물이 없게 될 것이다. 누구든지 적게 배우면 배울수록, 말씀의 개봉(開封: 봉하여 두었던 것을 떼거나 엶-역주)이 더 오류를 일으키지 않을 것이다.

당나귀를 선지자로 사용하시는 것은 하나님의 의도가 아니시다. 그분은 사람을 선지자로 부르신다. 그러나 어려움의 측면에서 하나님께서 사람을 통해 말씀하시는 것은 쉽지 않으시다. 이 어려움의 결과는 선지자가 그의 일에 실패하면 하나님께서는 때로는 당나귀를 사용하셔서 그분의 말씀을 전하게 하신다는 것이다(민 22:28).

교회에 사역과 더 많은 사역이 있을 수 있는지는 우리에게 달려 있다. 교회의 부족과 무지는 우리의 약한 상태 때문이다. 우리는 진지하게 이렇게 기도하자. "오 주여, 당신의 말씀이 우리를 통해서 흘러나오도록 우리를 깨뜨려 주소서."

율법은 왜 주신 것인가? "율법은 범죄로 인하여 더해진 것이다"(갈 3:19, KJV). 사람이 타락한 후에는 죄가 무엇인지 알 수 없었다. 그래서 하나님께서 먼저 사람에게 은혜와 복음을 주셨지만 사람은 그것을 받을 수 없었다. 율법은 사람이 하나님의 복음과 약속의 참여자가 될 수 있도록 죄를 정죄하기 위해 더해지게 되었다.

성경은 하나님의 영감을 받았다(벧후 1:21). 이런 방법으로, 하나님께서는 성경을 살아 있는 책으로 만드셨다. 성경은 살아 계신 하나님께서 말씀하신 살아 있는 말씀이 되었다. 이 책의 구별되는 특징은 두 가지다. 한편으로는, 성경은 성경의 겉껍질, 곧 흙으로 만들어진 사람의 부분과 비슷한 성경의 물질적인 부분이 있다. 다른 한편으로는, 성령 안에 있는 영적인 부분, 곧 하나님께서 영감하시고 말씀하신 성령 안에 있는 부분, 곧 성경의 영적인 부분이 있다. 많은 말씀 사역자들은 단지 물질적인 부분으로만 섬긴다. 그러나 말씀의 참 사역자들은 영적인 부분으로 교회를 섬긴다.

　말씀의 사역은 성령의 계시가 필요하다. 기름 부음, 깨달음, 계시가 부족할 때마다 성경의 외적인 설명만 있다. 성령의 생생한 기름부음과 계시가 없이는 같은 말씀도 같은 결과를 낳지 못하고 말씀의 사역도 멈춘 것이다.

　하나님의 말씀은 무엇인가? 그것은 하나님 자신이 나타나시는 것이다. 그분은 당신께 말씀하실 뿐만 아니라 당신을 통해서도 말씀하고 계신다. 하나님께서 침묵하시면 말씀이 없다. 하나님의 대변인이라고 불리는 많은 사람들이 설교하는 동안 그분이 말씀하시기를 기대하지도 않고 그분 자신을 드러내기를 기대하지도 않는다는 것은 얼마나 어리석은 일인가! 그들의 모든 초점은 그들이 공식화한 교리를 보여주는 것이다.

　생명 없는 교리는 진리와 가르침으로 시작하고 끝난다. 그것은 문자의 영역에만 존재한다. 그것은 다른 사람들에게 주 예수님의 생명을 공급할 수 없다. 그리스도의 인격과 분리된 성경은 죽은 교리서에 지나지 않는다.

　하나님께서는 영이시다. 그러므로 그분은 영으로 예배를 받으셔야 한다(요 4:24). 하나님의 말씀 또한 영이다. 그러므로 하나님의 말씀은 영으로 받아야 한다. 하나님의 말씀은 영이기 때문에, 사람의 영이 작용할 때만 풀리는 결과를 낳는다.

우리가 계시로 점차로 아는 그리스도는 우리 안에서 말씀이 되신다. 우리가 점진적으로 말씀을 통해서 그리스도의 실제를 볼 때, 우리는 말씀으로, 그리스도를 다른 사람들에게 공급할 수가 있다. 하나님의 자비하심으로, 그와 같은 말씀을 받는 사람들은 그 말씀 안에 역사하시는 성령께서 그 말씀을 그들 안에서 그리스도로 바꾸시는 것을 볼 수 있을 것이다. 이것을 그리스도의 공급이라고 한다. 곧 그리스도께서 성경 말씀을 통해서 공급되는 것이다. 사람들이 말씀을 받을 때, 그들은 그분을 받는다. 이것은 말씀의 모든 사역의 기초를 형성한다.

그리스도 외에는 생명도 빛도 없고 성화도 의(義)도 없다. 일단 사람이 하나님에 의해 그리스도의 이 계시로 인도되면 그는 그리스도 외에는 아무것도 없다는 것을 깨닫기 시작한다. 그리스도는 모든 것이다.

우리는 성경을 공부하는 데 시간을 할애할 수만 있다면 기도를 하든 하지 않든 성경을 이해할 수 있다고 생각한다. 이것은 자신이 성경을 공부할 수 있다고 생각하는 사람들을 통해 드러나는 인간적인 생각의 어리석음이다.

하나님의 순서는 무엇인가? 먼저 주님을 알고 책(성경)에서 그분을 찾는 것이다. 사람의 문제는 그가 그리스도와 성경의 순서를 뒤집는 것이다. 사람들은 성경을 먼저 알고 주님을 나중에 알아야 한다고 주장한다.

말씀의 사역자는 어떤 사람인가? 그리스도를 성경으로 설명하는 사람이다. 그는 성경의 말씀을 사용하여 그가 알게 된 그리스도에 대해 사람들에게 말한다. 그러면 성령께서는 이 말씀을 받는 사람들 안에서 다시 그리스도로 옮긴다.

오늘날 교회의 결핍은 말씀 사역자들의 결핍 때문이다. 우리가 아는 그리스도는 충분히 충만하지 않다. 우리가 경험하는 교회도 충분하고 철저하지 않다. 그 결과 우리에게는 그리스도의 공급이 거의 없다.

진정한 사역자는 그리스도에 대해서 설교하지 않는다. 그는 그리스도를 설교한다. 그는 교훈을 전하는 것이 아니라, 한 분을 전한다.

교리의 영역이든 계시의 영역이든 각각의 영역에 따라 열매가 맺힌다. 결과적으로 한 영역에서 말한 말은 해당 영역의 열매만 생산할 수 있으며 다른 영역의 열매는 결코 생산할 수 없다. 사람들이 전하는 사람의 말을 듣고 나면, 그들의 삶과 육신은 계속해서 그의 메시지에 의해 훈련되지 않은 채로 남아 있거나 그렇지 않으면 그들은 바뀔 것이다.

지식은 지식만을 낳고 교리는 교리만을 낳는다. 그러나 계시는 더 많은 계시를 낳을 수 있다(시 36:9).

오늘날 성경을 읽는 많은 사람들은 살아 있는 하나님의 말씀이 아닌 성경의 글자만을 접촉한다. 성령께서 계시를 멈추실 때마다, 말씀은 단순한 교리로 변한다. 기름 부음이 없으면 더 이상 볼 수 없으므로 더 이상 말씀 사역도 없다.

성령을 좇아 행하면 성령의 법이 당신에게 나타나게 될 것이다. 그러나 육신을 따라 행하면 죄와 사망의 법이 나타나게 될 것이다. 그러면 성령을 따르는 사람은 누구인가? 성령의 일을 생각하는 사람이다. 사람의 생각이 성령의 일에 있을 때 그는 성령을 따라 행한다. 성령을 따라 행하는 사람은 죄와 사망의 법을 이긴다(롬 8:2,5).

성령의 훈련의 결과는 무엇인가? 훈련이 없으면, 계시가 없다. 가시가 없으면, 은혜도 없다. 하나님께서는 우리가 얼마나 약한지를 알기를 원하신다. 왜? 이는 약함이 우리에게 떠나자마자 능력도 마찬가지로 떠나기 때문이다. 약함이 있는 곳에, 능력이 있다(고후 12:9). 이것은 훈련을 통해서 발휘되는 영적인 원리이다.

주님의 지식에서 완전해지려면 많은 시련이 필요하다. 각각의 새로운 관계, 각각의 새로운 훈련으로 우리는 새롭고 더 많은 지식의 공개를 받게 된다. 이렇게 해서 그리스도에 대한 우리의 지식은 날로 증대되고, 우리가 알고 있는 그리스도를 교회에 공급할 수 있게 된다.

각 시련은 말씀을 생성한다. 시련이 많을수록 말씀이 풍성해지고 말씀을 얻는 일에 지혜로워진다.

가장 많이 버린 사람은 다른 사람에게 가장 많이 줄 수 있다. 당신이 아무것도 버린 것이 없다면 줄 것도 없다.

여기에 말씀 사역의 기본 원칙이 있다. 우리는 모든 종류의 시험에서 먼저 시험을 받았고, 그 후에 우리가 배운 것을 다른 사람들에게 제공할 수 있다.

말하는 과정에서 사역자는 두 가지가 필요하다. 사용 가능한 느낌과 사용 가능한 영이다. 왜? 영이 나올 수 있는지 여부를 결정하는 것은 종종 우리의 감정이기 때문이다. 우리의 감정이 막히면 영도 막힌다.

하나님의 자녀들은 왜 영과 감정을 자주 혼동하는가? 이는 영은 독립적으로 나올 수 없기 때문이다. 영은 감정을 통해 흐른다. 영은 우리의 감정의 통로를 통해 흐른다.

우리의 겉사람이 하나님의 손으로 부서지지 않았다면 우리의 감정은 부드럽고 연약할 수 없다. 이는 상처가 없기 때문이다. 곧 고통은 없었다. 상처와 고통을 발견하는 곳에서만 부드러운 감정도 발견하게 된다.

가루가 곱게 되기 전 알갱이는 갈아 부서져야 한다. 압력을 받으면 밀의 한 알갱이는 더 이상 하나의 알갱이가 아니다. 그것은 세 개, 다섯 개, 일곱 개, 심지어 백 개의 극히 작은 입자가 되었다. 그것은 이제는 정말 곱다. 상처가 많을수록, 고통이 깊을수록 내면의 감각은 미세해진다.

십자가가 자신의 삶에 영향을 미친 사람은 주님에 의해 부서졌다. 그의 완고한 의지는 더 이상 완고하지 않다. 그의 의, 오만한 두뇌는 더 이상 우쭐해져 있지 않다.

주님께 많은 다루심을 받은 후, 당신은, 당신의 감정으로, 당신의 마음속에 있는 것을 완전하고 정확하게 표현할 수 있을 것이다. 당신은 참으로 당신의 마음이 기쁠 때 기뻐하고, 정말로 슬플 때 슬퍼하게 될 것이다. 하나님의 말씀이 당신에게 임할 때마다, 그 말씀의 맛이 무엇이든지, 당신은 당신 안에 동반하는 감정이 있을 것이다. 당신의 감정은 말씀을 따라잡을 수 있을 것이다.

많은 사람의 감정을 사용할 수 없는 이유는 무엇인가? 이는 대부분의 사람들의 감정은 자신에게 쏠리기 때문이다. 우리 안에 있는 말의 질은 우리의 감정에 의해 통제되기 때문에 민감한 감정의 비밀은 자신을 중심에 두지 않는 데 있다. 우리가 더 미세할수록 우리는 더 이타적이 되고 우리의 감정은 더 효과적이 된다. 감정이 풍부할수록 우리 안에 있는 말은 풍부해진다.

사람의 말은 하나님 앞에서의 깨짐으로 측정된다. 사람이 더 영적일수록 감정이 더 풍부해진다. 영적인 사람은 모든 종류의 감정이 풍부하다.

말이 사람들에게 미치는 영향은 말 자체에 의해 결정되는 것이 아니라 그것이 전달되는 영에 의해 결정된다. 사역자는 그의 영을 풀어주거나 그의 영을 확인할 수 있다. 그는 영을 폭발시키거나 약하게 유지할 수 있다.

주님께서는 우리의 속사람을 세우시고 겉사람을 깨트리시기 위해서 우리의 삶에서 단 한 번이 아니라 여러 번 일하신다. 그리고 이러한 많은 다루심을 통해 우리의 영은 점점 더 강해진다.

주님께서 주시는 각 시련은 우리를 깨트려 사용할 수 없는 그릇으로 만들거나 우리를 더 영광스럽게 만들 수 있다. 그것이 우리를 더 낮게 만들지 않는다면 우리를 더 나쁘게 만들 것이다. 시련을 견디지 못하는 사람은 쓸모없고, 시련을 이기는 사람은 삶에 또 하나의 승리를 더하는 것이다.

우리의 영의 훈련은 정확히 말해서 영이 얼마나 쓸 수 있느냐를 결정한다. 이는 우리는 훈련된 영의 부분만 사용할 수 있기 때문이다. 또한, 영을 발산하는 훈련은 우리가 무언가를 버리는 훈련을 필요로 한다. 훈련은 무거운 짐으로, 고통과 궁핍으로 희생으로 나아간다. 게다가 영을 발산할 때마다, 영은 사람의 약함과 사람의 죽음을 접촉한다.

영의 해방만큼 고도의 집중력을 요구하는 일은 없다. 당신의 영은 당신의 말과 섞여 있어야 한다. 이는 그것들은 영을 통해 보내지고, 영이 밀어내는 말만 강하기 때문이다. 이렇게 되면 사람들은 빛을 보고 현실을 접하게 될 것이다.

특히 강한 사역에서는 영이 단순히 밀려나는 것이 아니라 폭발한다. 말씀이 전해지면 그 영은 너무나 충만하게 풀려서 간단히 폭발한다. 이런 상황에서 당신은 사람들이 하나님 앞에 엎드려 있는 것을 발견하게 될 것이다.

사람의 몸이 사람의 생각을 표현하는 것처럼, 그리스도의 몸(교회)은 그리스도의 생각을 표현한다. "머리"의 생각은 몸의 생각을 통해서만 나타낼 수 있다. 몸이 없이는, 머리는 그 자체를 표현할 방법이 없다.

구약에서 축복의 원리는 그것이 하늘에서 내려왔다는 것이었다. 우리 시대에는 이 땅에 축복이 임했고, 성령께서 교회를 하늘로 들어 올리는 것이다.

말씀 사역이란 무엇인가? 영적인 부유를 사람에게 나누어 주는 것이다. 교회는 이런 선물들을 나누어 주어야 한다. 이는 이런 선물들이 이미 교회 안에 있기 때문이다.

영적인 겸손은 우리가 하나님에 의해 깨달음을 얻음으로써 우리 자신에 대한 진정한 지식을 갖게 된다. 혼의 자기 비하는 사람을 보고, 다른 사람들과 자신을 비교하고, 사람을 두려워하는 결과이다.

하나님 앞에서 거의 배운 적이 없는 사역자의 주된 관심사는 그의 영의 상처이다. 즉, 막 배우기 시작할 때 자신의 영에 상처를 입히거나 상처를 입는 경우가 많다. 따라서 영이 나오지 못한다. 그러나 경험이 많은 사람들에게 가장 큰 어려움은 말씀과 영의 접촉의 상실에 있다.

누구든지 설교에 대해 자랑스러워한다면 결과는 단 하나일 수 있다. 그는 설교를 잘할 수 있지만 말씀의 사역은 없다. 그는 설교 후에 기분이 좋을지 모르지만 결코 말씀의 사역자가 될 수는 없다.

말씀의 사역에서 사람들이 이해하도록 만든 설교는 가장 낮은 수준이다. 우리가 이것을 어떻게 아는가? 사역이 가장 높은 수준으로 나타날 때 사람들이 깨닫고 넘어지게 하기 때문이다.

하나님께서는 "지혜롭고, 영리한" 사람들에게는 그분 자신을 결코 계시하지 않으신다. 이는 그런 사람들은 그분께 직접 계시를 받을 수 없기 때문이다. 그들은 또한 말씀 사역자들에게도 계시된 것을 받을 수 없다. 더욱이 청중 가운데 "지혜롭고 영리한" 사람이 있을 때마다, 하나님의 말씀은 극적으로 약해지거나 또는 풀어지는 것이 전적으로 방해를 받을 것이다.

당신의 전달의 본질이 영적일수록 당신은 사람들의 영향을 더 쉽게 받을 것이다. 당신의 메시지가 영적으로 줄어들수록 당신은 덜 영향을 받을 것이다. 말씀의 사역자는 "지혜롭고 총명한 사람"을 두려워한다.

마태복음 12장의 상황은 다음과 같다. 주 예수님께서 성령의 권능으로 마귀를 쫓아내신 후, 유대인들은 그분께서 바알세불에 의해 그렇게 하셨다고 주장했다. 그들은 그분께서 성령을 힘입어 마귀를 쫓아내는 줄을 속으로 알고 있었지만 그분을 너무 미워하여 그분께서 바알세불을 힘입어 마귀를 쫓아내신다고 말하여 성령을 모독했다. 유대인들은 그들 자신의 심중에 극도의 편견을 품고 있었다. 그들은 내부에 깊은 편견을 품고 있었다. 그들은 그분께서 성령을 힘입어 마귀를 쫓아낸다는 것을 인정하려면 주님을 믿어야 한다는 것을 알고 있었다. 그러나 그들은 이미 믿지 않기로 결정했기 때문에 주님을 거부하기를 원했다. 결과적으로, 그들은 그가 바알세불에 의해 마귀들을 쫓아냈다는 것을 완강히 반증했다. 유대인들의 마음은 부싯돌처럼 단

단했다. 그와 같은 태도에 대해서는, 이 시대에도 또는 오는 시대에
도 용서가 있을 수 없다(마 12:31-32). 용서받을 수 없는 죄(성령을 모독
하는 죄-역주)는 사람들이 바알세불의 일이라고 큰 소리로 말함으로써
성령의 독특한 일을 격렬하게 부인할 때 저질러진다. 많은 사탄의 이
름 중에서 바알세불은 "파리의 우두머리"를 의미하기 때문에 가장 더
러운 이름이다.

50

"오시옵소서, 주 예수님이시여"

발람의 가르침의 결과는 이렇다.

(1) 우상에게 제물로 바친 것들을 먹는 것, 곧 다른 종교와 혼합된 것.

(2) 행음을 행한 것, 곧 이 특별한 경우는, 세상과 친구가 되는 것을 의미한다(계 2:14).

오늘날, 개신교인들은 마치 잔이 있는 체한다. 유사 이래 반복되었던 것과 같이, 하나님께서 어떤 사람을 축복하시기 위해서 움직이실 때마다, 사람들은 필연적으로 움직임에 포함되기 위해서 그들 자신을 조직화했다. 1세대 동안, 잔은 가득 찼고, 축복은 풍부했다. 2세대와 함께, 그러나, 잔은 반밖에 남지 않았고, 메시지는 덜 명확해졌다. 그 후에, 3세대 또는 5세대가 지나서, 그 안에 아무것도 없이, 잔만 남아 있다. 사람이 마실 것이 아무것도 없음에도 불구하고, 사람들은 그래도 자신들의 잔이 최고라고 주장한다.

기독교가 유대교화 되는 것은 적어도 네 가지 문제가 있다. 중보하는 제사장, 성문법(문서의 형식을 갖춘 법. 즉 장로들의 유전 같은 인간들이 만든 법-역주), 유형의 성전, 그리고 세속적인 약속이다. 참으로 하나님을 아는 사람들은 이런 요소 가운데 하나도 그들의 영적인 삶 속에 존재하지 않을 정도까지 유대주의의 영향을 완전히 파기했다.

신성모독이란 무엇인가? 자기를 높이고 하나님을 낮추는 것은 모두 신성모독이다.

51

마태복음 해석

성령께서 이 땅에 내려오신 주요 목적은 우리를 그분으로 충만케 하시려는 것이 아니다. 오히려 그분의 내려오심은 예수님께서 하나님의 그리스도라는 것을 증명하시기 위한 것이다.

하나님께서는 심판보다는 자비를 더 사랑하신다. 그리고 그런 긍휼을 가진 사람을 의인이라 부르신다.

겸손의 가장 큰 징후 중 하나는 잘못되는 것에 대한 두려움이다.

우리는 하나님과 같이 우리도 그렇게 될 정도로 구원을 받았다. 이제부터는 하나님의 보증이 우리의 보증이 되었다. 그분의 뜻이 우리의 뜻이 되었다. 그리고 그분의 영광은 우리의 영광이 되었다. 이것이 구원이다. 하나님께서 우리와 함께하신다.

임마누엘("하나님께서 우리와 함께 계시다") 없이는 구원이 있을 수 없다. 왜? 우리가 그리스도 밖에 있을 때 하나님께서는 우리에게 임마누엘이 아니시기 때문이다. 그리스도 밖에 있는 사람은 하나님의 적이다.

우리가 그리스도 안에 있을 때에만 그분이 임마누엘이시다. 그 이상도 이하도 구원이 아니다.

하늘의 왕국은 오직 한 가지를 의미한다. 하늘의 권세가 땅 위에 나타나 있다. 이 권세는 우리의 행위나 고통이나 희생으로 보는 것이 아니라 우리의 순종으로만 보이는 것이다.

회개는 손과 발을 씻는 것이 아니다. 회개는 물속에 온몸을 가라앉히는 것이다. 만일 당신이 이런 방법으로 회개의 영을 접촉하기 시작한다면, 하늘의 왕국이 참으로 가까이 왔다(마 3:2).

세례를 받는다는 것은 죽음의 자리에 서 있는 것이다. 따라서 하나님 앞에 지위가 없다는 것이다.

회개는 부정적이고, 믿음은 긍정적이다. 회개는 나를 잃게 하고, 믿음은 내가 그리스도를 얻을 수 있게 한다. 회개는 흔적이고, 믿음은 표현이다.

인간의 원죄(原罪: 아담 하와의 타락으로 인한 인류의 죄-역주)는 창조주를 의존할 필요를 없애는 것이었다. 인간의 욕망은 하나님과 교제하고 의존하기보다는 독립적이 되는 것이었다.

하나님의 일에 대해서, 사람은 아무것도 결정할 권리, 곧 교회의 진로 또는 일의 방법을 선택할 권리가 없다. 더욱이 우리 자신이 필요한 것이 하나님의 일을 하는 동기가 될 때마다, 우리는 상당히 사탄의 길로 가까이 나가는 것이다.

율법을 지키는 것은 물에 불을 붙이거나 모래 속에서 금을 찾는 것과 같다. 당신이 할 수 없을수록 당신은 더 해야만 한다. 이것은 성경에 기록된 그대로의 율법이다. 이는 성경에 기록된 율법은 우리에게 지키라고 주어진 것이 아니라 어기라고 주어진 것이기 때문이다. 율법은 우리의 타고난 자아가 그것을 지키지 못하는 것을 폭로하고 우리의 죄를 확대시켰다.

기독교가 세속적인 소유의 길을 여행하는 것은 축복이 아니다. 오히려 그것은 죄악이다. 예를 들어, 주님을 생각해보라. 그분의 탄생시, 그분은 구유를 빌리셨다. 그분이 죽으셨을 때, 그분은 다른 무덤에 묻히셨다. 살아 있으실 동안, 그분은 머리를 놓을 곳이 없으셨다. 그리스도께서는 우리에게 그리스도인의 성격이 세상이 제공해야하는 모든 것에 대한 상실의 태도를 통해 표현된다는 것을 보여주셨다.

왜 우리는 주변의 어둠과 불의에 대해 슬퍼하는가? 이는 우리는 사랑이 있기 때문이다. 사랑이 없으면 울지도 애도하지도 않을 것이다. 사랑이 없는 곳에는 그런 반응이 있을 수 없다.

은혜는 하나님께서 죄인에게 값없이 주신다. 반면에 보상은 이미 은혜로 구원받은 자들을 위한 것이다(롬 5:2 참조). 영생은 절대적으로 믿음을 통한 은혜에 따른 것이지만 천년 왕국은 전적으로 행위로 얻는다.

기도의 의미는 다음과 같다. 하나님께서는 뜻이 있으시다. 나는 하나님의 뜻을 접촉하고, 기도하고, 하나님께서는 응답하신다. 진정한 기도는 결코 땅에서 시작되지 않는다. 그것은 항상 하늘에서 시작된다.

우리는 우리 자신에게 결점이 있기 때문에 다른 사람들의 결점을 본다. 우리가 더 부정할수록 우리는 다른 사람에게서 더 부정한 것을 볼 수 있다. 반대로, 우리가 거룩할수록 다른 사람들의 잘못을 덜 발견하게 될 것이다. 비판하는 것은 아무런 비용도 들지 않지만, 복원은 값을 매길 수 없다.

사람들은 생명이 행위보다 더 중요하다는 것을 알아야 한다. 내적인 은혜는 외적인 은사보다 훨씬 더 중요하다. 성령의 열매가 은사보다 훨씬 더 필요하고 사랑이 능력보다 더 중요하다.

세상은 왜 그렇게 많은 즐거움을 필요로 하는가? 이는 세상 사람들은 그들의 고통을 잊기 위해 이러한 자극이 필요하기 때문이다. 내면에 불안과 불행이 많을수록 외부 자극에 대한 필요와 욕구가 커진다. 그리스도인들은 그리스도 안에서 만족한다. 그러므로 그들은 이러한 자극들을 필요로 하지 않는다.

누가 그분의 제자가 될 자격이 있는가? 그리스도를 최우선으로 하는 사람들이다. 그들의 삶에 문제가 있는 모든 그리스도인들은 그들에게 공통된 원인, 즉 불충분한 헌신을 발견할 것이다.

가장 큰 영광은 내가 주님께 드리는 것이 아니라 주님께서 나를 받아들이시는 것에 있다. 그분께서 나를 기꺼이 받아들이신다는 것은 놀라운 은혜이다.

능력의 필요성을 느낄 때 실제로 필요한 것은 권위이다. 그리고 우리가 하나님을 더 많이 알수록 우리는 그분의 권위를 더 많이 사용할 수 있게 되며 능력에 대한 필요성은 더 적어질 것이다.

하나님의 눈에 사람은 단순한 죄인이 아니다. 그들은 또한 죽은 사람들이다. 그들은 완전히 죽었다. 자신을 단순히 죄인으로 보는 것은 여전히 자신을 과대평가하는 것이다. 사람은 또한 자신을 죽은 자로 여겨야 한다(엡 2:1). 우리 자신에 대한 평가가 이 시점에 도달하면 더 이상 투쟁하지 않을 것이다. 이는 우리가 진정으로 자신에 대한 모든 희망을 포기했다면 하나님을 우러러보기 시작할 것이기 때문이다. 그러면 그분의 생명이 우리 안에서 나타나기 시작할 것이다.

사람에게서 영광을 구하는 사람은 하나님의 종이 될 자격이 없다. 그렇다, 세상이 우리를 칭찬할 때 우리에게 화가 있을 것이다!(눅 6:26) 우리의 길이 순탄할 때 주님께서 이 길을 가신 적이 있는지 스스로에게 물어봐야 한다.

구원은 우리의 노력에 의존하지 않기 때문에 우리가 그것을 얻으려고 노력할수록 우리는 실제로 구원에서 더 멀어진다. 우리는 노력이나 의(義)의 행위가 아닌 믿음으로 구원받는다(엡 2:8-9). 하지만 천년왕국은 다른 문제이다. 그것은 왕의 제자가 된 사람들이 자기 자아 생명에

폭력을 행사하는 사람들에 의해 강제로 들어가는 것이다(마 11:12; 눅 16:16). 이것이 바로 천년왕국에 들어갈 수 있는 자격이다.

십자가가 가장 무거울 때는 언제인가? 당신이 십자가를 견디는 동안이다. 언제 더 이상 무겁지 않는가? 당신이 십자가에 매달릴 때이다. 당신을 지탱하는 것이 십자가 그 자체라면 당신은 더 이상 무거움을 느끼지 않을 것이다. 당신은 죽었으므로 고통을 느끼지 않는다. 진정으로 자신에 대해 죽었다면 멍에를 전혀 느끼지 않을 것이다. 이것이 쉬운 멍에와 가벼운 짐이다(마 11:30).

먼저 예수님은 우리가 멸망하지 않도록 죄의 형벌에서 우리를 구원하셨다. 이제 그분은 우리가 넘어지지 않도록 죄의 권세에서 우리를 구원하신다. 미래에 그분은 죄의 존재로부터 우리를 구원하실 것이다. 그래서 우리는 전적으로 영적이 될 것이다.

주님의 구원은 완전하다. 그분은 절반의 구원자가 아니시다. 그분은 죄 가운데 있는 사람들을 구원하실 뿐만 아니라 그들을 죄에서 구원하신다. 그분은 죄의 권세에서 죄의 노예가 된 사람들을 구출하신다. 우리가 죄의 권세로부터 구원을 받지 못했다면 예수님의 절반만 받은 것이다.

구약에서 하나님께서는 그분의 백성을 위한 존재로 제시된다. 복음서에서 그분은 그분의 백성과 함께 계시는 분으로 제시된다. 서신서에서 그분은 그분의 백성 안에 계시는 분으로 제시된다. 이 세 단계는 하나님께서 사람을 대하시는 방법, 목적, 수단을 공개한다.

하나님의 아들은 사람의 아들인 우리가 하나님의 자녀라고 불릴 수 있도록 자신을 낮추셨다.

성경의 문자에 대한 지식으로 가득 찬 머리를 갖는 것보다 그리스도의 자비로운 사랑으로 가득 찬 마음을 갖는 것이 더 낫다. 주님을 기억하는 마음을 갖는 것이 성경의 말씀만을 말로 표현하는 입과 비교할 때 얼마나 더 바람직한가!

세상이 주님의 초림 때와 마찬가지로 그분의 재림 때에도 그러할 것이다. 많은 사람들이 주님께서 오신다는 것을 알고 예언까지 공부하면서도 그분의 재림을 간절히 기다리지 않는 것은 얼마나 안타까운 일인가! 우리는 이것을 어떻게 아는가? 그들은 여전히 자신을 위해 살며 땅의 것들을 생각한다(골 3:2).

52

하늘의 왕과 왕국

아담의 실패는 하나님께서 명령하신 것을 행하지 않았기 때문이며, 그리스도 예수님의 승리는 하나님께서 명령하지 않으신 것을 행하지 않으셨기 때문이다.

사탄의 주요 목표 중 하나는 하나님께로부터 사람의 예배를 빼앗는 것이다. 이런 이유로 하나님께서는 그분 자신의 말씀에서 그분 자신이 질투하시는 하나님이라고 반복해서 말씀하신다(출 20:5; 34:14; 신 4:24; 5:9; 6:15; 수 24:19).

사탄이 오늘날에도 여전히 땅에 남아 있는 이유는 무엇인가? 이는 그리스도께 속한 사람들은 아직 그리스도의 승리를 경험하지 못했기 때문이다.

구약의 원칙은 먼저 행동하고 그 다음에 사는 것이다. 신약의 원칙은 먼저 살고 그 다음에 행동하는 것이다. 하나는 일이고, 다른 하나는 은혜이다. 이것은 복음의 놀라운 원리이다. 우리의 용서는 우리의 행동에 선행한다(마 9:1-8, 참조).

왕국의 복음은 은혜의 복음이다. 왕국의 복음은 다가올 시대의 능력의 추가적인 요소가 있다.

십자가를 지는 것은 무엇을 의미하는가? 그것은 마음으로부터 하나님께 복종하는 것이다. 겟세마네 동산에서 우리 주님은 아버지의 뜻을 행하기로 마음을 정하셨다. 그 결과 그분은 거기에서 십자가를 지시기 위해 가셨다. 십자가를 지는 것은 하나님의 뜻을 행하기로 결심하는 것을 의미하며, 다른 어떤 것도 아니다.

주의 완전한 종이 되는 것은 일의 결과에 달려 있는 것이 아니라 하나님의 뜻을 행했는지에 달려 있다.

십계명 중에서, 아홉은 윤리이다. 단 하나만이 의식이다. 이 의식은 안식일을 지키는 것이다.

하나님의 왕국은 하나님의 주권이다. 그 왕국의 외적 표현은 무엇인가? 마귀를 쫓아내는 것은 하나님 나라의 실체를 가장 크게 나타내는 것 중 하나이다. 그분의 주권이 있는 곳마다 마귀는 힘이 없다.

믿음으로 우리는 구원을 받고 교회의 일원이 된다. 그러나 하나님의 왕국은 우리가 제자로 부르심을 받은 영역이다. 그리고 하나님께서는 우리가 그분의 제자로서 우리의 의무를 수행하고 우리의 책임을 완수하는 동안, 지금 여기에서 왕국의 이러한 특권을 누리기 시작하게 하신다.

자아를 부정하는 것은 자신의 생각을 부정하는 것이다. 그리고 예수님의 발자취를 따르는 유일한 조건은 자기를 부인하는 것이다. 이것들은 그리스도의 발자취이며, 우리를 왕국으로 인도한다. 믿음은 우리를 교회에 있게 하고, 예수님의 발자취를 따르는 것은 우리를 왕국에 있게 한다.

"누구든지 자기 생명을 구원하고자 하면 잃을 것이요 누구든지 나를 위해서 자기 생명을 잃는 자는 찾을 것이다"(마 16:25, KJV). 혼을 구원하는 것은 이 시대에 우리 자신의 마음, 뜻, 그리고 감정을 만족시키는 것이다. 이 시대에 자신의 마음, 의지, 그리고 감정을 만족시키는 기쁨을 잃어버리는 쪽을 선택한 사람은 주님께 자신의 생명을 희생 제물로 드린다. 이 시대에서 이러한 기쁨을 잃어버리려고 하지 않는 사람은 오는 시대에 그들을 잃어버릴 것이다. 즉, 그는 왕국 시대에 부끄러움을 당할 것이지만 여전히 영생을 유지할 것이다. 사람이 온 세상을 얻고도 마지막에 하나님께서 주신 것을 잃어버린다면, 무엇이 유익하겠는가?(마 16:26).

장래에 보상을 받을 것인지를 알기 위해서는 자신의 행위를 검토할 수 있다. 그가 오늘 혼을 잃어버린다면, 그는 미래에 그것을 얻을 것이다. 그가 오늘 혼을 지키거나 유지한다면, 그는 미래에 그것을 잃을 것이다.

왕국에 들어가려면 어린아이처럼 되어야 한다. 그러나 이 지위를 유지하는 것은 이후의 모든 고귀함의 기초가 된다. 거듭난 사람이 언제나 어린아이처럼 자신을 지킨다면, 그는 하늘의 왕국에서 크게 될 것이다(마 18:2-4). 불행히도 많은 사람들이 이 상태를 버리고, 비록 어린아이에 불과하지만 어른처럼 행동한다(고전 3:1).

왕국에서의 당신의 지위는 오늘날 당신의 지위와 정반대이다. 우리가 이 세상에서 크고 으뜸이 되기를 원하지만 주님께서는 우리를 오는 세상에서는 크고 으뜸이 되라고 부르신다. 우리는 상을 탐내면서도 그 대가를 지불하기를 꺼려 한다!

로마서의 주제는 어떤 죄인도 율법의 행위로 의롭게 될 수 없다는 것이고, 갈라디아서의 주제는 구원받은 사람이 율법의 행위로 거룩하게 될 수 없다는 것이다. 이 두 서신은 칭의도 성화도 율법의 행위에서 나오지 않는다는 것을 충분히 입증했다. 따라서, 우리는 율법에 대해서 죽어야 한다. 그 결과 하나님의 은혜를 통해 주 예수 그리스도를 통한 그분의 은혜로 의롭다 하심을 받고 성화될 수 있다.

율법은 육신을 위해 제정되었기 때문에, 그가 구원을 받은 후에 율법을 지키려고 하는 사람은 로마서 7장에 따르면 누구든지 그에 따라 간음자로 간주된다. 율법을 지키려는 우리의 시도는 우리가 죽지 않았다는 것을 나타낸다. 그런 상황에서 어떻게 그리스도와 혼인할 수 있겠는가?

성령께서 내주(來住)하시는 것은 중생 때에 받는다. 성령의 충만은 그 후에 지속적인 구함을 통해서 온다. 모든 믿는 사람에게 성령께서 계시지만, 모든 사람이 성령 충만한 것은 아니다.

대부분의 그리스도인들은 기름부음(성령)을 한 번 받는 것으로 충분하다고 생각하지만 하나님께서는 우리가 기름부음을 지속적으로 받기를 원하신다. 그리고 후에 받는 것은 처음 받는 것과 다르다. 처음에 받은 것은 하나님께서 기꺼이 주신다. 그 후에 받는 것은 대가를 요구하신다. 누구든지 자기를 부인하고 간절히 구하는 값을 지불하기를 거절하면 더 이상 기름부음을 받지 못할 것이다.

새 언약을 받았기 때문에 대부분의 그리스도인들은 새 욕망을 알지만 새 능력은 알지 못한다. 그러나 그것을 성취할 힘이 없는 새로운 욕망을 갖는 것은 얼마나 실망스럽고, 심지어 고통스러운 일인가! 이것은 성령으로 충만해야 할 필요성을 증명한다.

우리가 아버지와 맺는 관계는 구원과 영원에 관한 것이다. 그리고 아들과 맺는 관계는 극복과 보상에 관한 것이다.

옛 언약과 새 언약의 한 가지 기본적인 차이점은 옛 언약은 생명보다 먼저 일을 요구한다는 것이다. 이것은 자녀가 되기 전에 종이 되는 것을 의미한다. 그러나 새 언약은 행위보다 먼저 생명을 주는 것, 즉 종이 되기 전에 거듭나는 것이다. 왜? 하나님께서는 그리스도인들이 육신으로 그분을 섬기는 것을 원하지 않으시기 때문이다.

어떤 사람이 심판석에서 보상을 받을 것인지 받지 않을 것인지는 그때 결정되지 않는다. 그것은 오늘 결정된다. 얻는 것은 어떤 미래의 시간에 이루어지지 않는다. 그것은 지금 여기에서, 그분에 대한 충실한 봉사의 삶을 통해 성취된다. 지금 희생하라, 영원히 받으라. 지금 받으라, 영원히 희생하라.

기름 부음(성령 충만) 없이 은사를 행하는 것은 아주 위험하다. 이것은 고린도 교회에서 명백하게 드러난 문제였다. 성도들은 은사가 풍부하고 기름 부음이 부족했기 때문에 혼란스러워했다. 자신의 은사를 행하는 것은 오직 성령의 충만함으로만 이루어져야 한다.

피는 죄를 처리한다. 피로 우리의 죄가 용서를 받았다. 그러나 피는 우리가 다시는 죄를 짓지 않는다는 보장이 아니다. 이를 위해서는 십자가가 필요하다. 십자가는 죄의 권세를 다룬다. 오직 십자가만이 우리를 구원하여 다시는 죄를 짓지 않게 할 수 있다. 하지만 우리가 죄를 지을 때를 대비해서, 피는 용서하기 위해서 여전히 거기에 있다.

53

십자가의 말씀

고난은 영광이다. 주님과 함께 고난을 받은 우리는 그분과 함께 영광을 받을 것이다. 고난은 미래의 영광이고 영광은 현재의 고난이다.

이것은 내가 사람들과의 토론에서 배운 가장 귀중한 교훈이다. 그것이 무엇이든 일단 의견이 제기되면 더 이상 주장하지 마라. 사람들이 듣지 않으면 기도로 물러서라. 그리스도를 위해 모든 것을 견디라.

병사가 전선에 나가면 죽을 각오를 한다. 병사는 죽는 것은 정상이다. 그가 사는 것은 예외적인 일이다. 그렇다면 그리스도의 병사들은 왜 예외가 되어야 하는가? 병사는 승리를 기대하고, 장군은 상처로 만들어진다.

하나님께 드리는데 있어서, 우리가 할 수 있는 것을 드리기는 쉽다. 마음(곧 우리가 희생한 것을 도로 찾으려는 욕망)을 드리기는 어렵다. 이삭을 제물로 바치는 것은 상대적으로 쉽다. 그러나 마음(이삭을 도로 찾으려는 욕망)을 드리고 하나님께서 우리의 마음을 지켜주시도록 하는 것, 그것은 아주 어렵다.

십자가는 양면으로 구성되어 있지만 분리할 수 없다. 한쪽에는 죽음이 있다. 다른 쪽은 부활이다. 자연인은 생명을 모르기 때문에 죽음을 알 수 없다. 그러나 영적인 사람이 죽음을 모른다면 어떻게 생명을 알 수 있는가?

"죽음"은 죄에 대한 그리스도인의 수동적인 점이다. 반면에 "생명"은 의로움에 대한 그의 적극적인 점이다. 많은 그리스도인들은 "죽음"의 위치에 갇혀 있기 때문에 그들은 매우 약하고 힘이 없다. 그들의 죽음에서 그들은 생명을 경험하지 못한다. 이는 죽음을 거치지 않으면 생명은 오지 않을 것이기 때문이다.

십자가의 "생명"은 세 가지 측면으로 구성된다. (1) 주님과 함께 살아 있는 것, (2) 주님께서 내 안에 거하시는 것, 그리고 (3) 주님을 위해 사는 것이다. 이 세 가지 측면을 성취해야만 그리스도인은 승리하는 삶을 살 것이다.

사람이 날마다 죽으면 날마다 살고, 죄에 대하여 죽으면 주님께 대하여는 살아 있는 사람이 된다(롬 6:11). 영적 체험의 이 단계에 이르면 그리스도인의 삶은 승리하게 된다. 그는 사탄과의 영적 전쟁에서 싸울 준비가 되어 있다. 슬프게도, 대부분의 그리스도인들은 로마서 7장의 갈등을 결코 넘어가지 못한다. 그리고 이것은 옛사람과의 싸움에 지나지 않기 때문에 영적 전쟁이라고 할 수 없다.

사람들은 주 예수님과 그분의 죽으심에 대해서 이야기하기를 좋아하지만, 주 예수님과 십자가에 대해서 이야기하는 것은 싫어한다.

아버지의 뜻을 행하고 세상을 구원하기 위해 그리스도는 십자가에서 내려오지 않으셨다. 그분께 문제는 분명했다. 그분 자신을 구원하시기 위해 그분은 사람들을 버려야 하신다. 그러나 사람들을 구원하시기 위해서는 자신을 버리셔야 한다. 그분은 우리를 위해 자신을 버리셨다. 오, 그분이 당신과 나를 얼마나 사랑하셨는가!

"의(義)"는 율법의 테두리 안에서 다룬다. 그 안에는 자비도 사랑도 없다. 율법을 어기는 사람은 율법에 따라 처벌받아야 한다. 반면에 "사랑"은 친절하고 자비롭다. 그것은 모두에게 무제한적이고 저항할 수 없는 애정을 보여준다. 그분의 사랑에 따라 하나님께서는 은혜를 베푸시고, 그분의 거룩함에 따라 의로운 방법으로 그것을 주신다.

거듭남은 영적인 삶의 첫 단계일 뿐이다. 사람이 거듭나게 될 때, 그는 생명을 얻는다. 그러나 이 생명은 단지 초기 단계에 있다. 그 후에는 주님과 함께 죽고 부활하는 것이 모든 신자들의 경험이 되어야 한다. 그것들은 주님 안에서 성숙한 사람이 지니는 표식이다. 그것을 지닌 사람이 너무 적다는 것이 얼마나 불행한 일인가!

사람이 믿는 순간 그는 새롭게 태어난다. 거듭남으로써 그는 영원한 생명을 얻는다. 이 삶은 아직 성숙하지 않았지만 그럼에도 불구하고 영원히 지속하기에 충분하다.

하나님께서는 죄를 무시하시고 아무것도 아닌 것으로 취급하실 수 없다. 이렇게 하면 그분의 의의 모든 척도가 파괴될 것이다. 율법의 성취는 그분의 의(義)를 나타내지만 속죄는 우리에 대한 하나님의 사랑을 표현한다.

구약의 사람들은 그리스도를 고대했다. 우리는 뒤를 돌아본다. 그들이, 믿음으로, 미래의 구세주를 받아들일 수 있었다면, 왜 우리가, 믿음으로, 과거의 구세주를 믿을 수 없겠는가?

오늘날 믿는 사람들의 부르짖음은 더 큰 믿음을 얻기 위해서다. 그러나 어디에서 더 큰 믿음이 나오는가? 믿음은 그 근원이 있다. 믿음의 근원은 믿는 사람이 아니라, 하나님이시다. 불행하게도, 믿는 사람들의 믿음이 하나님께 있는 것이 아니라, 그들이 더 큰 믿음을 소유하는 데 있다.

그리스도인들이 부요하거나 가난할 때 하나님을 의지하지 않기 때문에 그분이 그들을 위해 무엇을 하실 수 있는지를 볼 수 없다. 우리가 하나님께 대한 믿음을 고백한다면, 우리의 믿음은 실제적인 방법, 즉 매일의 행동으로 증거되어야 한다.

믿음과 안식은 불가분의 관계이며 믿는 사람은 그 안식에 들어갔다 (히 4:3). 그러므로 믿음의 첫 번째 행위는 자신의 일을 멈추고 하나님의 사랑과 지혜와 능력에 안식하는 것이다.

그리스도인이 자주 받아들이는 일반적인 오해는 진실한 사람은 속을 수 없다고 생각하는 것이다. 그들은 생각한다. 내 마음이 진심이라면 나는 속지 않을 것이다. 그러나 가장 속이는 것이 이 진실한 혼이라고 누가 상상하겠는가!

사탄은 일반적으로 그리스도인들이 속지 않을 것이라고 먼저 제안함으로써 그리스도인들을 속인다. 그렇기 때문에 속을 수 없다고 믿는 사람들이 일반적으로 가장 많이 속는 것이다. 하나님께서는 무조건적으로 우리를 보호하시겠다고 약속하지 않으신다. 반대로, 우리가 완전히 보호받는 것은 그분과 협력하는 법을 배운 후에야 가능하다.

54

성령의 친교

성령님의 주된 일은 부활하신 주님을 우리에게 전달하시는 것이다. 그분은 그분의 외적인 특징이 관련된 것까지 복음서에 기록된 그리스도를 전하려고 하지 않으신다. 대신, 그분은 부활하신 그리스도를 전하신다.

오늘날 주님께서 이 땅에서 그분의 길을 가실 수 있는 길은 우리의 걸음이 얼마나 변했는지 또는 우리가 얼마나 많은 진리를 알고 있는가에서 찾을 수 있는 것이 아니라, 부활과 성령과 교회를 알기 위해 우리가 정말로 어떤 대가를 지불할 용의가 있는지의 문제이다. 그렇다면 교회는 영광스러운 증언을 하게 될 것이다.

부활이 무엇인지를 볼 때에만 육신이 무엇인지를 분명히 알 수 있을 것이다.

우리가 성령의 역사를 어디에서 찾을 수 있는가? 성령의 역사는 주님의 부활의 능력이 역사하는 모든 곳에서 발견된다. 그렇지 않으면 그분의 역사로 간주될 수 없다.

하늘의 권세는 영광스럽고 지극히 크지만 땅의 제한을 받고 있다. 세상에서 오직 두 사람만이 부활이 무엇인지 알고 부활의 땅에 설 때에도 땅 끝까지 흔들 수 있다. 따라서 오늘날 우리는 이미 가지고 있는 것보다 더 많은 것이 필요하지 않다. 오히려 우리는 우리가 이미 가지고 있는 것이 얼마나 영광스럽고 풍요하고 위대한 것인지 볼 필요가 있다.

성령께서 당신에게 임하시려면 당신 자신이 당신의 욕망을 표현해야 하고, 그렇게 했을 때, 그분께서 오신다. 성령께서 독립적으로 역사하시는 것이 아니라, 적극적으로 일하는 것은 바로 당신이며, 성령께서는 도우러 오신다. 당신들의 허용의 척도에서 그분께서 오시는 척도를 찾을 수 있을 것이다.

성령의 부으심은 나사렛 예수님의 높아지심과 승리의 증거이다. 우리는 우리의 믿음과 승리를 증명하기 위해서가 아니라 예수님께서 주와 그리스도이심을 증명하기 위해 성령의 부어주심을 받는다.

성령의 부어주심을 받으려면 특정 조건이 충족되어야 한다. 첫째, 마음에 처리되지 않은 의식적인 죄가 없어야 한다. 둘째, 영에 굶주림이 있어야 한다. 셋째, 간절한 기도가 필요하다.

성령의 부으심을 받는 것은 벽을 따라 문을 여는 것과 같다. 문을 연 후에는 영적 영역 내의 사물과 지속적인 접촉이 있게 될 것이다.

당신이 성령의 부으심을 체험할 때마다 그 영들을 시험해야 한다(요일 4:3; 고전 12:3). 예수님께서 육신으로 오셨는지, 그에게 묻고 아니면 예수님께서 주님이신지를 물음으로써 기름부음을 받고 있는 그 사람에게 도전해야 한다.

교회의 모임에서 성령의 부으심은 우리 자신을 세우기 위한 것이 아니라 다른 사람을 세우기 위한 것이다. 이것이 고린도전서 14장에서 우리를 위해 제시한 원칙이다.

우리 안에 거하시는 성령께 순종하지만, 우리 자신이 우리에게 내리는 영을 통제한다는 것을 충분히 인식하자. 우리가 성령의 부으심을 구할 때, 우리에게 부어지는 것을 통제해야 한다. 왜? 우리가 주의하지 않고 상황을 통제하지 않으면 사탄이 모조품을 쉽게 들여올 수 있기 때문이다.

성령의 기름 부으심은 우리의 기도나 선한 행위가 아니라 주 예수 그리스도의 높아지심과 관련되어 있다.

성령의 역사는 세 가지이다. 첫째로, 그분은 사람들에게 생명을 주시고, 둘째로, 그분은 생명으로서 사람들 안에 거하시며, 셋째로, 그분은 능력으로 사람들 위에 임하신다.

성령께서 사람 안에 거하시는 것은 생명을 위한 것이요, 성령께서 사람에게 임하시는 것은 권능을 위한 것이다.

성령께서 성도들에게 임하셔서 주님의 능력을 입히셔서 증인이 되게 하심으로써 우리는 하나님을 위해 일할 수 있는 달란트와 하나님의 뜻을 이룰 수 있는 능력을 갖추게 된다.

사람 안에서 역사하는 성령의 역사는 생명과 삶을 위한 것이며, 우리가 성령의 열매를 맺을 수 있게 해준다. 사람에 대한 성령의 역사는 증인과 봉사를 위한 것이며, 우리로 하여금 영적 은사를 나타내게 한다.

내적으로 성령에 충만하고 외적으로 성령이 임하는 사람은 주님을 섬기는데 있어서 큰 능력을 지닌다.

주님을 위해 봉사하기를 원하는 사람들은 먼저 피를 발라야 한다. 피를 흘린 후에 기름을 부을 수 있다(레 14:14-17). 성령께서 당신이 행하고 일하는 것을 도와주시기 전에 십자가가 먼저 당신의 귀와 손과 발 위 작용해야 한다. 처음에는 승리의 삶이 오고, 그 다음에는 성령의 부으심이 온다.

사람이 내부에 적절한 생명이 있고 외부에 성령께서 부어지시면 그는 주님께 매우 유용할 수 있다.

성령의 부으심은 필요할 때만 구해야 하며 우리의 영적 즐거움을 위한 오락의 대상으로 취급되어서는 안 된다.

영들의 시험과 관련하여 우리는 어떤 종류의 부어짐이 있을 때마다 항상 그 영을 시험해야 한다(요일 4:1). 우리는 매번 시험해야 한다. 왜?

우리는 영적 영역에서 악마와 호적수가 되지 않기 때문이다. 따라서 영을 시험하는 것은 매우 중요하다.

성경은 두 종류의 권능을 언급한다. 하나는 우리 안에 있는 부활의 능력이다. 다른 하나는 우리 밖에 있는 성령의 능력이다. 후자는 성령의 부으심으로 나타나는 능력이다.

그리스도 안에서 형제자매를 도울 때, 우리는 먼저 그들이 승리의 삶을 경험하도록 돕고 그런 다음 그들이 성령의 부으심을 구하도록 인도해야 한다.

성경에서 부활은 죽음과 연결되어 있고, 채우는 것은 비우는 것과 연결되어 있다. 또한, 채우기는 오직 특별한 집단의 사람들, 즉 자신을 비운 사람들을 위한 것이지만, 부어주시는 것은 모든 성도들을 위한 것이다.

성령 충만과 관련하여 우리의 순종으로 인해 우리를 채우시는 분은 부활하신 주님이시다. 그것은 우리 안에 거룩한 삶이 필요하다. 그러나 성령의 부어주심과 관련하여 승천하신 주님께서는 우리의 믿음 때문에 성령을 우리에게 부어주신다.

당신이 성령으로 충만하기를 원한다면, 당신은 자신을 비워야 한다. 당신은 배고프고 만족스럽지 않아야 한다. 당신이 이미 받은 것을 충분한 것으로 받아들이지 말고, 당신이 받은 것에 만족하는 지경에 이르지 말라. 이런 식으로, 당신은 항상 더 많은 것을 받게 될 것이다.

주님께서 당신의 삶에서 행하시는 캐내시고 파내시는 일을 견딜 수 있다면, 당신은 주님께 크게 사용될 것이다. 그러나 당신이 초조해 하며 하나님과 논쟁하면, 당신은 즉시 승리하는 삶을 잃게 되고, 성령을 부어주시는 것은 아무런 도움이 되지 않을 것이다. 십자가가 당신을 자르고 깊이 찌르게 하라. 십자가가 자를 때마다 당신이 사랑하고 갈망하는 무언가가 끊어지기 때문이다. 이러한 절단은 당신 안에 있는 그분의 은혜의 분량을 증가시키기 위한 십자가의 일이다.

우리가 십자가를 경험하고 성령으로 충만하지 않는다면, 사람 앞에서 우리의 증언은 약하고 불완전할 것이다.

어떤 사람이 성령의 부으심이 필요하다면 몇 명의 성도를 모아서 그를 주님 앞에 데려간 다음 그가 성령의 부으심을 받을 때까지 함께 기도하라.

오순절 날에 성령을 부어주신 것은 사람의 선함과 성실함을 증명하기 위해서가 아니라 이스라엘 온 집에 예수님께서 주님이시며 그리스도이심을 증명하기 위해서였다(행 2:36).

우리가 가진 모든 것과 중생을 통해 오지 않는 것은 버리는 법을 배워야 한다. "육으로 난 것은 육이요, 성령으로 난 것은 영이기" 때문이다(요 3:6). 그럼에도 불구하고 우리는 신성한 일을 하기 위해 선천적인 힘에 얼마나 의존하고 있는가!

대부분의 사람들은 성령에 의해 사는 것을 두려워한다. 그들은 특정 규칙에 따라 사는 것을 선호한다. 사람들은 오히려 법에 따라 살기를 원한다. 이는 법은 그들이 옳고 그름을 아주 쉽게 알게 하기 때문이다. 법에 따르면, 사람들은 그들이 어디로 가야 하고 가지 말아야 하는지, 무엇을 해야 하고 하지 말아야 하는지를 알 수 있다. 그러나 율법의 문제는 이것이다. 사람들이 율법에 따라 행동할 때, 그들은 하나님을 등 뒤에 두시는 것이다.

하나님께서는 우리가 그분의 말씀의 죽은 문자를 단순히 보관하기를 원하지 않으신다. 그분은 우리가 그분 앞에서 계속 기도하고 조용히 그분을 기다리며 우리의 모든 필요를 공급하는 것을 기뻐하신다. 그분은 우리가 그 어떤 것에도 의존하는 것을 원하지 않으신다. 그것은 우리가 그분만을 의지할 때 그분께 기쁨을 드리기 때문이다.

성령 안에 있는 삶은 정해진 규칙이 없다. 그것은 모든 죽은 계율을 버리고 하나님의 뜻을 직접 구한다. 그것은 인도된 곳으로만 가고 지시받은 대로만 수행한다.

성경에 있는 모든 것은 살아 있다. 즉, 성령 안에서 살아 있다. 우리가 성경적인 것을 규칙과 규정으로 바꾸면 죽은 것이 된다. 성경 진리가 살아 있기 위해서는 성령 안에 있어야 한다.

순간순간 성령의 살아 계시는 인도하심에 따르지 않는 것은 모두 율법이다. 어제의 선례를 베끼는 것조차 법에 따라 행하는 것이다.

이론적으로 우리 안에 계시는 성령의 인도하심이 우리를 인도하시기에 충분해야 한다. 그러나 실제로는 그분의 내적 인도에 대한 우리의 이해가 오류의 대상이기 때문에 우리는 여전히 성경이 필요하다.

우리가 참으로 하나님께 순종하는 것은 단지 주님께서 우리에게 주시는 내적인 인도하심과 외적인 인도하심에 순종할 때뿐이다.

사역자로서 당신이 기름부음을 받지 않으면 말을 많이 할수록 힘이 약해지고, 말을 오래할수록 속이 비게 된다. 당신은 믿을 수 없을 정도로 건조함을 느낀다. 반면에 당신 안에 기름 부음과 부담이 있다면, 당신이 일할수록 당신 안에서 아멘이 더 커진다. 당신은 가볍고 편안함을 느낀다. 이것이 하나님께서 당신이 말하고 행동하기를 원하시는 것임을 당신은 안다.

우리는 우리에게 임하신 기름부음보다 더 하나님을 느낄 수 없다는 것을 항상 기억하자. 우리에 대한 기름부음의 분량은 하나님께 대한 우리의 봉사의 한계이다.

하나님께서 부으시는 기름은 전적으로 그분의 마음을 만족시켜 드리기 위한 것이다. 이는 성경은 "그것을(거룩한 기름) 사람의 몸에 붓지 말라"(출 30:32, KJV)고 말씀하기 때문이다. 그러므로 우리는 우리가 그리스도 안에 있을 때만 기름 부으심을 받는다.

사람이 기름 부음을 받으면 기름은 몸이 아니라 머리에 부어진다. 그러나 기름이 머리에 부어지면 몸 전체를 덮을 때까지 흘러 내린다(시 133:2). 이것이 그리스도와 교회의 모습이다.

우리는 기름이 부드럽고 적용에 있어서 진정시키는 물질이라는 것을 알고 있다. 이것이 성령께서 우리에게 지시하시는 방법이다.

구약 시대에 사람들이 하나님의 말씀을 꺼낼 때, 그것은 그들에게 율법이 되었다. 신약 시대에 사람들이 성령의 기름 부음을 받지 않고 하나님의 말씀을 꺼내면 하나님의 말씀은 여전히 율법이 된다.

그리스도인으로서 우리는 우리 자신의 생각을 의지하거나 우리 자신의 뜻을 따라서는 안 된다. 그 대신에 우리는 그리스도께 마땅히 받아야 할 절대적인 주권을 부여하고 그분이 우리의 주인이 되게 해야 한다. 우리의 육신은 오직 죽어야 마땅하고 십자가에 못 박혀 먼지와 재 가운데 놓여야 마땅하기 때문이다.

진리에서 배우는 것은 사람이 말씀과 그가 배운 성경에 관련하여 가르침에 따라 행동한다는 것을 의미한다. 성령의 징계에서 배우는 것은 사람이 주님의 손길을 경험한 후, 주님께 점차적으로 부서진다는 것을 의미한다. 이 과정이 완료되면 불복종, 투덜거림, 초조함, 의견의 초기 단계에서 순종의 상태로 완전히 인도된다.

누군가의 말이 영으로부터 나오는지 아니면 마음으로부터 나오는지 판단하는 것은 영적 분별의 첫 걸음이다. 더욱이, 영이 무엇인지와 마음의 것을 구별할 수 없는 사람들은 영적 판단을 내릴 수 없다.

다른 사람에 대한 우리의 지식의 기초는 우리 자신이 판단을 받은 정도이다. 우리는 우리 자신을 아는 만큼 동료 신자들을 알게 될 것이다.

당신의 사역의 범위는 당신의 삶에서 성령의 훈련의 양에 의해 결정될 것이다. 훈련이 많을수록 그릇의 확대와 유용성이 커진다.

평범한 사람은 육신만 처리하면 된다. 그러나 가식적인 사람은 그의 육신을 다루어야 할 뿐만 아니라, 그가 덧붙인 거짓의 껍데기를 다루는 것도 있어야 한다.

사람이 그의 영으로 판단할 수 있는 능력을 갖기 위해서는 그의 겉사람이 깨져야 한다. 왜? 겉사람이 파쇄되지 않으면 사람의 영이 봉쇄되어 사용할 수 없기 때문이다.

세상에서 친한 친구를 찾기 위해 사회적 교제가 진행한다. 그러나 그리스도인의 교제는 형제 사랑을 기반으로 수행된다. 우리는 서로 사랑한다.

성경은 숨겨진 단계에 있는 나병은 고칠 수 없다고 가르친다. 그러나 완전히 노출되면 치유될 수 있다(레 13:13). 이것은 죄를 씻는 일차적인 원칙이다.

우리가 사람들에게 다가갈 때, 만약 어떤 개인적인 의제나 사리사욕이 존재한다면, 우리는 그들이 그들의 문제를 해결하도록 도울 수 없을 것이다. 우리의 동기는 그들의 필요를 충족시키기에 충분한 빛을 갖기 위해 이 약점으로부터 정화되어야 한다.

오늘날 교회에는 감히 사람을 질책할 사람이 거의 없다. 왜? 우리 자신의 삶이 옳지 않기 때문이다. 그래서 우리는 비난을 퍼부을 만한 가치가 없다고 여겨진다. 우리가 다른 사람들을 책망하는 순간, 우리는 실제로 우리 자신을 책망하게 될 것이다.

55

하나님을 예배하라

계시로 우리는 하나님을 안다. 굴복함으로써 우리는 그분의 행하심을 안다. 하나님을 예배하는 것은 그분의 행하심을 경배하는 것이다.

주 예수님은 하나님께 대한 예배를 회복하기 위해 이 세상에 오셨다. 사탄은 하나님의 예배를 빼앗으려고 시도하고, 인간은 하나님 자신이 아닌 다른 것을 숭배하도록 유혹을 받는다.

사탄은 왜 사람의 구원을 두려워하는가? 그래야 그들이 하나님을 예배할 수 있기 때문이다. 따라서 그는 사람이 구원받는 것을 싫어한다.

구원을 아는 것만으로는 부족하다. 우리가 하는 모든 일을 예배로 표현해야 한다. 교회는 하나님의 피조물의 첫 열매다(약 1:18). 세상이 언젠가 하나님께 드릴 것을 우리가 먼저 드리는 것이다.

예배란 무엇인가? 예배는 간단히 말해서 이렇다. 그분은 하나님이시고 나는 단지 사람에 불과하다는 것을 인정하는 것이다. 내가 하나님을 아버지로 볼 때, 나는 구원을 받는다. 내가 하나님을 하나님으로 볼 때, 나는 이제 완전히 끝났다. 이는 우리가 그분을 하나님으로 볼 때, 우리는 겸손하게 엎드려서 그분을 예배할 수 있을 뿐이기 때문이다. 모든 문제는 우리의 시각에 달려 있다.

"우리 하나님은 소멸하는 불이시니라."(히 12:29) 하나님께서는 태우실 수 있는 것은 모두 태우실 것이다. 다니엘의 세 친구는 불타는 풀무불에서 탈 수 없었던 것처럼(단 3) 십자가에서 철저하게 처리되었던 모든 사람들도 마찬가지이다. 이미 그분의 불의 심판을 통과하여 새 생명을 얻은 모든 것은 불태울 수 없다.

왜 하나님께서는 어리석은 자와 약한 자와 천한 자를 택하시는가?(고전 1:27-28) 그것은 그들의 영이 교만하지 않기 때문이다. 우리가 영을 좇아 산다면 하나님께서는 그분이 원하시는 것, 곧 예배를 얻으신다. 그러나 우리가 혼을 따라 살면 사탄은 우리에게서 그가 원하는 것, 즉 예배를 빼앗는다.

예배는 하나님께 영광을 돌려 드리는 것이다. 내가 하나님께 드리는 예배는 그분의 영광이다.

예배란 무엇인가? 내가 하나님의 뜻에 복종하는 것이다(히 11:21). 이것이 예배이다!

하나님의 생각에 따르면, 교회는 전시 조직의 체제에 놓여 있다. 따라서 교회가 전투적인 교회가 아니라면 그것은 교회가 아니다.

그리스도인인 우리에게 적이 셋이 있다. 세상, 육신, 그리고 마귀다. 경험에 의하면, 세상은 먼저 이겨내야 한다. 세상에 대한 승리는 또한 가장 약한 단계이다. 다음은 육신이다. 진리는 육신이 이전에 했던 것처럼 들고 일어날 수 없도록 육신의 힘을 제거함으로, 육신을 끝낸다. 마지막은 마귀이다. 마귀는 영이기 때문에, 자신의 육신에서 해방된 사람들만이, 그들의 영 안에서, 영의 영역에서의 전투를 알 수 있다. 세상과 육신은 우리가 세 번째의 적, 곧 마귀에게 접근하기 전에 먼저 우리의 삶속에서 처리되어야 한다. 이것들로부터 해방되지 않는 사람은 사탄에 대해서 이해하기 힘들 것이다.

성경에서는 20세에서 60세 사이의 남성이 가장 가치 있었다. 그들의 값은 은화 50세겔(레 27:3)에 매겨졌는데, 이는 어느 시대보다도 높은 임금이었다. 왜? 이들이 가장 적합하고 전쟁을 할 수 있는 자들이었기 때문이다(민 1:3). 즉, 각 개인에 대한 하나님의 평가는 적과의 전쟁에 참여할 수 있는 능력에 의해 측정된다.

우리가 자아에 의해서, 상황에 의해서, 사람에 의해서, 또는 세상과 이 땅의 어떤 것에 의해서 지배된다면, 우리는 영적 영역의 전쟁에 부적합하다.

지구가 당신에게 몇 가지만 제공하더라도 아껴서 가져가라. 그렇지 않으면 언젠가는 그것을 가질 수 없을 때 낙담할 수 있다.

계시에는 두 가지가 필요하다. (1) 하나님의 빛과 (2) 열린 눈이다.

영적 진보는 어떤 추상적인 기준을 달성하거나 어떤 먼 목표를 향해 밀고 나가는 문제가 아니다. 그것은 전적으로 하나님의 표준을 보는 문제이다. 영적 진보는 자신이 아닌 것이 되려고 노력함으로써가 아니라 자신이 진짜 어떤 사람인지 알아내는 데서 온다.

당신이 죽는 것은 죽은 것을 볼 때이고, 당신이 살아나는 것은 당신이 살아나는 것을 볼 때이다. 당신이 거룩한 것을 볼 때에 당신은 거룩하게 되고 그리스도 안에서 당신 자신을 볼 때에 그분께서 이미 받으신 것을 받는다.

하나님께서는 교회를 완전히 순수하고 완전하게 보신다(민 23:21). 우리가 하늘에 있는 이 영적 실체를 보게 되면서, 우리는 세상에 있는 그 실체의 능력 속에서 살기 시작한다.

아아! 대부분의 그리스도인의 경험에 따르면 기독교는 자신이 아닌 것이 되려는 노력과 자신이 할 수 없는 것을 하려는 노력이다. 그들은 세상을 진정으로 사랑하기 때문에 항상 세상을 사랑하지 않기 위해 고군분투한다. 그리고 그들은 마음이 여전히 교만하기 때문에 항상 겸손하려고 노력한다.

우리가 하나님을 도우실 수 없다는 것을 배우는 것은 쓰라린 경험을 통해서이다. 그러나 우리는 쓰라린 경험을 통해 하나님께서 불완전한 마음에 의해서 제한될 수 있으심을 배운다(막 6:5-6, 참조). 그리고 우리는 그분을 방해할 수 있는 모든 힘을 가지고 있다.

몸이 인격의 온전한 표현인 것처럼 그리스도인은 그리스도의 표현의 수단이다. 더욱이 그분의 뜻이 이 세상과 악한 권세의 영의 세계 양쪽에 영향을 미치는 것은 육신을 통해서이다. 그렇기 때문에 우리 삶에서 그리스도의 주 되심이 매우 중요하다.

현재 우주에는 세 가지 뜻이 작용하고 있다. 하나님, 사탄, 그리고 인간이다. 하나님께서는 인간의 뜻이 사탄의 편이 아니라 그분의 편이 되기를 원하신다. 왜? 사람의 뜻이 하나님의 편이 아니면 하나님께서 사람의 뜻을 멸하지 않으실지라도 하나님의 뜻에 쓰일 수 없기 때문이다. 하나님께서는 인간의 뜻에 간섭하지 않기 위해 이러한 제한적 입장을 받아들이신다.

왕국은 무엇인가? "당신의 뜻이 하늘에서(이미) 이루어진 것 같이 땅에서도 이루어지는 것이다"(마 6:10, KJV). 이것은 그분을 제한하기 위해 나오는 인간의 뜻이 없다는 것을 의미한다.

많은 그리스도인들의 문제는 그들이 그들의 관심의 대상만 바꿨을 뿐이라는 것이다. 그들은 능력과 에너지의 원천을 바꾸지 않았다는 것이다.

하나님께서 우리의 구원에 관하여 모든 것을 하셨듯이, 우리의 봉사에 관하여도 모든 것을 하신다. 왜? 이는 그분이 모든 영광을 얻으시려면 모든 일을 해야 하시기 때문이다. 그분은 사람의 모든 것을 배제해야 영광을 얻으실 수 있다.

우리의 자연적인 생명과 자연적인 에너지는 우리가 죽을 때까지 계속될 것이다. 그러나 하나님께서 야곱의 환도뼈를 만지셨던 것처럼(창 32:24-25), 그 생명과 능력과 에너지의 근본적인 파쇄가 있어야 한다. 그 후 그는 계속 걸었지만 절뚝거리기도 했다. 하나님의 모든 참된 종은 그가 결코 회복할 수 없는 그 상처의 손길을 안다.

죽음은, 원칙적으로 우리의 자연적 생명에 대한 위기 속에서 해결되어야 한다. 하나님께서 우리를 부활로 풀어주시는 것은 이러한 위기를 통과함으로써이다. 위기를 통과한 후에 우리는 부활의 땅으로 나온다.

56

이 사람이 무엇을 해야 할까?

당신은 그리스도의 왕국을 어디에서 찾는가? 주 예수님의 주권이 인정되는 곳은 어디든지 그리스도의 왕국이 있다. 마찬가지로, 주권이 인정되지 않는 곳은 어디든지, 그리스도의 왕국이 아직 임하지 않은 것이다.

"율법과 선지자는 요한의 때까지요 그 후부터는 하나님의 왕국(복음)이 전파되었다"(눅 16:16). 아직도 율법이 있다면, 왕국은 없다. 아직도 선지자들이 있다면, 왕국은 없다. 왜? 이는 율법과 선지자들은 예수 그리스도의 왕국에 자리를 내어 주어야 하기 때문이다.

율법은 하나님의 뜻을 표현하는 기록된 말씀이다. 예언자는 그 뜻을 표현하는 살아 있는 사람이다. 구약 시대에 하나님께서는 일반적으로 이 두 가지 간접적인 수단 중 하나를 통해 이스라엘 백성에게 그분 자신을 표현하셨다. 그러나 우리 시대, 신약 시대에 하나님께서는 우리를 더 친밀한 방식으로 다루신다. 이는 기독교는 그분의 영을 통해 직접 하나님에 대한 개인적인 지식을 포함하기 때문이다.

많은 사람들이 예수 그리스도 그분 자신의 최종 권위보다 말씀의 편지를 더 많이 본다. 그러나 이것은 참된 기독교가 아니다. 이는 참된 기독교는 정보에 근거하지 않고 개인적인 계시에 근거하기 때문이다.

정보나 교리는 항상 외부적이고 비인격적이다. 그러나 기독교는 계시된 종교이며, 계시는 항상 내적이고 직접적이며 개인적이다.

아마도 십자가의 가장 어렵고 고통스러운 측면은 십자가가 하나님의 뜻에 대한 우리의 열심과 그분의 일에 대한 우리의 사랑을 끊을 때일 것이다. 우리의 옛 자아는 항상 하나님의 뜻을 행하기 위해 기꺼이 개입한다. 그러나 하나님께서는 그분의 때가 있으시고 그분은 그분 자신의 방식으로 그분의 일을 성취하신다.

우리의 타락한 관점에서 일반적으로 하나님께서 처음에 우리에게 요구하시는 조건이 단 하나 있다는 것을 보지 못한다. 그것은 믿거나 회개하거나 죄를 의식하거나 심지어 그리스도께서 죽으셨다는 것을 아는 것이 아니다. 하나님께서 우리에게 가지고 계신 유일한 요구사항은 정직한 마음으로 그분께 다가가는 것이다(시편 51:17).

복음서에서 주 예수님께서는 죄인들의 친구로 제시된다. 이는 우리가 그분께 오는 것은 그분의 첫 번째 오심으로 가능하게 되었기 때문이다(요일 4:19). 우리가 그분을 구원자로 기꺼이 받아들이거나 받아들일 수 있기 전에, 그분은 우리에게 친구로 오셨다. 그분은 먼저 하늘에서 내려오셔서 우리의 손이 닿는 곳으로 내려오신다.

불을 켜기 전에 전기 이론을 공부하고 철저히 이해할 필요가 없다. 같은 방식으로, 혼의 구원과 관련하여, 하나님께 접근하기 전에 구원의 계획을 이해할 필요가 없다. 오히려 첫 단계는 하나님의 인격적인 접촉이다.

종종 우리는 복음을 전할 때 사람들에게 구원의 계획을 이해시키려 하거나 죄와 그 결과에 대한 두려움을 통해 사람들을 주님께로 인도하려고 한다. 그리고 이것이 우리가 실패하는 곳이다. 우리가 그 인격을 적절하게 제시하지 않기 때문에 듣는 사람들은 그리스도를 보지 못한다. 대신 그들은 오직 "죄"나 "구원"만을 본다. 반면에 그들의 필요는 주 예수님 그분 자신을 보고, 그분을 만나고, 그분을 접촉하는 것이다.

개인적이고 주관적인 경험으로서의 구원은 주님의 죽으심보다는 주님의 부활에 달려 있다. 그리스도의 죽으심은 하나님 앞에서 객관적으로 속죄를 위해 필요했지만 신약성경은 부활에 대한 우리의 믿음을 강조한다. 그분의 부활을 통해 우리는 그분의 죽으심이 받아들여지고 있다는 증거를 갖게 되었다.

죄인의 구원을 위한 기본 조건은 믿음이나 회개가 아니라 단순히 하나님께 정직한 마음을 드리는 것이다.

씨 뿌리는 자의 비유의 주된 교훈은 말씀을 받는 사람이 하나님의 눈에는 지극히 정직한 사람이라는 것이 아니라, 하나님을 향해 정직하다는 것이다(눅 8:15, KJV). 그의 마음속에 무엇이 있든, 그는 솔직하고 공개적으로 하나님께 올 준비가 되어 있다.

어떤 사람이 구원받기를 원하는지 아닌지가 우리의 주된 관심사가 되어서는 안 된다. 심지어 복음을 이해하는 것도 부차적으로 중요하다. 가장 중요한 것은 이것이다. 그는 이런 것들에 대해 하나님께 정직할 준비가 되어 있는가? 그가 그렇다면, 하나님께서는 그를 만날 준비가 되어 있으시다.

죄인을 구원하는 것은 예수님의 최초 접촉을 가능하게 하는 복음의 존재이지, 죄인이 그것을 이해하는 것이 아니다.

예수님께서는 죄인들의 친구이시고, 성령께서는 사람들이 스스로 할 수 없는 일을 행하시기 때문에 죄인들은 있는 그대로 하나님께 나아갈 수 있다. 그들은 전혀 변화할 필요가 없으며, 더 나아가 그들 자신 안에서 무엇이든 할 수 있는 능력을 발견할 필요도 없다.

회개하지 않을 사람과 믿을 수 없는 사람이 있다. 구원에 대한 열망이 없는 사람들과 자신이 구원받기에는 너무 나쁘다고 생각하는 사람들이 있다. 혼란스러워하고 복음을 이해하지 못하는 사람들이 있으며 복음을 이해하는 사람들은 그들에 대한 하나님의 주장을 인정하지 않을 것이다. 나는 여섯 종류의 사람을 모두 만났고, 그들 중 많은 사람들이 그 자리에서 구원을 받았다. 또한 나는 일곱 번째 유형을 만났다. 하나님을 전혀 믿지 않는 사람들이었다. 그리고 나는 그들이 무신론을 먼저 유신론으로 대체할 필요가 없다고 감히 말했다. 그들은 그것에 대해 거짓이 없다면 하나님을 전혀 믿지 않고도 있는 그대로 구원받을 수 있다. 알다시피, 하나님을 찾는 것은 우리의 책임이 아니지만 우리가 진심으로 그분께 이렇게 해달라고 요청한다면 그분 자신을 우리에게 나타내시는 것이 그분의 기쁨이다.

그리스도인의 삶은 바울의 경우와 마찬가지로 지속적인 기적이 될 수 있다. 새로운 탄생에 의해 심어진 신성한 삶이 의식적으로 성령을 따라 행하는 죽어야 할 몸을 통해 빛나는 역설이다.

기독교는 흙으로 만든 그릇도, 안에 있는 보배도 아니다. 그러나 기독교는 흙으로 만든 그릇 속에 있는 보배의 결합이다. 왜? 이는 모든 사람에게 지극히 큰 것은 흙으로 만든 그릇이 아니라, 하나님의 능력이라는 것을 알도록 하기 위해서이다(고후 4:7).

그리스도인은 삶에 내재하는 신비한 역설이 있는 사람이다. 양립할 수 없는 것처럼 보일 뿐만 아니라 하나님의 능력이 반복적으로 승리하는 사람이다. 그는 두렵지만 단호한 사람이다. 적에게 둘러싸여 있지만 속박되지 않은 사람, 정복되려 하지만 파괴되지 않은 사람이다. 그가 약하다는 것은 명백하지만 그는 그가 약할 때 강하다고 선언한다(고후 12:10). 당신은 이 사람이 그의 몸 안에 예수님의 죽으심을 짊어지고 있는 것을 볼 수 있다(고후 4:10). 그는 이것을 그의 죽어야 할 몸 안에서 몸을 통해서 그리스도의 생명을 나타내는 바로 그 근거로 간주한다.

기독교는 약함을 제거하는 것이 아니며 단순히 하나님의 능력을 나타내는 것도 아니다. 오히려 그것은 사람의 약함이 있는 상태에서 신성한 능력을 나타내는 것이다. 하나님께서는 그분의 능력을 사람에게 주시지만 그 강함은 그들의 약함에서 나타난다(고후 12:9). 그분이 주시는 모든 보물은 질그릇에 담겨 있다.

　기독교는 믿음의 문제가 아니라 의심 앞에서 승리하는 믿음의 문제이다.

　그리스도인의 믿음의 행보는 어떠해야 하는가? 믿음이 하나님을 붙잡기 위해 긍정적으로 상승할 때, 그가 착각할 수 있는지 여부에 관한 질문이 동시에 발생할 수 있다. 주님 안에서 가장 강한 자가 자신의 무능함을 가장 잘 인식할 수 있고, 주님을 위해 가장 용감할 때 자신의 두려움을 가장 잘 인식할 수 있으며, 고난이 그에게 닥칠 준비가 되어 있다는 것을 알 때가 가장 기뻐할 때이다. 이 역설은 보배와 그것이 질그릇 안에 놓여 있다(고후 4:7)는 증거이며, 그것이 하나님께서 원하시는 곳이라는 것이다.

　우리는 슬픔이 있는 곳에는 기쁨이 있을 수 없고, 눈물이 있는 곳에는 칭찬이 있을 수 없으며, 약점이 있는 곳에는 힘이 부족해야 하고, 적들에게 둘러싸여 있는 곳에는 우리가 갇혀 있어야 하며, 의심이 있는 곳에는 믿음이 있을 수 없다고 생각하기 쉽다. 그러나 하나님의 의도는 인간의 모든 것이 실패하는 곳으로 우리를 인도하시는 것이다. 이는 이것만이 그분께서 이 신성한 보배를 나타낼 수 있는 질그릇을 제공하기 때문이다. 우리가 그분을 허락한다면 그분은 우리를 그곳으로 데려가실 것이다. 그곳은 우리가 우울증을 의식할 때 우울증에 굴복하지 않고 주님께 굴복하는 곳이다. 그런 다음 의심 또는 두려움이 마음에 일어나면 우리는 그것에 굴복하지 않고 주님께 굴복한다. 그래야만 보물이 담긴 질그릇 때문에 보물이 더욱 영광스럽게 빛날 수 있다.

여기에 기독교가 있다. 우리는 모든 감정을 억누르기 위해 자신을 강하게 함으로써 그릇을 위장하는 것이 아니라 내부에 보배가 있는 질그릇이 보이도록 하는 것이다. 그것은 고통에 무감각해져서 고통스러운 상황을 이겨내는 것이 아니라 고통의 느낌에도 불구하고 완전한 의식을 유지하고 다른 것에 의해 견디어내는 것이다.

눈물을 닦으면서 쟁기를 잡고 있는 것이 기독교다. 그것은 안에 있는 보배에 의한 질그릇의 초월이다.

기독교의 영광은 하나님의 보배가 가장 초라한 질그릇에 나타날 것이라는 점이다. 기독교는 역설이며 우리 그리스도인들은 이 역설 속에서 삶을 살아갈 때 하나님을 알게 된다. 참으로 우리가 그리스도인의 삶에서 더 멀리 나아갈수록 우리의 삶은 더 역설적이 된다. 이는 질그릇은 단지 질그릇일 뿐이듯이 안에 있는 보배가 점점 더 명백해지기 때문이다.

우리의 초점은 보배가 들어 있는 그릇의 결함이 아니라 그 안에 있는 보배의 질에 맞춰져야 한다. 십자가의 흔적이 인간의 연약함 위에 있기 때문에 그 안에 있는 귀중한 보배의 기적이 그 모든 것을 통해 의기양양하게 빛날 수 있기 때문이다.

그리스도의 십자가는 하나님의 죽음의 선고를 받은 인간의 모든 것의 끝이 되도록 하나님이 의도하신 것이다. 그러나 그리스도인인 우리에게 십자가는 그 이상의 가치가 있다. 야곱의 힘과 선천적인 독립성이 얍복에서 깨졌듯이(창 32:24-25) 믿는 사람의 선천적인 생명이 깨지는 곳도 십자가에서다.

옛사람과 새사람 사이에 십자가가 세워져 있다. 그것은 또한 그리스도 예수 안에서 서로 교제하는 관문이기도 하다.

그리스도인들 사이에서 신학을 계속 수업하면서 평생을 보내는 것은 우리를 그분의 교회로 세우지 못할 것이다. 이것을 일으키는 것은 외적인 지식이 아니라 내적인 지식이다. 영생은 유일하신 참 하나님과 그분이 보내신 자를 영으로 아는 것이다(요 17:3). 살과 피는 그분을 알 수 없다.

하나님의 교회는 장식이 아니라 사용하기 위해서 있다. 질서, 가르침, 머리의 지식은 조건이 좋을 때 생명의 모습을 나타낼 수 있지만 지옥의 문이 우리에게 대항하여 나올 때 우리의 진정한 상태는 신속히 드러난다. 이런 일이 일어날 때, 이론은 지옥에 대항하지 못할 것이다. 그런데 그것은 예수님께서 교회가 해야 한다고 선언한 것이다.

하나님께 그분 자신에 대한 고백을 들으시게 하는 것보다 더 큰 만족을 드리는 것은 없다. 예수께서는 종종 "내가 그니라"고 말씀하셨다(예를 들어 요 8:58, 참조). 그분은 우리가 "당신은 그러하시다"라고 말하는 것을 좋아하신다. 우리는 그렇게 하지 않는다. 모든 것이 잘못되고 혼란스러울 때 기도하지 말고 "예수님은 주님"이라고 고백하라!

헌신은 영적 비전의 결과이며 그것 없이는 일어날 수 없다. 비전은 또한 하나님의 일이 시작되는 곳이다. 우리의 일은 언제든지 시작할 수 있지만 우리를 통한 하나님의 일은 신성한 비전에서만 시작된다(창 18:17; 37:5; 출 25:9; 대상 28:19; 마 16:17; 엡 3:3).

사탄은 사람들이 하나님의 목적에 대해 듣고 그것을 정신적으로 이해하는 것을 신경 쓰지 않는다. 그의 가장 큰 두려움은 하나님의 백성이 하나님의 목적에 관한 내적 조명을 받을 때이다. 왜? 이것은 인생을 바꾸는 경험이기 때문이다.

영적 비전을 얻는 비결은 그것을 얻기 위한 비용을 지불할 준비가 되어 있는 것이다. 이것은 사람이 하나님의 살피시는 빛에 겸손한 영의 개방성을 소유할 때 발생한다. 그분은 판단력이 온유한 자를 인도하시고 그분의 길을 가르치실 것이다(시 25:9, KJV). "주님의 은밀한 일이 그분을 두려워하는 자들과 함께하시니 그분께서 자신의 언약을 그들에게 보이리라"(시 25:14, KJV).

하나님 일의 두드러진 특징은 교리가 아니라 생명이며, 생명은 오직 하나님의 빛 안에서의 계시에 의해서만 나온다. 교리 뒤에는 말밖에 없을지 모르지만, 계시 뒤에는 하나님 자신이 계신다.

우리의 일에 대한 하나님의 주요한 관심은 우리가 재료로 사용하는 만큼 일을 하느냐의 여부가 아니시다. 하나님께서는 질을 찾으신다. 중요한 것은 무게이다. 나무, 건초, 그루터기는 가볍고 저렴하며 지속되지 않는다. 반면 금, 은, 보석은 무겁고 비싸며 영원하다. 우리가 하나님을 위해 건축할 때 오직 후자의 세 가지만을 사용한다면, 우리는 결국 우리의 노력이 불에서 살아남을 뿐만 아니라 지속적인 보상을 보장할 것임을 확신할 수 있다. 아아, 전자와 함께 지은 자들에게는 아무것도 남지 않을 것이다(고전 3:12-15 참조).

하나님의 일에 있어서 사람은 그 자체로 아무 쓸모가 없으며, 나무, 건초, 그루터기는 본질적으로 사람과 그의 육신으로부터 오는 것을 나타낸다. 그것들은 일반적이고, 평범하며, 쉽게 또는 값싸게 획득한 것을 암시한다. 그리고 물론, 그것들은 부패하기 쉽다. 오늘날 풀이 땅에 아름다움을 입힐지라도 내일은 어디 있는가(사 40:7-8).

세상적인 것을 창조하는 것은 우리에게 쉽다. 세상적인 기반을 바탕으로 한 외부적이고 기술적인 기독교 운동에 만족한다면, 우리 스스로 그것을 하는 것은 꽤 가능하다. 그러나 그것은 교회의 일부가 아닐 것이다. 교회는 영적이며 교회의 일은 땅에 얽매이지 않고 하늘에 속한 것이다.

사람의 성격이 몸을 통해 표현되는 것처럼 그리스도는 교회를 통해 나타난다. 교회는 이 시대에 그리스도를 담고 그분을 세상에 드러내는 그릇이다.

오늘날, 다른 인종, 배경 또는 기독교 교파의 하나님의 백성이 신조 또는 신앙의 기초 위에 모인 것을 교회의 본질이라고 널리 믿고 있다. 그러나 바울은 이러한 것들이 교회 안에 존재하지 않는 바로 그것들이라고 말했다. 교회에는 헬라인이나 유대인이나 할례파나 무할

례파나 야만인이나 스구디아인이나 종이나 자유인도 없다(골 3:11; 갈 3:28). 우리가 바울을 정확하게 이해한다면, 이것은 우리가 그리스도인이 되고 싶다면, 우리는 그리스도인 외에 다른 어떤 것도 될 수 없다는 것을 의미한다!

그리스도 없이는 나는 개인적으로 생명이 없다. 더욱이 그분의 몸인 교회가 없이는 내가 소유한 생명을 표현하고 살 수 있는 수단이 없다.

달란트 비유에서 강조점은 재능 있는 사람이나 다섯 달란트 있는 사람이 아니다. 오히려 한 달란트 있는 사람에게 있다. 그는 자신의 재능을 땅에 묻고 재능을 두 배로 늘리는 보상을 잃는 경향이 있는 사람이다.

우리 시대에 교회는 다섯 달란트나 열 달란트로부터 그다지 고통을 받지 않는다. 주로 자신의 재능을 매장한 한 달란트의 모든 사람들로부터 방해받고 빈곤하다. 이는 부끄러운 일이다. 하나님께서 우리에게 주신 생명으로 기능함으로써만 그 생명이 무엇인지의 풍성함을 발견하고 경험하기 때문이다.

몸의 교제는 항상 받는 것과 주는 것의 양방향이다. 모든 것을 하려고 하거나 모든 것이 되려고 하지 말라. 이것은 준수해야 할 원칙이다. 우리가 몸의 일부로 기능할 때 항상 다른 사람을 위한 여지를 남겨 둘 것이다.

기독교인으로서 우리는 삶에 많은 것을 강조해야 하지만 이것만으로는 충분하지 않다. 우리는 또한 삶의 의식을 강조해야 한다. 의식은 말하지 않아도 보고 이해하는 내면의 감각이다. 의식이 없는 존재는 생명의 증거가 거의 없는 존재이다.

나비의 본성은 항상 "혼자 가는 것"이다. 벌의 본성은 항상 전체를 위해 일하는 것이다. 우리가 진정으로 생명에 접촉했다면, 우리는 점점 더 깊어지는 소속감에 깨어날 것이며 더 이상 이기적이고 자급자족하는 그리스도인의 삶을 살지 않을 것이다. 우리는 나비가 아니라 벌처럼 될 것이다.

몸의 하나됨은 우리의 것이 아니라 그리스도의 것이다. 우리가 하나인 것은 우리가 그분의 것이기 때문이다. 이것이 우리가 동료 지체들에게 단단히 붙잡지 말고 머리를 단단히 붙잡으라는 말을 듣는 이유이다. 이것이 친교로 가는 길이다.

성령을 소멸시키는 것은 하늘의 사람으로서 함께하는 생명의 의식 자체를 질식시키는 것이다. 그것은 마치 팔다리가 몸에서 절단된 것처럼 머리에 대한 우리의 관계를 손상시키는 것이다.

우리의 삶의 모든 행동의 근거는 무엇인가? "이것이 옳은 일인가" 또는 "이것이 그른 일인가"가 아니다. 오히려 그것은 "기름 부음을 받았는가?"이다. 이 일에 성령이 계시는가, 그리고 성령께서 생명을 나타내시는가?"이다.

그리스도인의 경험 속에서, 사람이 성장하고 성숙함에 따라, 하나님의 영적인 것들은 점점 덜 외적인 것(즉, 은사에 초점을 맞춘 것)과 점점 더 내적인 것(생명에 초점을 맞춘 것)이 된다.

몸(교회-역주)의 건강과 성장은 단지 은사 그 자체가 아니라 오직 그리스도의 일에서 비롯된다. 따라서 몸에 중요한 것은 우리의 은사가 아니라 우리가 은사들에 의해 전달되는 그리스도에 대한 개인적인 지식이다.

하나님께서 생명을 주시는 것은 찾고, 연구하거나, 비교하는 것이 아니라 우리 삶의 절망의 자리에 있다. 이것이 아브라함의 삶의 위기에 대해 사실이었듯이 그의 모든 믿음의 아들들에게도 사실이다.

내가 어떻게 특정한 일을 할 수 있겠는가? 교리에 의해서가 아니라 생명에 의해서 할 수 있다. 그리스도에 대한 우리의 개인적인 경험은 우리의 일을 구성하는 것이다. 그리고 우리가 일에 사용될 수 있도록 그리스도의 경험을 우리에게 작용하는 것은 우리 믿음의 이러한 시련이다.

하나님께서 우리의 개인적인 시련과 시험을 통해 일하시도록 허용함으로써 그분을 찬양하고 그분의 뜻에 복종함으로써 우리는 그분이 우리를 통해 다른 사람들에게 생명을 가져다주실 수 있게 한다. 그러나 이 대가를 치르는 사람만이 이 값비싼 직무를 받는다. 이는 생명은 죽음을 통해서만 해방되기 때문이다.

우리는 몸을 세우는 두 가지 사역, 즉 은사와 생명을 볼 수 있다. 우리 시대에는 은사로 섬기는 사람이 많지만 생명으로 섬기는 사람은 상대적으로 적다.

젊은 교회의 교화와 혼의 승리를 위해 영적 은사는 특별한 의미를 가질 수 있지만 성숙의 표식은 아니다. 그리고 그들은 확실히 자랑할 만한 것이 아니다. 그의 영적 위상의 진정한 척도를 나타내는 것은 십자가의 생명에서 역사하는 양이다.

그분의 교회의 영적 발전에서 하나님께서는 생명을 더 많이 사용하게 하시고 은사를 더 적게 사용하게 하신다.

교회에 대한 사탄의 가장 큰 두려움은 죄에 대한 저항, 세상 사랑에 대한 저항, 사탄의 직접적인 공격에 대한 저항이 아니라 그의 죽음의 권세에 대한 저항이다. 그리스도의 죽음은 사망의 세력을 잡은 자 곧 마귀를 소멸시켰기 때문이다(히 2:14). 그러므로 사탄은 우리가 이미 그리스도 안에서 죽었기 때문에 우리를 죽일 권한이 없다. 사탄은 우리가 죽었다는 사실을 두려워한다. 사탄이 우리를 지배하지 못하는 것은 바로 죽음 때문이다. 아시다시피 아담의 죽음은 사람을 끝내지 않지만 그리스도의 죽음은 끝낸다.

죽은 사람은 생명도 죽음도 인식하지 못한다. 그러나 생명이 있는 사람은 다른 사람에게서 생명을 인식한다. 왜? 선천적인 사람은 뜨거운 것과 차가운 것을 분별할 수는 있지만 생명과 죽음을 분별할 수는 없기 때문이다.

왜 어떤 사람들이 있을 때 설교하기가 더 쉽고, 다른 사람들이 있을 때 설교하기가 더 어려운가? 그것은 모두 생명의 쏟아지는 것, 혹은 고갈되는 것에 달려 있다. 생명이나 죽음의 확산은 가정이나 교회, 또는 당신이 어디에 있든지 현재의 사실이다.

우리의 모임의 영적인 능력은 참석하는 사람이 단지 부정적이냐 또는 생명을 가져오느냐에 달려 있다. 생명이 있는 사람들은 모임에서 그리스도의 생명을 충족시켜 준다. 한편, 다른 사람들은 그들의 아멘 하는 소리조차도 죽어 있다!

몸이 하나이기 때문에 한 지체가 고통을 받아도 전체가 고통을 받고 한 지체가 높아지면 전체가 높아진다(고전 12:26). 몸에서 일어나는 일에 대한 우리의 인식은 정보에 의존하지 않고 생명의 영에 의한 주님에 대한 지식에 의존한다.

오직 "예수님을 죽인 것"이 당신 안에서 역사하도록 하라. 그리고 생명은 그 자체가 다른 사람들 안에서 나타나야만 한다. 그것은 다를 수 없다. 이것은 몸의 영구적인 원칙이다. 죽음은 우리 안에서 역사하고, 생명은 당신 안에서 역사한다(고후 4:12).

형제가 일어나서 말을 하면 그가 교리를 강조하는지 삶을 강조하는지 즉시 알 수 있다. 그가 가진 것이 교리뿐이라면 그는 결코 위험을 감수하지 않는다. 그는 안전하고 가능한 모든 오해를 피하기 위해 자신의 교리 체계의 한계 내에서 조심스럽게 유지한다. 그러나 생명을 강조하는 사람은 기술적 정확성이나 주제에 대한 철저한 처리에 훨씬 덜 관심을 가질 것이다. 그의 강조점은 그리스도를 제시하는 것이다.

하나님께서는 우리를 그리스도인의 길로 인도하시기 위해서 삼겹 줄, 곧 성령, 하나님의 말씀, 그리스도의 몸(교회-역주)을 준비하셨다. 만일 우리가 하나님께서 준비하신 것을 사용한다면, 이 삼겹줄은 쉽게 끊어지지 않는다(전 4:12).

성경에 따르면, 하나님께서 자신의 삶에서 약점이나 죄의 특정 영역을 제거하실 때까지는 다른 사람들의 삶에서 이 문제에 대해 판단할 가치가 있는 것으로 간주하지 않으신다.

기도는 항상 세 가지, 누군가를 대상으로 기도하고, 누군가를 위해서 기도하고, 누군가를 대적하여 기도하는 면이 있어야 한다.

이기는 것은 교회 전체이다. 영적 전쟁은 개인이 아닌 교회의 임무이다. 개인은 그리스도의 사랑을 이해할 수 있는 것보다 더 이상 "하나님의 전신 갑주를 입을" 수 없다(엡 6:11). 우리가 완전한 보호를 받는 것은 몸 전체로서이다. 그리고 이러한 보호가 없다면, 우리는 다소 쉽게 선발되고 패배할 수 있다.

그리스도의 성취된 일이 우리를 만든 것은 한 가지이지만 불행히도 우리가 세상에서 경험하는 것은 너무 자주 그 진리에 미치지 못하며 모순되는 것처럼 보인다.

당신은 당신이 원하는 사람이 되기 위해 노력하는 것이 아니라 당신이 진정으로 어떤 사람인가 알아냄으로써 영적으로 발전한다. 당신이 죽은 것을 볼 때만 당신이 죽는 것이고, 당신이 부활한 것을 볼 때만 당신이 살아나고, 당신이 거룩하다는 것을 볼 때만 당신이 거룩해지는 것이다.

대부분의 그리스도인은 천국을 위해 고투하고 노력하는 것이 잘못임을 인정하지만 그들은 계속 고군분투하고 노력한다. 이는 그들이 천국을 얻어야 할 것으로 간주하도록 가르침을 받았기 때문이다. 그들에게 기독교는 그들이 아닌 것이 되고 그들이 할 수 없는 것을 하기 위한 노력이다. 얼마나 슬픈 일인가!

눈에 보이는 기독교는 유감스러운 상태에 있다. 그것은 세상의 모든 병폐와 약점을 드러낸다. 그것의 일은 약간의 설교와 약간의 사회봉사로 축소되었다. 그것이 사람들에게 미치는 영향은 무시할 만하다. 그러나 우리에게 더욱 큰 개인적 고통을 야기하는 것은 하나님의 백성으로서 우리의 양심이 이 사실에 대해 거의 고민하지 않았던 비극이다.

하나님께서 사람에게 부여한 성소의 가치는 은화의 반 세겔(회막 봉사에 쓰는 속전-역주)이었다(출 30:11-16). 이것은 속전을 말씀한다. 하나님께서 우리를 위해 하시는 일이다. 그러나 레위기에서 우리는 하나님께 기꺼이 서원하는 사람에게 다른 가치가 부여되는 것을 발견한다. 그 중 가장 높은 것은 50세겔이었다(레 27:1-7). 이 값은 가장 적합하고 전쟁에 나갈 수 있는 값이었다(3절). 더욱이, 우리가 올바르게 이해한다면, 하나님께서는 여전히 우리 시대에 주님의 오랜 싸움에 기꺼이 참여하고자 하는 이 사람들을 찾고 계신다(엡 6:12).

하나님께서 우리를 위해서 행하신 것이다. 그러나 레위기에서는, 우리는 하나님께 기꺼이 바치기로 서원했던 각 사람들을 다른 가치로 평가하는 것을 볼 수 있다. 그들 중 가장 높은 가치는 50세겔이었다 (레 27:1-7). 이 가치는 전투에 나가기에 가장 적당하고 최대한으로 전쟁에 나갈 수 있는 사람으로 평가되었다(3절). 더욱이, 우리가 정확하게 이해한다면, 하나님께서는 우리 시대에 주님의 오래 계속되는 전투에 기꺼이 참가해서, 주님의 적들을 몰아내고 주님의 백성들이 그들의 상속의 기쁨을 가져올 준비를 할 이런 사람을 언제나 찾고 계신다(엡 6:12-13). 그리고 전투를 위한 힘과 성숙도를 얻은 사람들은 하나님이 여전히 전쟁에 나갈 수 있는 사람들에게 그분의 가장 높은 가치를 두신다는 것을 알게 될 것이다.

당신의 선한 행실을 자랑하거나 죄를 한탄함으로써 사탄에게 대응하지 말고, 항상 그리스도의 피로만 대응하라. 그것이 우리의 전적으로 충분한 방어이다.

때때로 우리는 사람들이 말씀에 굶주려 있지 않은 이유에 대해 당황한다. 하지만 나를 믿으라. 우리가 그들에게 줄 수 있는 독특한 것이 있다면 그들은 배고파할 것이다. 우리가 우리의 삶과 행동과 현존 안에서 그리스도의 삶을 나타내고 있다면, 우리 주변의 다른 사람들은 곧 우리가 가진 것에 대한 굶주림과 갈증을 갖게 될 것이다.

계시에 의해서만 우리는 영적 실체들을 보게 되고, 그분의 사랑의 훈련에 의해서만 우리는 그러한 실체들 속으로 들어가게 된다. 성령의 계시가 없으면 우리는 그 과정을 시작할 수 없고, 성령의 훈련이 없으면 그것을 완성할 수 없다.

영적 빈곤과 영적 결핍은 교회의 가장 큰 문제 중 두 가지이다. 그러나 빈곤과 결핍은 원인이 아니라 결과이다. 그리고 이 가난과 결핍의 원인은 몸의 지체들 안에 영의 훈련이 결여되어 있기 때문이다.

당신은 성령께서 당신을 괴롭히도록 허용하지 않으면 당신은 평생 빈곤에 처할 것이다. 매일 하나님은 우리를 확대하시기 위해 사용하기를 원하시는 기회를 우리 앞에 놓으신다. 그러나 너무 자주, 어려움이 생길 때, 우리는 그것들을 피한다. 그리고 시련이 올 때, 우리는 그것들을 회피한다. 우리는 단지 그분의 다루심에 복종하는 사람들만이 그들의 삶을 위한 그분의 목적을 이루기 위해 그분이 손에 들고 계신다는 사실을 간과하고 있는 것 같다. 당신은 주님께 이렇게 말씀드릴 의향이 있는가? "주여, 주님께서 주신 잔을 내가 마시고, 주님께서 주신 십자가를 내가 지고, 주님의 뜻이 내 삶에서 이루어지게 하소서."

57

영적인 사람

(제1권)

주님께서는 항상 한 사람을 경험으로 인도하기 전에 더 깊은 생명을 미리 맛보게 하신다. 그러나 많은 사람들이 미리 맛보는 것을 충만함으로 착각한다.

그분의 자녀에 대한 하나님의 목적은 그들이 옛 창조에서 완전히 구출되어 새 창조에 완전히 들어가는 것이다.

영이 무엇인지와 혼이 무엇인지를 구별하는 능력을 키우지 못하는 것은 영적 성숙에 치명적이다.

하나님께서는 우리의 생각, 감정 또는 의도로 알 수 없다. 그분은 우리의 영으로만 직접 알 수 있다.

거듭나기 전에는 우리의 영이 너무 시들고 약하고 혼의 힘에 압도되어 둘을 구별할 수 없다. 문제를 복잡하게 하기 위해 두 기능이 혼합되었다. 더욱이 영은 하나님과 관련되는 주된 기능을 잃어버렸고 그분께 대하여 죽어 있다. 이것이 신자가 거듭난 후에 말씀이 혼과 영 사이를 나누는 일을 허용하는 것이 필수적인 이유이다(히 4:12).

하나님의 생각은 영이 혼보다 우선하는 것이다. 그러나 타락을 통해 사람이 육신이 됨에 따라 그의 영은 혼에 대한 예속으로 침몰했다. 따라서 사람은 영의 지배에서 혼의 지배로 내려왔을 뿐만 아니라, 혼의 지배에서 육신의 지배로 내려왔다.

거듭나기 전에 사람의 혼은 그의 영을 통제한다. 이 상태에서 자아가 그의 혼을 다스리지만 정욕이 몸을 다스린다. 즉, 혼이 육신의 생명이 된 것이다. 중생할 때 사람은 죽은 영에 하나님의 생명을 받는다. 이 중생은 성령께서 사람의 영을 다스릴 수 있게 한다. 그리고 성령께 복종한다면, 이 사람은 이제 그의 혼뿐만 아니라 그의 몸에 대한 통제권을 회복하는 데 필요한 장비를 가지고 있다.

육신적인 그리스도인은 하나님의 생명으로 거듭난 사람이지만 그의 육신을 이기는 대신 그의 육신에 의해 압도된다. 이것은 하나님의 구원이 온전히 드러나는 것을 방해하고 성도로서의 삶에서 구원의 완전한 잠재력을 깨닫거나 경험하는 것을 금지한다.

많은 일꾼들이 죄인들에게 온전한 구원의 복음을 전하지 못하는 것은 참으로 안타까운 일이다. 이렇게 하면, 이것은 그들을 반밖에 구하지 못하게 한다. 이 상태에서, 그들의 죄가 용서를 받았지만, 그들은 더 이상 죄를 짓지 않을 힘이 부족하다.

우리는 육신에서 태어나 육신이 되었기 때문에 육신에 대해 죽으면 육신에서 해방될 것이라는 것은 당연하다. 그리고 십자가는 유일한 방법이다(갈 2:20; 롬 6:7).

그리스도의 죽으심 안에서 그리스도와 우리의 연합은 그것이 우리의 영 안에 성취된 사실이라는 것을 의미한다. 믿는 사람이 해야 하는 것은 그의 정욕이 일어날 때마다 이 확실한 죽음을 그의 영 밖으로 끌어내어 그것을 그의 지체들(그의 육신의 몸)에게 적용해야만 한다.

육신은 사탄의 일터이며, 그의 활동 영역이다. 육신이 부분적으로가 아니라 전체적으로 우리 주님의 죽음의 권세 아래 있다면 사탄은 실직 상태가 된다.

오늘날 그리스도인의 삶에서 가장 부족한 것은 더 나은 삶이 아니라 더 나은 죽음이다! 우리는 철저히 죽어야 한다.

패배는 항상 두 가지 중 하나에 기인할 수 있다. 믿음의 부족 또는 순종하지 않는 것이다.

성령 안에서 행하는 것은 죄를 짓지 않을 뿐만 아니라 자아가 머무르도록 허용하지 않는 것이다. 또한, 성령께서는 그분에 의해 삶을 살아가는 사람들에게만 그의 능력을 나타내실 수 있다.

십자가는 그 완성하는 일을 결코 그치지 않는다. 허용된다면 그것은 우리 안에 있는 모든 옛 창조가 완전히 십자가에 못 박힐 때까지 계속해서 우리 삶에서 점점 더 깊이 작용할 것이다.

　죽음에서 우리의 혼의 생명을 계속해서 더 많이 잃음으로써, 우리는 부활에서 하나님의 풍성한 생명을 계속해서 더 많이 얻게 될 것이다.

　사람의 혼은 항상 자신의 권위를 유지하고 독립적으로 움직이려고 하지만, 영은 하나님의 권위를 유지하기 위해 모든 것을 지배하려고 애쓴다. 이것이 모든 믿는 사람의 혼과 영 사이에서 벌어지는 전쟁이다(갈 5:16-18; 롬 7:14-25).

58

영적인 사람

(제2권)

영적 삶에서 하나님의 일과 사탄의 일을 분별하는 한 가지 방법은 하나님께서는 항상 중심에서 바깥쪽으로, 사탄은 안쪽에서 가운데로 일하는 것이다.

그리스도인을 낳는 것은 그리스도와의 올바른 관계이기 때문이며 영적인 사람을 낳는 것은 성령과의 적절한 관계이다(롬 8:4).

보고 느낄 수 있는 것을 파악함으로써 확신을 얻는 것은 혼적인(혼의 지배를 받는) 사람이다. 시각과 촉각의 반대는 믿음이다. 성령을 따르는 사람은 보는 것으로 사는 것이 아니라 믿음으로 사는 것이다(고후 5:7).

영적인 사람이 된다는 것은 무엇을 의미하는가? 그것은 자신을 자신의 영의 완전한 복종 아래 두는 사람, 그의 전인격(全人格: 사람이 지닌 인격의 전체-역주)이 자신의 영에 의해 다스림을 받는 사람이 되는 것을 의미한다.

영적인 사람들은 영적 대적의 실체를 인식하고 그와 전쟁을 벌인다 (엡 6:12). 이 전쟁은 육신의 무기가 아니라 영적인 무기로 싸우는 것 이다. 그것은 영과 영의 교전에서 사람의 영과 적의 영 사이의 투쟁이 다(고후 10:3-4).

그리스도인의 행보의 각 단계는 그리스도인에 대한 고유한 위험을 가지고 있다. 초기 물리적 단계에서는 죄와의 전쟁이다. 다음으로, 혼 적인 단계에서는 그의 선천적인 생명에 대한 전투이다. 그리고 마지 막으로 영적 수준에서 그것은 어둠의 영적 세력에 대한 맹공격이다.

어둠의 영이 그를 공격하기 시작하는 것은 그리스도인이 영적으로 성숙하기 시작할 때만이다. 그것은 영에 대한 영의 싸움이다. 따라서 영적 전쟁이라고 한다. 그는 자신의 모든 감각을 능숙하게 이해하고 성숙한 방식으로 능력을 발휘하는 방법을 알 때까지 실행, 훈련 및 성 장을 통해 지식과 경험에서 지속적으로 증가해야 한다(벧전 2:2).

우유(젖-역주)는 소화하기 쉽게 조리 가공된 음식이다. 그것을 먹고 있는 사람들은 하나님과 직접 의사 소통할 수 있는 능력이 훨씬 적고 대신 하나님의 메시지를 그들에게 전달하기 위해 다른 사람들에게 의 존해야 한다(고전 3:2, 참조).

우리가 성도로서 어울리지 않는 방식으로 생각하거나 말하거나 행 동할 때마다 양심을 통해 하늘의 빛이 들어와 허물을 드러내고 실패 를 정죄한다. 그것의 조명에 복종하고 그것이 드러내는 것을 제거함 으로써 우리는 그것이 그 일을 할 수 있게 한다.

따라서 양심은 미래에 더 많은 빛이 우리에게 비추어지도록 확대된 창 역할을 한다. 하늘의 빛의 조명(illumination: 계시된 진리를 이해하게 하시는 성령께서 주시는 이해[Holy Spirit-given understanding]이다-역주)에 순종함으로 그리고 하늘의 빛이 드러내는 것을 제거함으로, 우리는 양심이 양심의 활동을 하게 하는 것이다. 이와 같이 양심은 더 많은 빛이 장차 우리에게 속속들이 비추도록 확대시키는 창 역할을 한다. 불행하게도 우리 삶에 죄가 쌓이도록 허용하면 그 반대 현상이 발생한다. 창문의 크기가 줄어들어 결국에는 빛이 전혀 들어오지 못하게 된다.

하나님의 자녀가 자신의 죄를 다루는 데 충실하고 자신의 양심을 충실히 따르면 그는 하늘에서 점점 더 빛을 받아 이전에 눈에 띄지 않았던 죄를 폭로할 것이다. 이 과정이 진행됨에 따라 성령께서는 자신의 마음에 기록된 하나님의 율법을 더 많이 이해할 수 있게 해 주시고, 이전에는 거룩함, 의로움, 순결함, 정직함에 대해 막연하게 생각했던 것들을 명확하게 이해된 현실로 바꾸어 주신다(시 36:9; 요일 1:7).

하나님의 자녀는 오직 하나님의 은혜로만 이 땅에서 사는 것이다. 은혜는 오직 하나님께서 우리에게 선물로 주시는 것을 의미한다. 그러므로 사람은 하나님께서 그분 자신의 책임이라고 선언하신 일에 관여해서는 안 된다(롬 11:6).

교제의 문제에 있어서 하나님께서는 우리가 그분의 뜻에 대해 얼마나 많이 알고 있는지에 대해 그분의 뜻에 대한 우리의 태도가 무엇인지에 대해 관심을 갖지 않으신다. 우리가 진정으로 그분의 뜻에 순종하고자 한다면, 그분과의 교제는 우리 안에 알려지지 않은 많은 죄들이 있을지라도 끊어지지 않을 것이다.

매일 영을 따라 행하는 것보다 그리스도인의 삶에 더 중요한 것은 없다. 그리스도인을 지속적인 영적 상태로 유지하고, 그를 육신의 힘에서 구하고, 항상 하나님의 뜻에 순종하도록 돕고, 그를 사탄의 공격으로부터 보호하는 것이 바로 이것이다.

영의 계시는 일꾼의 첫 번째 자격이며 그리스도인의 종의 삶에서 큰 자리를 차지해야 한다. 영적인 봉사를 수행하고 영 안에서 행하도록 권한을 부여하는 것은 이것뿐이다.

그리스도인은 모든 감각이 영에서 나오는 것이 아님을 인식해야 한다. 잊지 말라. 몸, 혼, 영은 각각 고유한 감각을 가지고 있다.

몸으로서의 교회의 개념에 눈이 어두운 사람들 만이 그 중간에 경계선을 긋고 그들의 작은 집단이나 파벌에만 헌신한다. 슬프게도 이것은 그들의 약한 영적 상태를 나타낸다. 영적인 사람은 주변의 지체들을 자신의 사람으로 생각하지 않고 오히려 하나님의 사람으로 생각한다. 그러므로 그들은 그분이 평등하게 선택하신 모든 사람을 포용하며 그들 사이에 세상적인 구별을 하지 않는다.

우리는 모든 짐이 우리를 떠날 때까지 기도로 우리 영의 모든 짐을 쏟아야 한다. 더 많이 쏟아낼수록 우리는 더 행복해진다. 그러나 일반적인 시험은 짐이 풀리기 전에 기도를 중단하는 것이다. 우리의 영이 활기차게 느껴지기 시작할 때 우리는 영적인 일을 이제 막 시작하고 있다는 사실을 깨닫지 못한 채 우리의 기도가 응답되었다고 가정한다.

우리가 영에 짐을 받을 때마다 우리는 즉시 기도를 통해 그 짐이 무엇인지 알아내야 한다. 그것이 전쟁에 대한 요청이라면, 우리는 가야 할 것이다. 복음을 전파하라는 부름이라면 전하자. 그리고 그것이 기도하라는 부르심이라면 우리는 기도해야 한다.

그리스도인들은 영적 삶이 하나님의 임재를 느낄 때 밀물에 있고, 저조하거나 건조하다고 느낄 때 썰물에 있다고 생각한다. 그러나 이것들은 단지 감정일 뿐이며 영적 삶의 현실을 나타내는 것은 아니다. 성숙으로 나아간 사람들은 이것을 분명히 이해하고 따라서 이러한 일시적인 감정에 많은 신뢰를 두지 않는다.

하나님께서는 우리의 영에 관심이 있으시다. 이는 그분의 영이 우리에게 그분의 뜻을 보여주시고 계시를 주시기 위해 일하시기 때문이다. 원수의 공격을 물리치고 흑암의 세력을 이기는 권세를 받고 섬기는 능력을 얻는 곳도 바로 그곳이다.

십자가가 믿는 사람의 삶에 깊이 작용하기 시작한 후에야 비로소 그는 진정으로 자신을 알게 되고 그의 개인적인 생각, 감정 및 욕망이 실제로 얼마나 신뢰할 수 없는지 알게 된다. 십자가가 믿는 사람들 삶 속에서 깊이 역사하기 시작한 후만이 그는 참으로 자신과 자신의 생각, 감정, 그리고 욕망이 참으로 얼마나 믿을 수 없는가를 알게 된다. 여기까지 온 사람들은 자신을 신뢰할 수 없을 뿐만 아니라 하나님의 권능에 의해 지속적으로 유지되지 않으면 의심할 여지없이 실패할 것이라는 사실을 배울 것이다.

가난한 사람들과 어울리는 사람들은 겸손한 영을 보여준다. 하나
님께서 창조하신 사람을 경멸하지 않는 것은 오직 이 영뿐이다. 하나
님의 임재와 영광은 영적으로 겸손한 사람들의 삶 속에서 나타난다.

종종 그리스도인의 경험과 성장과 발전은 그에게 매우 귀중한 문제
가 되어 겸손함을 잃게 된다. 성숙한 성도에게 있어 가장 위험한 것은
자신이 영적으로 성장하면서 얻는 것을 묵상하고 자신이 경험한 것에
주의를 기울이는 것이다. 심령이 가난한 사람은 항상 자신을 아무것
도 소유하지 않은 사람으로 여긴다.

그리스도인으로서 우리가 가져야 할 것은 원수에 대한 능력의 영,
사람에 대한 사랑의 영, 자기 자신에 대한 절제의 영이다.

우리가 영에 의해 행하는 방법을 배운 후에야 그는 자신의 혼의 생
명 대신 영의 생명으로 사는 방법을 알고, 하나님의 일을 수행하기 위
해 자신의 선천적인 능력 대신 영의 능력을 사용하고, 원수와 전쟁할
때 성령의 권위를 적용할 수 있다.

그리스도인의 영이 주님의 영과 하나가 된 후에야 그는 순례자이자
체류자로서 세상에서 살기 시작하며(히 11:13), 천국 시민의 삶을 경험
할 수 있다(빌 3:20).

영적인 사람을 특징 짓는 한 가지 특성은 그가 모든 상황에서 유지

하는 큰 평온이다.

헌신은 우리의 영적 행보의 첫 번째 단계이다. 그것은 그리스도인을 거룩한 위치로 이끈다. 헌신이 없다는 것은 영적인 삶이 없다는 것을 의미한다. 그리고 애정보다 헌신에서 더 중요한 것은 없다. 우리가 사랑에 빠지지 않으면 헌신이 있을 수 없다.

아버지는 그의 자녀들에게 절대적인 사랑을 요구하신다. 그분은 우리의 마음을 다른 사람이나 다른 어떤 것과도 나누기를 꺼리신다. 그분은 우리가 그분을 위해 일하는 것이 아니라 우리가 그분을 사랑하는 것을 바라신다. 슬프게도 하나님의 왕국은 자신보다 배우자와 자녀에게 더 높은 자리를 내어주는 수많은 그리스도인들로 인해 많은 손실을 입는다.

헌신의 과정이 기독교인들에게는 얼마나 모순되게 보이는가, 그러나 그것을 경험한 사람들에게는 얼마나 축복이 있는가! 그리스도인 자신의 이익을 위해 하나님께 대한 헌신을 입증하기 위해 하나님께서는 그에게 소중하고 그들 사이에 장애물이었던 바로 그것을 제거하신다.

육신의 사랑과 영의 사랑을 어떻게 구별할 수 있는가? 사람의 사랑이 혼적이라면, 그것은 그가 세상으로부터 구원받을 수 있는 힘을 주지 못한다. 그러므로 그리스도인은 세상으로부터 자유로워지기 위해 계속해서 고민하고 투쟁해야 한다. 그러나 사랑이 영적인 것이라면 세상의 것들은 그냥 사라질 것이다. 이런 종류의 사랑에 참여하는 사람은 세상의 것들을 경멸하기 시작한다.

그리스도인의 삶이 시작될 때, 주님께서는 그리스도인을 그분 자신께 끌어들이시고 그에게 그분의 사랑을 확신시키기 위해 여러 가지 방법을 사용하신다. 나중에는 사랑의 감정을 거두어 그분의 사랑의 마음을 믿게 하심으로써 그를 더 멀리 인도하신다. 주님의 사랑의 느낌에 끌리는 첫 번째 단계는 그리스도인을 후속 깊은 행보로 이끄는 데 필요하다. 우리가 그분께 이끌리지 않는 한, 우리는 모든 것을 버리고 그분을 따를 힘이 없다.

성숙의 상응하는 단계에서 특정한 영적 경험을 만나는 것은 적절하고 유익하지만, 후기 단계에서 이러한 동일한 경험을 갈망하는 것은 영적 성장의 후퇴 또는 지연 상태로 만든다.

그리스도인이 육신에 남아있을 때 그는 자신의 욕망에 의해 강력하게 지배된다. 자기 기쁨, 자기 영광, 자기 높임, 자기 사랑, 자기 연민, 자기 중요성은 모두 자신을 모든 것의 중심으로 삼고자 하는 인간의 욕망에서 비롯된다.

야망은 우리의 선천적인 성향을 발산함으로써 생긴다. 그리고 이러한 욕망에서 자부심이 샘솟는다. 모든 자랑은 인간의 욕망에서 나온다.

조급함은 주님을 기다릴 줄 모르고 성령의 인도하심을 알지 못하는 사람의 욕망의 증상이다. 더욱이 하나님께서는 결코 어떤 일도 서두르지 않으신다. 결과적으로 그분은 조급한 사람에게 그분의 능력을 맡기지 않으실 것이다. 서두르는 것은 분명히 육신의 일이다.

하나님께서는 자신의 혼을 완전히 죽음에 바치기 위해 전적으로 영 안에 거하는 사람들을 원하신다. 우리가 실제적인 문제에서 하나님께 서 우리 앞에 두신 십자가를 짊어지면 곧 우리가 짊어진 십자가에 우 리의 자아 생명이 조금씩 십자가에 못 박히는 것을 보게 될 것이다. 우 리는 우리의 선천적인 기질에 맞지 않은 것을 묵묵히 받아들일 때마 다, 우리의 혼에 속한 생명을 십자가에 더 단단히 고정시키는 또 하나 의 못을 받는 것이다. 우리의 선천적인 성향에 반하는 것을 조용히 받 아들일 때마다 우리는 더 많은 혼의 생명을 십자가에 단단히 고정시 키는 또 다른 못을 받는다.

십자가는 열매를 맺고 십자가에 못 박힐 때마다 하나님의 생명의 열 매를 맺는다. 하나님께서 우리에게 주신 십자가를 기꺼이 받아들일 때, 우리는 순수한 영적인 삶을 살고 있음을 발견할 것이다. 모든 십 자가에는 달성해야 할 특정한 사명이 있다. 우리 중 누구도 십자가를 낭비하지 않기를 바란다!

그리스도인들이 주님께 애정을 갖게 되면, 그들은 보통 느낌의 삶을 경험하게 된다. 그들의 영적인 행보의 이 단계에서, 그들은 이런 종류 의 감정적인 경험이 가장 영적인 것이라고 가정한다. 이는 그것은 그 들에게 큰 즐거움을 주기 때문이다. 그러나 이것은 많은 사람들에게 문제를 일으킨다. 그것이 주는 기쁨이 너무 만족스럽기 때문에 그들 은 주님과의 더 깊은 동행으로 더 나아가는 것을 풀어 놓고 나아가는 것이 어렵다는 것을 알게 된다.

많은 그리스도인은 감정의 삶을 영적인 경험으로 착각한다. 그러나 실제 영적인 삶은 감정에 의해 지배되거나 살지 않는다. 반대로 감정을 조절해야 하는 것은 내면의 영적인 삶이다.

주님을 위해 산다는 것은 자아를 위해 아무것도 남겨두지 않는다는 것을 의미한다. 어둠, 메마름, 평탄함을 포함하여 주님으로부터 오는 모든 것을 기쁨으로 받아들이는 사람은 그분을 위해 사는 사람이다.

감정에 따라 사는 사람들은 영적 전쟁에 있어서는 가치가 없다. 이것은 기도로 원수와 싸우는 것이 진정으로 자기를 부인하는 일이기 때문이다. 따라서 영적 전쟁은 감정에 대한 죽음의 태도와 하나님께 대한 절대적인 신뢰를 요구한다.

59

영적인 사람

(제3권)

성경에 따르면 사람의 마음은 사탄과 그의 악령이 그리스도인과 싸우는 전쟁터이다. 인간의 의지와 영은 악령이 차지하기를 갈망하는 요새와 같다(고후 10:3-5, 참조).

사탄의 수법은 그리스도인의 마음에 생각을 도입하는 것이다. 그들이 받아들여지면, 사탄은 이제 이 사람의 마음에 미래의 작전을 위한 발판을 마련한다. 이러한 이유로 모든 헛된 생각, 증명되지 않은 이론, 알려지지 않은 생각, 우연히 읽은 구절, 우연히 들은 말은 그것이 하나님보다 자기를 높이는지 시험해야 한다(고후 10:5).

수동성은 움직임을 자제하고 대신 외부 요소에 의해 움직이는 것을 허용하는 것이다. 수동적인 상태는 배회하는 악령들에게 가장 유리하다. 그것은 그들에게 그리스도의 마음뿐만 아니라 그의 의지와 몸을 차지할 수 있는 기회를 제공한다.

자신의 삶에서 악령의 일을 허용하는 것과 성령의 일을 허용하는 것 사이에는 결정적으로 중요한 구별이 있다. 악한 영은 사람이 일할 조건을 채울 때 일하며 성령께서는 사람이 일할 조건을 채울 때 일하신다.

오늘날 그리스도인들은 자신의 마음이 구원받을 필요가 있다는 것을 인식하지 못한다(엡 4:23; 6:17). 그들은 자신들이 최대한으로 구원받으려면 자신들의 모든 능력을 새롭게 하고 그분께서 사용하시기에 적합하게 만들어야 한다는 것을 인식하지 못한다. 하나님께서 주시는 구원은 새 생명뿐만 아니라 우리 혼의 모든 부분을 새롭게 하는 것을 포함한다(고후 2:2).

그리스도인으로서, 우리가 성숙하기를 기대한다면, 우리는 전쟁이 일어나고 있다는 사실을 직시하기 시작해야 한다. 우리가 싸우는 법을 배우지 않는다면, 어떻게 적군이 보유하고 있는 요새를 탈환할 것으로 기대할 수 있겠는가?

하나님의 자녀가 영적일수록 영을 따라 행하는 것의 중요성과 육신을 따라 행하는 것의 위험을 더욱 의식하게 된다.

우리는 무엇을 따라야 하는가? 우리가 마음 먹은 것은 무엇이든지 우리가 이 세상의 일에 마음을 두면 육체에 사로잡힌다. 우리가 항상 영적인 것에 마음을 두면, 우리는 영을 따르는 것이다(롬 8:5).

영을 따르면 생명과 평안을 낳고 육신을 따르면 사망을 낳는다(롬

8:6). 이것으로 우리는 그리스도인이 여전히 생명을 소유하고 있음에도 불구하고 죽음 속에서 살 수 있음을 알 수 있다.

우리의 마음이 영의 지배를 받지 않는다면 육신의 지배를 받아야 하고, 하늘의 지도를 받지 않는다면 땅의 지도를 받아야 하며, 위로부터 규제를 받지 않는다면 아래로부터 규제를 받아야 한다.

주님과의 우리의 결합에는 두 가지 단계가 있다. 그것은 삶의 결합과 의지의 결합이다. 하나님께서 우리에게 새 생명을 주시는 것 외에도, 우리의 뜻을 그분께 돌리는 것은 구원에 있어서 가장 위대한 사역이다. 그러므로 복음의 궁극적인 목표는 하나님과 우리의 의지의 결합을 촉진하는 것이다. 이것보다 부족한 것은 임무의 실패다.

한 사람이 하나님의 뜻에 동참하기 위해서는 두 가지 방법이 필요한데, 첫째는 하나님께서 우리의 뜻의 활동을 억제하셔야 한다는 것이다. 둘째는 우리의 의지의 삶은 정복되어야 한다. 우리의 의지는 종종 그분께 넘겨진다. 그러나 우리가 가진 가장 큰 축복과 가장 큰 특권은 우리 육체의 모든 타락한 의지를 거부하고 하나님의 뜻과 완전히 일치하여 그분의 마음의 소원을 성취하는 데 있다.

오늘날 많은 사람들이 십자가에서 주님과 함께 십자가에 못 박힌 진리를 이해하지만 그 실체를 보여주는 사람은 거의 없다. 슬프게도, 주님과 함께 십자가에 못 박혔다는 진리는 많은 성도들에게 가르치는 것일 뿐이며, 그들은 실제적인 구원의 현실을 매일 경험할 수 있는지 궁금해 한다. 그러나 그리스도인들이 자신을 완전히 하나님께 맡기고 몸의 행실을 쉬게 하시는 성령의 능력을 전적으로 신뢰하지 않는 한, 그들이 안다고 공언하는 진리는 항상 단순한 이론으로만 남을 것이다.

번영할 때는 그분을 찬양하지만 역경에서는 그분께 대해 불평하는 백성을 하나님께서 기뻐하신다고 어떻게 생각할 수 있는가? 그분은 죽기까지 그분을 사랑하고 순종하는 사람들을 찾고 계신다.

그리스도의 생명은 우리의 영을 위한 것이지 우리의 육신을 위한 것이 아니라는 것이 널리 알려져 있다. 하나님께서 우리에게 주시는 구원이 영에게 생명을 주신 후에 혼과 육신에 도달하기 위한 것임을 깨닫는 사람은 거의 없다.

하나님의 목적은 그분의 자녀들이 죄와 자아와 세상과 사탄을 이기는 경험을 하게 하시는 것이다. 그러나 우리 시대에는 하나님과 함께 그렇게 멀리까지 가고자 하는 사람이 거의 없다. 그러나 경험이 있는 사람에게 하나님께서 원하시는 것은 죽음뿐이다. 우리가 완전하고 완전한 승리를 누리고자 한다면, 우리는 마지막 적을 멸망시켜야 한다 (고전 15:28).

60

교회와 사역

(제1권-모이는 생활)

처음부터 끝까지 하나님의 목적은 공동(그룹 구성원을 다 포함하는)의 그리스도, 즉 교회를 얻는 것이다. 하나님의 교회를 다른 일로 대체하는 것이 오늘날 사탄이 사람들을 유혹하는 것이다.

하나님께서는 구원받은 모든 사람들을 한 지역에 모아 한 지역의 교회로 만드신다. 이것은 그분의 영원한 목적을 나타내기 위해 각 지방에 있는 그분의 축소판인 새 예루살렘이다. 이런 식으로 하나님의 뜻이 그들 주변의 세상에 나타난다. 슬프게도, 하나님의 영원한 목적에 대한 이 축소된 표현에 주의를 기울이는 사람은 거의 없다. 대신 우리는 개인의 승리와 노력을 강조한다.

어떤 그리스도인 학생도 수업을 거부해서는 안 된다. 어떤 그리스도인 근로자도 파업을 해서는 안된다. 어떤 그리스도인의 아들이나 딸도 불효해서는 안 된다. 어떤 그리스도인도 하나님께서 그 위에 두신 권위에 대해 무례하게 말해서는 안 된다.이 권세들은 하나님이 정하신 것이므로 하나님과 그분의 권세를 대표한다(롬 13:1).

일반적으로 권위와 결합되는 성경 말씀은 복종이다. 성경에서 권위와 복종은 서로 연관되어 있다. 사람이 복종한다면 그는 하나님의 권위에 복종하는 것이다. 그렇지 않다면 그는 하나님의 권위를 전복시키려는 사람이다(롬 13:2).

그분의 백성을 위한 하나님의 목적은 그들이 그리스도의 몸 안에서 연합된 생명을 얻고 모든 독립적인 행동을 삼가는 것이다.

하나님께서 우리에게 부여하신 권위가 그분의 신성한 권위를 얼마나 잘 나타내든 상관없이, 그리스도인은 모든 권위가 하나님께 있기 때문에 그리스도인은 권위에 복종하는 법을 배워야 한다(롬 13:1).

장로가 되기에 적합하지 않은 사람은 누구인가? 장로에 대해 듣고 장로가 되기를 희망하는 사람이다. 누가 장로가 되기에 적합한가? 장로에 대해 들었을 때 자신이 부적합하다고 생각하는 사람이다. 통치를 열망하는 모든 사람은 통치하기에 부적합하다. 권위는 그들의 손에 맡겨서는 안 된다. 통치를 생각하지 않는 사람만이 통치할 수 있다.

육신에는 본질적으로 약한 두 가지 측면이 있다. 육신은 자랑하거나 뒤로 물러난다. 결코 육신의 자랑을 용기로 삼거나 육신을 물러가는 것을 겸손으로 여기지 말라. 왜? 우리는 자신의 장점을 보면 자랑스러워하고, 약점과 실패를 보면 움츠러들고 아무것도 하지 않는 경향이 있기 때문이다.

겸손이란 무엇인가? 그것은 자신의 좋은 점과 나쁜 점을 보지 않는 것이다. 따라서 진정한 겸손은 자신을 전혀 바라보지 않는 것이다.

하나의 일치는 성령의 역사이며, 다수결은 사람이 만든 것이다.

섬기는 사람이 섬김을 받는 사람보다 크다. 우리가 모임에 올 때마다 우리는 형제자매들을 어떻게 섬길 수 있는지에 주의를 기울여야 한다.

가정에서 철저하게 기도하지 않은 문제는 공동 기도의 필요성도 가치도 없음을 보여준다. 개인 기도가 제공되고 부적절하다는 느낌이 여전히 남아있는 후에야 기도 모임에서 문제를 공개적으로 언급해야 한다.

십자가는 사회적 구별의 모든 요소를 폐지한다. 주님 안에는 부자도 가난한 사람도 없고 귀한 사람도 천한 사람도 없고 주인도 종도 없고 남자도 여자도 없고 부모도 자식도 없다(갈 3:28; 골 3:11). 이러한 사회적 계급 구별은 단순히 그리스도의 몸에 존재하지 않는다. 따라서 우리는 십자가가 폐지하고 무덤에 놓은 것을 교제로 가져와서는 안 된다.

성경은 종종 손을 들어 기도하는 것에 대해 말씀한다(예를 들어, 출 17:11과 딤전 2:8 참조). 이것은 하나님께 간구하는 사람을 나타내는 것이며, 하나님의 관심을 끌기 위한 목적을 수행하는 것이다.

61

교회와 사역

(제2권-사역의 재고(再考))

하나님께서는 우리의 내면의 생명에 관한 진리를 계시하실 뿐만 아니라 그 생명의 외적 표현에 관한 진리를 계시하신다. 하나님께서는 내면의 실체를 소중히 여기시지만, 외면적인 표현을 무시하지 않으신다.

하나님께는 한 가지 목적이 있으시다. 그분의 아들을 높이시는 것이다. 그분의 목적은 사람들로 하여금 자녀로서 그분의 아들의 이름 아래에 오게 하시고, 그분의 아들의 생명을 나누는 법을 배우게 하여, 그들 역시 성숙함으로써 다 자란 아들이 될 수 있게 하시는 것이다.

성경에는 개인의 그리스도뿐 아니라 공동의 그리스도도 계신다. 첫 번째는 완전한 승리를 거두었다. 두 번째는 아직 이 승리를 경험하지 못했다. 머리의 승리는 아직 몸(교회)으로 완전히 경험되지 않았다.

사역은 그리스도를 교회에 채우는 것 이상이다.

아들은 아버지의 뜻을 이루시기 위해 오셨다. 성령께서는 아들의 뜻을 이루시기 위해 오셨다. 아들은 아버지를 영화롭게 하시기 위해 오셨다. 성령께서는 아들을 영화롭게 하시기 위해 오셨다. 아버지는 그리스도를 사도로 임명하셨다. 아들은 세상에 계시는 동안 열두 제자를 사도로 임명하셨다. 이제 아들은 아버지께로 돌아오셨고 성령께서는 세상에 계시며 사람들을 사도로 임명하셨다.

우리 사역의 목적은 우리 사역의 증거를 제시하는 것이 아니라 주님의 부활의 증거를 제시하는 것이다.

하나님의 일의 첫 번째 요구 사항은 하나님의 부르심이다. 모든 것이 이것에 달려 있다. 하나님의 부르심은 하나님을 일의 창시자로 인정하기 때문에 하나님의 정당한 위치를 부여한다. 오늘날 기독교 사역의 비극은 너무나 많은 일꾼들이 단순히 스스로 나갔다는 것이다. 그들은 보내심을 받지 않았다.

그리스도의 하나됨과 세상에서 분리된 몸의 통일 및 세상에서 분리된 이유는 동일하다. 하나님의 영은 그리스도인들 안에 거하신다.

교회에 오류를 가져오는 것은 육신적이지만 오류로 인해 교회를 나누는 것도 육신적일 수 있다.

성경의 해석이 우리 자신의 것과 일치하지 않는 사람들과 지속적이고 긴밀한 관계를 맺는 것은 육신에게는 어렵지만 영에는 좋다. 하나님께서는 이러한 문제들을 해결하시기 위해 분열을 사용하지 않으신다. 그분은 십자가를 사용하신다.

아담 안에서의 모든 구별들은 그리스도 안에서 제거되었다. 인종, 성별 또는 사회적 지위에 따른 구별은 하나님의 말씀에서 인정되지 않는다. 그러므로 교회 안에서 우리는 모두 그리스도 안에서 하나이다(갈 3:28).

그 일이 하나님의 일이라면 그것은 영적인 일이 될 것이다. 그리고 일이 영적이라면 공급 방식도 영적일 것이다. 공급이 영적 차원에 있지 않으면 일은 세속적 일의 차원으로 빠르게 표류할 것이다. 영적인 것이 일의 재정적 측면을 특징짓지 않는다면 다른 부문의 영적인 것은 단지 이론적일 뿐이다.

하나님의 말씀에서 우리는 하나님의 종이 그의 봉사를 위해 봉급을 요구하거나 받지 않는다는 것을 읽었다. 고정된 수입은 하나님에 대한 신뢰나 그분과의 교제를 촉진하지 않지만, 자신의 필요를 충족시키기 위해 그분을 전적으로 의존하는 것은 확실히 그렇다. 일의 성격과 공급처는 항상 밀접하게 관련되어 있다.

우리의 신뢰가 사람에게 있을 때마다 우리의 일은 사람의 영향을 받지 않을 수 없다. 우리가 사람의 지원을 받는 경우 사람을 기쁘게 하기 위해 노력할 것이다. 불행히도, 동시에 하나님과 사람 모두를 기쁘게 하는 것은 불가능하다.

다른 사람의 동정심을 조장할 필요를 공개하는 것은 그분의 대표자가 주님을 불명예스럽게 하는 것이다. 우리가 하나님께 대한 살아 있는 믿음을 가지고 있다면, 우리는 항상 그분을 자랑하고 모든 상황에서 감히 이렇게 선포할 것이다. "내게는 모든 것이 있고 또 풍부한지라"(빌 4:18, 참조). 세상에 우리는 그분의 신실하심을 증명하기 위해 여기에 있다.

주님을 대표하는 어떠한 사람이라도 필요한 것을 털어놓고 다른 사람에게 동정을 조장하는 것은 주님께 대한 모욕이다. 만일 우리가 하나님께 대한 살아 있는 믿음이 있다면, 우리는 언제나 그분을 자랑할 것이다. 세상에서 하나님을 대표하는 사람으로서, 우리는 그분의 신실하심을 입증하기 위해서 여기에 있다.

하나님의 사역의 자연발생적인 성장은 인간 본성의 어떠한 활동도 필요로 하지 않는다. 이는 하나님께서 그분이 창조하시는 모든 요구를 충족시키시기 때문이다.

하나님의 주권이 당신에게 실체라면 당신은 어떤 근심도 갖지 않을 것이다. 당신은 단지 무관심한 사람들, 우연한 상황, 그리고 반대되는 악의 무리들이 그분의 뜻을 이루기 위해 이용되는 것을 보게 될 것이다. 관계없는 세력들은 모두 하나가 되어 그분의 뜻이 그분과 하나가 되는 사람들을 통해 그분의 목적에 봉사할 것이다.

지역 교회는 축소된 몸의 생명이다. 사역은 봉사하는 몸의 기능이며, 일은 성장하는 몸의 손을 뻗는 것이다. 교회도, 사역도, 일도 그 자체로는 존재할 수 없다. 세 가지 모두 몸으로부터, 몸 안에서, 그리고 몸을 위해서이다.

62

교회와 사역

(제3권-교회의 사건들)

신약에서 사도들은 종종 다른 그리스도인들과 함께 나가서 새로운 교회를 세웠다. 여기에 하나님께서 역사하시는 중요한 비밀이 있다. 밀은 올해의 추수 후에 다시 자랄 것이며 내년에도 마찬가지로 풍성하게 자랄 것이다. 그러나 이런 일이 일어나기 위해서는 가만히 있을 수 없다. 당신은 계속 나아가 다른 그리스도인들을 위한 공간을 만들어야 한다. 증가를 결정하는 것은 나가는 척도이기 때문이다. 나가는 만큼 많은 사람들이 추가될 것이다. 그러나 나가지 않으면 추가도 없을 것이다.

한번은 20년간의 경영 경험을 가진 그리스도인이 있었다. 교회의 많은 사람들이 왜 그가 장로로 초대받지 못했는지 물었다. 내 대답은 이것이었다. 세상에서의 20년간의 행정 경험은 교회에서의 1년간의 경험에도 포함되지 않는다.

교회가 세상적인 기관이라면 유능한 사람들을 선택하기만 하면 된다. 그러나 교회는 영적인 유기체이므로 일차적인 자격은 영성이다. 그 다음에는 능력 등이 포함된다.

몸의 영적 성장은 섬기는 교회 전체에 있지만, 오늘날 대부분의 개신교 교회는 주일 설교에 중점을 둔다. 그러나 우리의 모임에서 설교가 우선한다면, 모든 육신이 봉사하는 것은 아니다. 나는 몸이 봉사하도록 동기부여가 된다면 설교를 하지 않는 것이 낫겠다.

우리가 로마 가톨릭의 사제 제도와 개신교의 목회 제도를 물려받았기 때문에 교회의 문제는 우리 안에 있다. 몸의 모든 지체가 일어나 기능을 발휘할 때만 우리는 그리스도의 몸의 실체를 볼 것이다.

현재의 교회 역사에서 당신과 나는 성전을 재건하기 위해 일어나야 할 사람들이다. 스룹바벨, 에스라, 느헤미야, 그리고 예루살렘 성벽과 도시를 재건한 남은 자들처럼 우리는 우리 시대에 하나님의 교회와 그 증언을 전하는 법을 배워야 한다.

일반적으로 육체적인 교회는 허용적이며 무엇이든 어떤 식으로든 수행되도록 허용한다. 더욱이, 교회에 있는 "강한 사람"(마 12:29)을 단단히 장악하면 장악할수록, 더 평온한 영적인 생활이 될 것이다. 반면에 영적인 교회는 고려해야 할 것이 너무 많기 때문에 많은 어려움을 겪는 경향이 있다. 생명이 많을수록 해결해야 할 문제가 많을 것이다.

그리스도의 몸의 첫 번째 원칙은 권위의 원칙이고 두 번째 원칙은 친교의 원칙이다. 몸의 사용은 친교에 있다. 동등한 공급은 지역적으로 그 안에 존재하는 권한의 양에 기반한다.

머리에서 오는 것은 권위이다. 몸에서 나오는 것은 교제이다. 오늘 날 교회에 어떤 실패가 있다면 그 실패가 권위의 영역이나 교제의 영역에 속하는 것을 보게 될 것이다.

왜 하나님의 권위가 그의 자녀들 사이에서 확립될 수 없는가? 그것은 그분의 자녀들이 항상 권위 있는 사람들을 비난하고 완벽함을 요구하기 때문이다. 그들은 하나님께서 완전한 사람에게 권위를 주지 않으신다는 사실을 깨닫지 못한 채 하나님께서 세우신 권위에 복종하기를 거부한다.

개인주의란 무엇인가? 그것은 사람이 권위에 복종할 수 없다는 것을 의미한다. 이는 누군가가 권위에 복종하면 그의 개인주의가 사라지기 때문이다.

권위에 복종한다는 것은 무엇인가? 그것은 순종할 사람을 선택하는 것이 아니다. 선택하면 권위가 무엇인지 모르는 것이 분명하다. 권위를 아는 사람은 어디를 가든지 권위를 알아볼 것이다. 권위를 만나자마자 누구에게 복종해야 할지 알고, 복종하지 못한다면 권위를 알지 못했다는 증거이다.

63

당신의 사역을 되살리라

사도행전은 성경에서 유일하게 미완성된 책이다. 그 이유는 성령께서 오순절 날 그분께 맡겨진 과업을 완수하시기 위해 여전히 일하고 계시기 때문이다. 그분은 "온전한 사람"(엡 4:13), 즉 머리와 몸의 분량에 충만한 사람(13, 15절)을 창조하셔야 한다. 이것이 완성되면 그 일은 끝날 것이다. 우리 시대에 우리는 그 영광스러운 일의 마지막 단계에 와 있다.

그리스도인이 하나님의 구원을 받아 얻는 것은 지위적 유익이다. 그러나 앞으로 행하는 목적이나 목표는 경험적 유익이다. 그리고 유익을 얻으려면 손실을 감수해야 한다. 그러므로 우리가 굳게 잡은 것을 버리지 않는다면 우리의 삶에서 더 많이 하나님을 경험하지 못할 것이다.

지체의 구성원으로서 지체의 일부가 되는 것과 지체의 동등된 부분이 되는 것은 별개의 두 가지임을 알아야 한다. 독립적인 행동은 가장 어울리지 않는다. 이러한 이유로, 우리는 머리에 연결된 구성원으로 기능하려면 권위에 있어서 누가 우리 위에 있고 누가 우리 아래에 있는지를 인식해야 한다.

머리에 가리개(머리를 덮어 가리는 것-고전 11장)를 쓰는 행위는 권위에 복종하겠다는 의지의 표현이다. 하나님께서 우리 주위에 두신 권위를 인식하고 그 권위에 복종하는 능력이 우리의 덮개를 구성한다. 우리 안에 있는 생명의 본질은 우리가 복종해야 할 사람들과 항상 익숙할 것을 요구한다. 우리가 복종해야 할 권위의 98퍼센트(롬 13:1), 즉 부모, 정부, 상사, 남편, 노인 등이 하나님으로부터 위임받았다는 사실은 교회 구성원들 사이에 없는 원칙을 우리에게 보여준다. 이 원칙은 우리가 권위에 기꺼이 복종해야 한다는 것이다.

하나님께서 사람에게 기대하시는 것은 간증이다. 이것을 표현할 수 있는 행위는 하나님께서 율법을 통하여 사람에게 주신 것이다. 만일 사람이 율법을 지키면 그것은 하나님에 대한 증거가 될 뿐 아니라 하나님에 대한 사람의 순종에 대한 증거가 된다. 그러나 오늘날 많은 교회에서 볼 수 있듯이 하나님이 요구하시는 것은 사람들이 순종으로 응답하지 못하는 것이다. 따라서 증거는 손실된다. 이렇게 되면 몸 안의 분열과 파벌은 피할 수 없는 결과이다.

하나님께서 주신 능력은 사역을 위한 권한이다. 능력을 초과한다는 것은 자신의 권한을 초과한다는 것이다. 보는 사람은 눈이 될 권한이 있고 다른 사람은 보이는 것에 복종해야 한다. 말하는 사람은 입과 같은 권한이 있고 다른 사람은 말하는 것을 들어야 한다. 오늘날 문제는 많은 사람들이 모든 것을 하나님으로부터 직접 받아야 한다고 생각하는 반면 하나님께서는 몸의 다양한 지체를 통해 그분의 뜻을 행하신다는 것이다.

구약의 성막과 성전은 모두 그리스도의 몸인 신약 교회를 대표한다. 그들은 몸으로 복종하고, 지체 대 지체로, 그리고 각각 머리에 있는 것으로 보일 때 몸에 사용할 수 있는 재물을 나타낸다. 그러한 복종은 언제나 강력한 증거로 나타난다.

에스라와 느헤미야의 시대와 무너진 것을 복원하는 그들의 일과 마찬가지로 오늘날의 교회는 중세 이후 발생한 회복의 한가운데에 있다.

왕국을 얻기 위해, 즉 하나님을 위해 영토를 차지하기 위해서는 전쟁이 있어야 한다. 따라서 왕국의 회복에는 먼저 영적 전쟁의 부활이 필요하다.

교회에 대한 왕국의 실체는 사람들이 영적으로 하나님을 위한 특정 영역을 차지하는 곳과 때이다. 하나님의 왕국이 어디에 있든지 그 땅에는 하나님의 통치가 있다.

복음은 단순히 사람들을 죄, 세상, 자아로부터 구출하게 하는 것이 아니다. 그것은 또한 우리를 개인주의, 부(富) 및 기타 모든 것으로부터 해방시켜 그리스도의 몸의 완전한 실체에 들어갈 수 있게 한다.

오늘날 복음은 권위가 없다. 이는 정상적인 교회가 무엇인지에 대한 표현이 거의 없기 때문이다. 일반 교회에서는 사람이 구원받는 즉시 몸에 완전히 헌신한다. 시작부터 완전한 헌신이 있다. 그러나 이미 지역 모임에 있는 사람들이 이 모범을 보이지 않기 때문에 우리는 새로 구원받은 사람들에게 그리스도의 몸의 정상적인 표현이 무엇인지 보여줄 수 없다.

나는 하나님의 눈에는 순종보다 더 나은 것은 없고 질서보다 더 아름다운 것은 없다고 생각한다. 그러나 하나님의 사람들 가운데서도 반항과 불순종을 볼 수 있다. 사람들은 자유롭고 독립적이며 자신의 의견과 주관적인 견해를 갖기를 원하지만 하나님의 왕국에는 이러한 것이 존재하지 않는다.

오늘날 교회 내의 문제들은 우리가 가지고 있는 큰 책임을 깨닫기만 한다면 우리에게 달려있다. 우리가 변화시키는 복음을 전파하려면 먼저 우리 자신이 변화되어야 한다. 우리가 다른 사람들이 헌신하기를 기대한다면, 우리가 먼저 완전히 헌신되어야 한다. 우리가 충실하지 않으면 하나님께서는 그분의 필요를 충족시키기 위해 우리보다는 다음 세대를 바라보실 것이다.

우리 시대에는 설교는 넘쳐나고 간증은 적다. 이것은 열매가 맺히지 않는 결과로 분명해진다. 초대교회에는 설교가 많지 않았지만 그들의 순교가 가장 큰 간증으로 전해졌다. 이로 인해 열매가 풍성해지고 교회는 맹렬한 불처럼 퍼졌다.

사도행전 2장의 사람들(눅 18:28)과 동일한 열심과 헌신하는 무리가 있을 때마다 하나님의 능력이 똑같이 나타날 것이다.

사람들이 우리를 믿지 않는 이유는 우리 자신이 믿음이 부족하기 때문이다. 우리에게 영적인 무게가 충분하다면 말할 용기가 있을 뿐만 아니라 사람들도 감히 온전한 복음을 믿게 될 것이다.

많은 사람들은 교회가 한편으로는 폐허가 되어 있고 다른 한편으로는 교회의 완성을 향해 꾸준히 나아가고 있다는 사실을 깨닫지 못하고 있다.

초대 교회에서는 사람들이 주님을 믿자마자 세상을 버렸다. 그 이후로 그들의 직업은 모두 교회를 위한 것이지 자신의 이익과 만족을 위한 것이 아니었다.

오늘날 교회에는 가인의 원칙이 만연해 있다. 땅 위에 내린 저주에 대해서는 전혀 의식하지 못한 채, 그는 매일 밖으로 나가 수고를 하고 그 속에 들어가는 것에 대해 꽤 만족했다. 그리고 추수가 시작되었을 때, 그는 심지어 그 열매를 하나님께 희생 제물로 바치는 것에 만족하기까지 했다. 이와 같이 세상이 하나님과 원수가 되는 것을 염려하지 않는 것처럼 많은 그리스도인들은 주님의 일을 하면서 세상이 제공하는 것을 얻고 누리고자 한다. 그리고 이마에 땀을 흘리며 수고한 후에 그 수고의 열매를 하나님께 드리는 것이다.

지난 20세기 동안의 교회를 보면 야곱의 예가 쉽게 떠오른다. 그는 일생 동안 여러 번 넘어지고 일어났지만 세상을 떠나기 전에 지팡이를 의지하고 경배할 수 있었다(히 11:21). 그가 잃어버린 모든 것은 결국 그에게 돌아갔다. 그리하여 그는 온전히 구원받은 사람으로서 하나님께로 돌아갈 수 있었다(히 7:25).

오늘날의 교회는 두 가지 상반된 상태 또는 상황의 역설이다. 외적으로 그녀는 세상에 의해 점점 더 타락하고 있다. 그러나 내적으로는 하나님과 더 깊숙이, 더 가까이 나아가고 있는 사람들이 있다.

우리 시대에 하나님을 찾고 싶어하는 사람들의 문제는 이것이다. 당신은 하나님의 편에 서서 그분의 부(富)를 받아들일 것인가? 그렇게 할 사람들은 그것을 얻기 위해 어떤 대가도 기꺼이 지불해야 한다.

우리가 그리스도 안에서 누리는 삶은 완전한 삶이 아니라 공동의 삶이다. 우리가 다른 지체들의 부(富)를 경험하는 것을 배울 때만이 진정으로 확립된 몸이다.

우리가 하는 일에 있어서 성령의 실재가 존재한다면 중앙집권화의 필요성은 없을 것이다. 반대로 제안서 통과, 업무계획서 작성, 풍부한 위원회 및 회의 등을 통해 보면 우리가 하는 일에 성령의 실재가 존재하지 않음을 알 수 있다.

몸이 건강하면 생명은 자유롭게 흐를 것이다. 하지만 생명이 부족할 때 조직화는 일어나게 마련이다. 중앙 집중화의 출현은 삶의 부족 때문이며 내부 질병의 징후이다. 조직이 그리스도의 몸에서 발견되면 그것은 참으로 개별 지체들이 감당해야 할 무거운 짐이 된다.

진리가 하나님의 말씀에서 기둥으로 언급되는 이유는 무엇인가?(딤

3:15) 기둥은 움직일 수 없는 것이기 때문이다. 하나님께서 자기 자신을 다루시는 것을 거부하는 사람들은 진리가 무엇인지 알 수 없다. 이는 그들이 틀렸을 때 그들은 진리를 낮추고 그들이 옳았을 때 그들은 진리를 높이기 때문이다. 우리가 진리를 따르는 것이 아니라 진리가 우리를 따르도록 강요하는 것이 교회에 있는 어둠의 주된 이유이다.

개신교와 로마 가톨릭 교회는 성경을 이해하는 접근 방식에 근본적인 차이가 있다. 후자는 교황과 교회 계층이 하나님의 말씀을 해석할 수 있는 유일한 사람이라고 생각하는 반면 개신교는 모든 그리스도인이 하나님의 말씀을 읽고 해석할 수 있다고 믿는다. 그러나 둘 다 틀렸다. 이는 몸에는 주님께서 정하신 특정 지체만이 그분의 말씀을 올바르게 해석할 수 있는 권한을 하나님으로부터 부여받았기 때문이다.

우리 시대에 복음을 전파하는 대부분의 사람들은 지옥에서 혼을 구하는 데 관심이 있다. 그러나 성경은 지옥에서 구원받는 것에 대해 거의 말씀하지 않는다. 대부분 세상에서 구원받는 것에 대해 말씀한다. 아마도 이것이 전파되지 않는 이유는 사람들이 그것을 듣고 싶어하지 않기 때문일 것이다.

복종과 관련하여, 성경의 몇 구절만 우리가 하나님께 직접 순종하는 제물을 언급한다. 대부분의 구절은 실제로 우리에 대한 권한을 가진 사람들에게 우리가 복종하는 방법에 대해 말씀한다. 아마도 이것은 우리가 그리스도인으로서 하나님께서 우리 위에 두신 사람들에게 복종하지 않는다면 하나님께 복종하는 것이 불가능하다는 것을 배워야 하기 때문일 것이다(롬 13:1-2).

몸의 지체들 간의 일치는 순종과 복종을 통해 배운다. 반항적이고 독립적인 사람은 몸의 일치된 부분이 될 수 없다. 그 결과 몸이 부족하게 될 것이다. 이러한 이유로 그리스도인들은 서로 복종하는 법을 배워야 한다(엡 5:21).

우리 시대의 대부분의 교단에는 성숙으로 나아가고자 하는 사람들이 인식하고 없애야 하는 약화되는 전통이 하나 있다. 바로 목사 제도이다. 즉, 개인이든 집단이든 섬기는 집단과 섬기지 않는 집단이 있어서는 안 된다. 모두는 섬기는 법을 배워야 하며, 강조점은 배움이나 섬기는 것이 아니라 섬기는 동안 배우는 것이다.

하나님께서는 그리스도의 교회를 초대 교회 상태로 회복하기를 원하신다. 성경 전체에서 그분은 처음에는 에덴동산에서 시작하여 성막과 성전 시대에 그 다음에는 교회를 통해 우리 시대에 이 목적을 위해 끊임없이 일하시는 것을 볼 수 있다. 그분의 일은 하나님의 영원한 거처인 거룩한 성의 출현으로 절정에 달할 것이다.

사람은 바쁘게 움직일 수도 있지만, 하나님의 관점에서 보면 그는 매우 한가한 것으로 보일 수도 있다. 왜? 이는 사람이 생각하는 일에 종사하는 것은 하나님을 기쁘시게 한다고 생각하지만 그렇지 않은 것처럼 그가 놀고 있는 것으로 간주되기 때문이다.

성경은 다수결을 가르치지 않으며, 이것은 그분의 교회에 있어서는 안 된다. 그러나 성경은 한 마음과 한 생각을 가르친다(빌 2:2). 교회의 근본 원리는 교인들이 한마음이 되는 것이다. 이것이 존재하지 않는다면, 우리는 치유와 용서를 구해야 한다.

개별 등불이 많은 관심을 끌기에 충분한 빛을 발산하지 못할 수도 있지만, 언덕 위에 세워진 불빛의 도시는 숨겨질 수 없다(마 5:14). 마찬가지로, 몸이 단결하고 일치하여 교제할 때, 몸을 둘러싼 세상이 주목할 것이다.

그리스도인의 삶의 일반적인 개념은 다음과 같다. 처음에 나는 그분의 피로, 그분의 은혜를 통해 구원받았다. 잠시 후, 내가 전진하면서, 나는 세상을 버려야 한다. 그런 다음 언젠가는 모든 것을 버리고 하나님을 섬겨야 한다. 그러나 이것은 타락한 교회의 가르침이다. 구원의 첫날에 그리스도인은 무덤을 만나고 바로 그 날에 세상을 버려야 한다.

영적 시각 장애인은 볼 수 없는 사람이 아니라 보고 싶지 않은 사람이다.

구원은 우리의 혼을 구원하는 것 이상이다. 그것은 또한 이전 것들로부터의 구원이다.

한동안 로마의 교회 그리스도인들은 끔찍한 박해로 살해되었다. 나중에, 그들은 순교자들이 겪고 있는 엄청난 대중적 영향 때문에 추방되었다. 오늘날 기독교는 그리스도인들에게 아무런 힘이 없기 때문에 다른 사람들에게 아무런 힘이 없다. 초기 그리스도인들의 증언은 한편으로는 구경꾼들을 놀라게 했지만, 다른 한편으로는 그런 복음에 끌렸다. 우리의 미지근함이 우리 주변 사람들에게 거의 영향을 미치지 않는다는 것이 놀랍지 않은가?

내가 다재다능한 사람이라면 몸 전체가 되어 다른 지체들과 조율할 필요가 없을 것이다. 하지만, 나는 단지 한 지체일 뿐이기 때문에, 나는 내 자신을 모든 것을 가지고 있다고 생각할 수 없다. 몸 안에 조화가 있으려면 각 지체는 몸 전체의 한 지체라는 한계를 받아들여야 한다.

교회가 강할 때 자발적 빈곤의 입장에 설 수 있다. 따라서 교회는 거짓 형제들로부터 보호받는다. 그들은 그들이 가진 모든 것을 포기하는 대가를 치르고 감히 들어가지 않기 때문이다. 결과적으로 교회는 깨끗하게 유지된다.

주님께 헌금을 드릴 때 십 분의 일 또는 십분의 이의 문제가 아니다. 그것은 개인적으로 필요한 것 이상으로 모든 것을 드리는 문제이다. 이보다 적은 헌신은 주님의 표준보다 낮은 것이다.

교회의 한 가지 문제는 질그릇 안에 있는 보배를 나타내기보다 질그릇을 아름답게 하려는 우리의 욕망이다(고후 4:7, 참조).

주님의 구원은 사람들 앞에서 그리스도를 나타내는 데 있다. 우리는 질그릇이 아니라 그 안에 있는 그리스도께 주의를 기울이려고 시도해야 한다.

우리가 그리스도에 대해 더 많이 알수록 우리의 삶은 더 단순해진다. 사람의 방식은 항상 우리와 우리의 삶을 더 복잡하게 만든다.

사역의 기초는 하나님에 대한 우리의 지식이다. 이 사역이 효과적인지 아닌지는 우리 육신의 겉껍질을 깨뜨림에 달려 있다.

영적 성장은 인간 에너지의 능력을 훨씬 뛰어넘는 것이다. 주님께서는 우리와 함께 그분의 뜻을 이루실 수 있도록 우리를 완전히 무력하고 불가능한 상황에 두신다. 그런 다음 우리가 그분께 의지하는 법을 배울 때 그분은 그들을 통해 우리를 도우심으로써 그분의 자비를 보이신다. 반복적으로 쓰러지는 이 과정에서 우리는 그분을 아는 법을 배운다. 일정 기간 동안, 우리의 겉사람에 대한 매일의 타격으로 그분에 대한 우리의 지식이 증가함에 따라, 우리는 주님의 생명이 우리의 생명을 대체하는 방법을 볼 수 있다!

영적 능력의 비밀 (개정판)
Secrets to Spiritual Power

초판1쇄   2023년 6월 15일
지은이   워치만 니
옮긴이   한길환
디자인   최주호
펴낸이   이규종
펴낸곳   엘맨출판사
등록번호   제13-1562호(1985.10.29.)
등록된곳   서울시 마포구 토정로 222
          한국출판콘텐츠센터 422-3
전화   (02) 323-4060, 6401-7004
팩스   (02) 323-6416
이메일   elman1985@hanmail.net

ISBN   978-89-5515-068-1 03230

값 20,000 원